T0244021

Culos: Una historia trasera

HEATHER RADKE

Culos:
Una historia trasera

ℙ

ALMUZARA

Título original: *Butts: A Backstory*
Published by arrangement with the original publisher, Avid
Reader Press, an Imprint of Simon & Schuster, Inc.

© Heather Radke, 2022
© Editorial Almuzara, s. l., 2024

Primera edición: septiembre de 2024

EDITORIAL ALMUZARA • COLECCIÓN SOCIEDAD ACTUAL
Edición de DANIEL VALDIVIESO RAMOS
Traducción: Equipo de traducción ALMUZARA LIBROS

www.editorialalmuzara.com
pedidos@almuzaralibros.com - info@almuzaralibros.com

Editorial Almuzara
Parque Logístico de Córdoba. Ctra. Palma del Río, km 4
C/ 8, Nave L2, n.º 3. 14005, Córdoba

Imprime: Black Print
ISBN: 978-84-10523-78-4
Depósito legal: CO-1478-2024
Hecho e impreso en España - *Made and printed in Spain*

A mi madre

Índice

Introducción

El primer culo que recuerdo no es el mío. Es el de mi madre. Cuando tenía siete años, me senté en la mullida tapa del retrete del cuarto de baño de mis padres y la observé mientras se arreglaba, de pie frente al espejo en sujetador y ropa interior, untándose loción en el cuerpo. Se puso unos rulos en su corto pelo castaño: unos cuantos gruesos de color rosa en la parte superior, varios más pequeños de color verde en los lados. Abrió la ventana para dejar salir el vapor que emanaba de la ducha, y la brisa de la mañana de Michigan —fría y cortante— me despertó. «Cierra los ojos», me dijo; y entonces se roció generosamente el pelo con laca. Contuve la respiración para evitar el pegajoso ahogo. Luego, se quitó las gafas, se inclinó frente al espejo para rizarse las pestañas, de forma que su culo asomaba mientras se apoyaba en el lavabo.

De niña, el de mi madre era el único cuerpo adulto desnudo que había visto. Suponía que todos los cuerpos de mujer eran como el suyo: torneados y bajitos, con grandes pechos y un gran culo capaz de llenar cualquier par de pantalones. Me gustaba pensar que algún día mi cuerpo sería igual, un destino que parecía tan inevitable como crecer en estatura o tener la regla. Era hermosa y libre mientras realizaba sus abluciones matutinas.

La clarividencia de la infancia me permitió ver el culo de mi madre como lo que realmente era: una parte del cuerpo como cualquier otra, algo que amar porque amaba al ser humano del que formaba parte. No era un problema ni una bendición. Sólo era un hecho.

Lo que no sabía entonces es que los culos no son tan sencillos. No son como los codos o las rodillas, partes funcionales del cuerpo que conllevan pocas asociaciones más allá de su función fisiológica. Por el contrario, los culos, por simples que nos suelan parecer, son símbolos tremendamente complejos, cargados de significado y matices, cargados de humor y sexo, vergüenza e historia. Los culos de las mujeres se han utilizado como medio para crear y reforzar jerarquías raciales, como barómetro de las virtudes del trabajo duro[1] y como medida del deseo y la disponibilidad sexual. A pesar de (o quizás debido a) el hecho de que hay poco que una persona pueda hacer para cambiar drásticamente el aspecto de su culo sin recurrir a la cirugía, la forma y dimensiones del culo de una mujer han sido históricamente indicadores de su propia naturaleza: su moralidad, su feminidad e incluso su humanidad.

Pero los culos pueden ser difíciles de ver con claridad. El hecho de que estén en nuestro trasero hace que nos resulten algo ajenos, aunque sean perfectamente visibles para los demás. Para vernos el culo, necesitamos el juego de espejos de un camerino, la engorrosa triangulación de un espejo de mano en un dormitorio o un *smartphone* incómodamente sostenido. Y cuando uno se ve el culo —o al menos cuando yo me lo veo— siempre se sorprende un poco: «¿Esto es lo que va detrás de mí?» Este hecho tiene algo de humillante: nunca sabemos realmente qué ve otra persona cuando nos mira el culo, algo que nos hace vulnerables. También se produce una especie de entrega: en cierto modo, el culo pertenece más al observador que al observado. Se puede

---

1   N. del T.: Se refiere a la expresión «romperse el culo trabajando», popular en EEUU.

mirar de reojo, contemplar en privado, escrutar de forma siniestra. Para saber qué tal me sienta un pantalón, debo preguntar a un vendedor cómo luce mi culo al no poder verlo por mí misma. Una mujer se cruza con un hombre por la calle y este gira la cabeza para mirarle el culo. Aunque todos los demás en la calle puedan darse cuenta de la mirada llena de deseo, es posible que la mujer no, y no se de cuenta de que está siendo evaluada, criticada, objetivada, codiciada.

Incluso las palabras para nuestro culo se resisten a ser claras. Los términos que utilizamos son siempre eufemismos, nunca cosas precisas. Yo crecí refiriéndome a las dos masas de carne pegadas a la parte posterior de mis caderas como *culo*. Es la palabra que usa un niño, la que te espeta tu odioso hermano: «¡Tonta del culo!», «¡Cara de culo!». Una idea hilarante —tener un culo por cara— pero no es un insulto que tenga demasiado impacto más allá de los diez años. La palabra *culo* es graciosa, pero el humor es inocente, familiar e inocuo. Un hombre resbala y se cae de culo; se producen risitas. Si la palabra *culo* fuera un ruido, sería el sonido de la bocina de payaso, o tal vez un pedo.

A medida que fui creciendo experimenté con otras palabras. *Culazo* me parecía un poco más adulta, un poco más obscena, una palabra de la categoría que podríamos llamar «palabrotas». Pero es una palabrota suave, la menos ofensiva. Se puede decir «culazo» en televisión, pero no «a tomar por culo». Hay muchos otros términos para referirse a la parte del cuerpo en cuestión: En el Reino Unido lo llaman *bum*; en yiddish, *tuchus*. A veces la gente se pasa de intelectual y se pone un poco francesa, y lo llama *derrière*. Hoy en día, los tabloides de los kioscos y los programas de entrevistas de televisión suelen llamarlo *cachas* o *pandero*, palabras tomadas de las canciones de hip-hop y de la música country, utilizadas para connotar sensualidad, estulticia y raza. También hay toda una categoría de palabras que se refieren a la posición física de la parte en el cuerpo: *detrás, trasero, parte de atrás, cola...*

Pero, ¿cuál es la palabra *adecuada*, la palabra referencia? ¿Cuál es el término neutro que significa «la parte carnosa y grasa de su cuerpo sobre la que uno se sienta»? Aunque hay tetas, delantera y melones, en última instancia sabemos que la palabra correcta, «oficial», es *pechos*. Podemos llamar *polla* o *rabo* al órgano sexual de un hombre, pero sabemos que existe una palabra «correcta», y esa palabra es *pene*. *Nalgas* parece ser la opción obvia, pero es una palabra que rara vez se utiliza en la vida real. Usted no diría «me duelen las nalgas» después de un duro entrenamiento, tampoco «estos pantalones no me hacen buenas nalgas». Una vez pregunté a un amigo cirujano cómo se referían a ello sus colegas médicos, pensando que podría encontrar una palabra más práctica en el vocabulario médico. Me dijo que los cirujanos colorrectales —los que probablemente pasan más tiempo hablando de ello— utilizan palabras como *trasero*. Un cirujano al que conoce emplea la muy científica *hendidura interglútea* cuando quiere decir *raja del culo*; otro suele llamar *pandero* a la parte del cuerpo en cuestión. Incluso en la consulta del médico hay capas de eufemismo. El músculo en sí tiene su nombre científico —*glúteo mayor o máximo*— pero ese término sólo se refiere al nervudo haz de fibras que se extiende desde el hueso pélvico hasta el muslo. La capa grasa de la parte superior se denomina *masa grasa gluteofemoral*. Nadie lo llama así.

Debido a esta relación triangular y eufemística que mantenemos con nuestros culos (palabra que he elegido por ser la más directa), nuestra concepción de ellos a menudo nos dice más del espectador que de lo observado, el significado determinado por quién mira, cuándo y por qué. Como dice el historiador Sander Gilman: «Las nalgas tienen un valor simbólico siempre cambiante. Se asocian con los órganos de la reproducción, la abertura de la excreción, así como con el mecanismo de la locomoción en el debate acerca de la marcha. Nunca se representan a sí mismas».

Esta idea —que el culo nunca se representa a sí mismo— lo convierte en un objeto de estudio peculiar y peculiarmente convincente. Dado que el culo es caprichoso en lo que simboliza, escudriñar e investigar la profusión de significados y significantes puede decirnos muchísimo sobre muchas otras cosas: lo que la gente percibe como normal, lo que percibe como deseable, lo que percibe como repulsivo y lo que percibe como transgresor. Los culos son un indicador. Los sentimientos que tenemos sobre los culos son casi siempre indicativos de otros sentimientos: sentimientos acerca de la raza, el género y el sexo, sentimientos que difieren profundamente de una persona a otra.

***

Todo el mundo tiene una historia diferente sobre el origen de cómo se siente respecto a su cuerpo adulto. Como fotografías pegadas en un álbum de recortes, la forma en que yo me siento con respecto al mío surge de recuerdos fracturados de momentos en los que sentí que mi cuerpo era visto por los demás. Pero mis primeros recuerdos de mi cuerpo proceden de justo antes de la pubertad, cuando mis extremidades y músculos parecían útiles y resistentes, más que como partes que había que evaluar. Iba en bicicleta por todo el vecindario, bajaba colinas a toda velocidad y sentía el viento húmedo del verano colarse por mis fosas nasales. Una tarde de julio, caí de bruces sobre el manillar y me raspé las mejillas y la frente contra el cemento, rompiéndome el colgajo de piel que unía el labio a las encías. La sangre se derramó por toda la acera y luego por la cocina, donde me senté en la encimera con los pies colgando mientras mi madre me ponía hielo en la boca. A la mañana siguiente, estaba comiendo cereales con un traje de bailarina de poliéster morado, lista para montar de nuevo. Mi padre me hizo fotos en la mesa de la cocina, sonriente y alegre. No era especialmente temeraria, pero percibía mi cuerpo como algo que crecería, se curaría, me llevaría a sitios. Para cuando se revelaron las fotos, sólo me quedaban algunas costras.

Cuando tenía ocho años, fui con una amiga al gimnasio al que iban sus padres para nadar en la piscina, y me encontré por primera vez en un vestuario lleno de mujeres en diversos estados de desnudez. Había tantos tipos de cuerpos, y como aún no había aprendido a categorizarlos, a clasificarlos y ordenarlos como buenos y malos, lo único que podía hacer era observar. «¿Los pechos pueden tener ese aspecto?», pensé vislumbrando partes que no se parecían a las de mi madre. «¿Las caderas pueden ser rectas?», «¿los traseros pueden ser huesudos?». Las mujeres de aquel vestuario parecían deformes. Vestidas se me antojaban familiares, pero debajo de la ropa escondían todo tipo de rarezas, con formas muy diferentes.

A los diez años, yendo en bicicleta con una amiga por las mismas manzanas que habíamos recorrido durante años, dos chicos nos gritaron desde detrás de un arbusto. «¡Bonitos culos!», les oímos decir. El comentario tenía la mordacidad de lo cruel, pero había algo más en él, una sensación nueva y peligrosa, que ahora sé que es la ansiedad particular de que un extraño varón vea y comente tu cuerpo.

El hecho de que dijeran algo sin venir a cuento sobre nuestros culos me pareció incómodo y raro. Los culos no eran una parte del cuerpo que yo considerara *agradable*. Yo era consciente de que había partes del cuerpo que se consideraban bellas y sexys y que eran deseadas por los demás, pero no se me había ocurrido que el culo fuera una de ellas. Me sentí como si nos hubieran pillado con los pantalones bajados, como si *de hecho* nos hubieran visto el culo a causa de alguna torpeza cómica y humillante. Volvimos a mi casa y les contamos a mis padres lo que había pasado. De algún modo consiguieron localizar a los dos chicos —jóvenes adolescentes con monopatines y camisetas de heavy metal— y les recriminaron aquel acoso callejero. Los chicos juraron nerviosamente que habían gritado «bonitas bicicletas». Recuerdo que volví a sentirme avergonzada. Por supuesto que los culos no eran una cosa que pudiera ser *agradable*. Desde luego, no una cosa sobre la que alguien gritaría por la calle.

En secundaria, yo era la rara del vestuario. No estaba *gorda* como tal —el adjetivo que conllevaba el estigma más profundo en los polvorientos pasillos de la Escuela de Enseñanza Secundaria Kinawa—, pero desde luego no sentía que mi cuerpo fuese bonito. Se estaba convirtiendo poco a poco en una aproximación juvenil al de mi madre: mi culo había crecido, mis caderas se habían ensanchado. De pie frente a las taquillas de color naranja quemado, ya no me asombraba la diversidad del cuerpo femenino; me resultaba evidente que había un aspecto ideal y como yo me veía y cómo se veía mi madre, desde luego no lo era.

Más o menos por la misma época, el departamento de Educación Física separó a las chicas y a los chicos para enseñarnos a nadar en la hiperclorada y destartalada piscina de la escuela. En un gesto inusual orientado, he de suponer, a nivelar cualquier distinción de clase, la escuela nos proporcionó trajes de baño negros hechos de un algodón muy poco elástico. Los sacábamos de cubos de plástico grises, organizados por tallas, cada bañador bien desgastado por las máquinas industriales de la lavandería y por generaciones de niñas ansiosas que temblaban dentro de ellos al borde de la piscina. Las tallas de los trajes estaban indicadas por las costuras: los trajes con costuras amarillas eran los más pequeños, la talla para las niñas que aún tenían el cuerpo de niñas; el naranja era el color más codiciado, el traje de una chica que había madurado pero no tenía redondeces; las costuras rojas significaban grande, y el blanco significaba más grande aún —los colores para las chicas que tenían pechos y culos y muslos y barrigas. Chicas que tenían *sustancia*. La tela negra que nos cubría desde la axila hasta medio muslo se expandía y se aflojaba cuando se mojaba. Mi traje tenía costuras rojas y yo temía el inminente fantasma del hilo blanco. Me preocupaba lo que significaría sobre mi cuerpo, mi atractivo, mi lugar en el orden de las cosas.

En el instituto me enfrenté a pruebas aún más concretas de que mi cuerpo estaba mal de algún modo. Aunque apenas podía correr una milla, de vez en cuando confraternizaba con el equipo de Cross-country de décimo curso, asistiendo a sus cenas de espaguetis previas a los partidos, donde amontonábamos pasta pegajosa con salsa roja de bote en nuestros platos y cotilleábamos sobre la escuela. En una de esas cenas, una amiga me llevó a un lado para contarme un secreto, el tipo de secreto que nadie debería contar. Me reveló que habían oído durante los entrenamientos a una chica del equipo quejándose de lo gorda que se estaba poniendo; de «cómo de grandes» eran sus caderas. Entonces otra chica se rió y le dijo: «Al menos tu culo no es tan gordo como el de Heather».

Me puse a temblar. Me imaginaba a las voluptuosas y deseables rubias del equipo de Cross-country riéndose a carcajadas y con malicia de algo que todas sabían que era cierto: Heather Radke tenía, en efecto, un gran pandero. Y ellas estaban tan contentas de no tenerlo.

***

La historia de mi relación con mi cuerpo no es dramática. De hecho, me interesa principalmente porque me parece bastante típica. No hubo un acoso implacable, ni un trastorno alimenticio significativo, ni nada que llevara mis sentimientos hacia mi cuerpo más allá de la vergüenza que parece infectar el cerebro de todas las niñas de séptimo curso, un infernal rito de iniciación que tantas de nosotras tuvimos que superar para convertirnos en adultas semi funcionales. Es como si la clasificación de los cuerpos —y toda la humillación y autodesprecio que conlleva— fuera normal, incluso natural. Como si realmente *hubiera* cuerpos que son mejores y otros que son peores.

La primera vez que alguien me dijo que mi trasero era sexy fue en 2003. Tenía veinte años, era verano y estaba sirviendo expresos tras la barra de una cafetería en una ciudad universitaria del Medio Oeste. Llevaba una falda plisada azul marino de poliéster y una camiseta amarilla de segunda mano a la que había cortado el cuello, en un intento de darle un aspecto más *punk*. Llevaba el pelo recogido; posos de café pegados a mi cuello sudoroso. Desde el instituto, mi trasero había crecido cada vez más. Todos los pantalones parecían quedarme raros, abiertos en la cintura incluso cuando mi culo los estiraba con fuerza; pasé de usar una talla cuarenta a usar una talla cuarenta y dos, luego una cuarenta y cuatro y una cuarenta y seis.[2] Si yendo en grupo se necesitaba apretujar a cuatro personas en el asiento trasero de un coche, yo soltaba que mi culo era demasiado grande para que eso fuera posible y que alguien debía sentarse en mi regazo. Un día, mi compañero de trabajo en la cafetería —un cantautor alto y coqueto que solía ser muy callado— me preguntó: «¿Sabes lo que significa *callipigio*?». Sí que lo sabía. Lo había aprendido para la selectividad y aún recordaba la ficha de estudio que me hizo sonrojar. La palabra es griega. Significa «tener unas nalgas bonitas». Supuse que los historiadores del arte debían utilizarlo para describir estatuas. «Tú, querida, eres *callipigia*», me dijo el cantautor. Su manera de decirlo era desde luego torpe y la frase parecía ensayada, como si estuviera probando un vocabulario que estaba fuera de su alcance. Aun así, me sentí francamente conmovida. No se estaba burlando de mí. Lo sentí como un cumplido sincero.

Fue sólo el primero de una sucesión de personas con las que me crucé en mi veintena y mi treintena que parecían considerar mi generoso trasero no como un inconveniente, sino como una virtud. Se convirtió en el objeto habitual de los piropos por la calle; la palabra en boca de un amante cuando me susurraba al oído; la parte de mi cuerpo que suscitaba segundas miradas de extraños y comentarios de hombres en el trabajo. En otras palabras, empezaba a ser consciente de que mi trasero era —o se había convertido, cuando no miraba— un objeto sexual, una cosa que otras personas (*algunas* otras personas; desde luego, no *todas*) encontraban deseable.

Y esas personas eran casi siempre hombres. Aunque soy *queer*, y aunque salí tanto con hombres como con mujeres

---

2   N. del T.: En el original utiliza las tallas americanas, ocho, diez, doce y catorce. Se ha optado por convertirlas en sus equivalentes en talla europea para su mejor comprensión.

durante aquellos años, lo cierto era que este cambio en la forma en que los demás pensaban en mi culo parecía emanar de la cultura heterosexual y dominante. Muchas mujeres hacían comentarios sobre mi trasero, pero en su mayoría eran heterosexuales y parecían estar repitiendo como loros las revistas de belleza, aunque en una versión actualizada y a la inversa de la chica del equipo de Cross-country que decía estar tan contenta de que su culo no fuera como el mío.

Aunque me decía a mí misma que lo que pensaran los demás —especialmente los hombres— sobre mi cuerpo no debía importarme, la verdad era que sí me importaba. De repente, una parte de mí de la que me había sentido avergonzada y veía fea era la que más gustaba a algunas personas. Aunque no quería que me admiraran sólo por mi cuerpo, desde luego quería que admiraran mi cuerpo. Como todas las personas, quería ser deseada. Y me sentía bien al ser deseada por el tipo de gente que antes me había hecho sentir avergonzada.

Ahora me pregunto cómo mis compañeros de instituto llegaron a aquella conclusión inicial de que mi cuerpo no era uno de *los buenos*, y cómo, una década después, muchos de esos mismos hombres y mujeres llegaron a pensar lo contrario. ¿Cómo era posible que lo que significaba un culo hubiera cambiado tan radicalmente, y tan rápido? ¿Cómo podía una parte del cuerpo significar tantas cosas diferentes para tantas personas diferentes? Esas son las preguntas que impulsaron la investigación que constituye el núcleo de este libro.

***

Antes de convertirme en escritora, trabajé varios años como conservadora en el Museo Jane Addams Hull-House de Chicago, una casa-museo histórica que también funcionaba como espacio de arte contemporáneo y lugar de encuentro y comunidad para los activistas de la ciudad. Cuando montaba una exposición en la Hull-House, mi trabajo consistía en presentar historias y experiencias culturales que ayudaran a explicar cambios y temas más amplios de la historia. Este libro pretende funcionar de forma similar: les presentaré a figuras del pasado y del presente y les contaré historias concretas que hablan de cambios importantes en lo que han representado los culos en Estados Unidos y Europa Occidental durante los dos últimos siglos.

Culos: Una historia trasera pretende rastrear algunos de los hilos de pensamiento y significado que rodean a esta enigmática parte del cuerpo, y explorar cómo evolucionaron y siguen resonando en el presente. El enfoque es en gran medida histórico y cronológico, pero comienza con sus fundamentos científicos: ¿Qué *es* exactamente un culo desde el punto de vista anatómico y fisiológico? Aunque los culos han existido desde siempre, el punto de partida histórico de mi marco es la historia de Sarah Baartman, llamada en su día la «Venus Hotentote», cuya cruel y escabrosa exhibición en vida y muerte es fundacional para las percepciones del culo en los dos últimos siglos. A partir de ahí, exploro una serie de temas que se extienden a lo largo de los siglos XX y XXI, asomándome a las historias de la moda, la raza, la ciencia, el fitness y la cultura popular, encontrándome con toda un procesión de personas que han dado forma a las ideas sobre los culos: un ilustrador que definió el aspecto elegante de la modelo prototípica, una modelo cuyo culo se utiliza como plantilla para casi todos los pantalones del mercado, un artista eugenista que creó esculturas del hombre y la mujer más «normales», el hombre que inventó el *Buns of Steel*,[3] drag queens que diseñan almohadillas para el culo y gordas instructoras de fitness que utilizaron el aerobic como forma de resistencia y de encontrar la alegría. Por último, exploro las actitudes cambiantes hacia el culo en los últimos treinta años, una época en la que los culos grandes se integraron gradualmente en el ideal de belleza blanco dominante y la apropiación de los cuerpos y la cultura negra alcanzó una nueva cima.

---

3   N. del T.: Traducido como «Nalgas de Acero», fue una rutina de ejercicios en vídeo muy popular en EEUU a finales de los años ochenta.

***

Un proyecto como este nunca podrá ser todo para todos. No puede empezar respondiendo a la pregunta: *¿Cuál es la historia y el significado de cada culo?* En este libro, me centro en la historia y el simbolismo de los culos de las mujeres por la sencilla razón de que soy mujer y comencé este proyecto porque me interesaba saber cómo se construye, reconstruye y refuerza la identidad femenina a lo largo del tiempo. Además, mi investigación trata exclusivamente del *culo*, aquellas dos masas prominentes de músculo y grasa situadas entre la parte baja de la espalda y los muslos. Existen varios libros excelentes que exploran el ano y el recto y sus innumerables asociaciones y funciones, pero esos no son mis objetos de estudio. Aunque existen relaciones entre los significados simbólicos del ano y el culo, el culo de las mujeres suele llevar su propio simbolismo aparte y no está necesariamente vinculado a las diversas funciones del ano, sexuales o de otro tipo.

Me interesan principalmente los culos tal y como los interpreta y representa la cultura occidental dominante y hegemónica: la cultura de quienes ostentan el poder político y económico, de quienes dominan los medios de comunicación y son los máximos responsables de crear, perpetuar e imponer normas y tendencias generales. Es decir, a menudo exploro cómo los heterosexuales, los blancos y los hombres han (mal)entendido e impuesto normas, preferencias e ideología en los culos de las mujeres de todas las razas, y los significados que han construido sobre los cuerpos de las mujeres en el proceso. Por supuesto, se trata de categorías generales y pueden sugerir una visión binaria allí donde no existe — la experiencia de vivir dentro de un cuerpo siempre fenera identidades múltiples que se entrecruzan—, pero a menudo han sido las personas que se identifican como hombres, heterosexuales y/o blancos quienes han podido determinar los significados de los culos al ocupar posiciones de poder.

He decidido centrarme en estos conceptos dominantes sobre los culos de las mujeres porque deseo comprender de dónde proceden las ideas y prejuicios a menudo tácitos sobre los culos, y hablar de esa historia con claridad. Debido al poder que han ostentado durante mucho tiempo en la ciencia, la política, los medios de comunicación y la cultura, los blancos, los hombres y las personas heterosexuales siempre han mantenido una influencia y un control desmesurados sobre los significados que se aplican a los cuerpos. Han inventado e impuesto las ideas de lo que es normal y lo que es desviado, lo que es *mainstream* y lo que es marginal. Al aproximarme a cómo las personas en el poder han construido esos significados, mi esperanza es hacer visible algo que a menudo se siente invisible: las profundas raíces históricas de por qué las mujeres parecen tener tantos —y tan contradictorios— sentimientos sobre sus culos. Quería entender por qué los culos han llegado a significar tanto, cuando bien podrían no significar nada en absoluto.

Una cosa que descubrí sistemáticamente a lo largo de mi investigación es que las conversaciones sobre culos son casi siempre también conversaciones sobre raza, concretamente sobre la negritud y la blancura. Desde los primeros días de la exploración colonial en África, los exploradores y científicos europeos emplearon teorías pseudocientíficas sobre las mujeres negras de grandes culos para construir y reforzar jerarquías y estereotipos raciales (en particular, el tan arraigado estereotipo de la mujer negra hipersexual), un conjunto de ideas que se amplificaron y reforzaron a raíz de la muerte de Sarah Baartman en el siglo XIX. Tanto la feminidad negra como la blanca son ideas informadas por estereotipos del cuerpo y el trasero creados por científicos de los siglos XVIII y XIX, estereotipos que afectan no sólo a las mujeres negras y blancas, sino a las mujeres de todas las razas. Por este motivo, este libro es a menudo una exploración específica de la negritud y la blancura.

Por supuesto, cualquier conocimiento que se tenga de lo que significan y han significado los culos en las comunidades de color, en otras naciones y en culturas del pasado, procede de reportajes e investigaciones, no de experiencias de primera mano. Mi experiencia con mi cuerpo es específica, y la vergüenza que he sentido por mi culo procede del contexto particular en el que crecí. No es en absoluto universal. Muchas de las personas con las que he hablado durante mi investigación para este libro adoran sus culos o crecieron con ideas muy diferentes a las mías sobre lo que constituye un cuerpo ideal. En estas páginas, me he esforzado por incluir las voces de quienes pueden hablar de experiencias distintas a las mías, y he realizado entrevistas a mujeres y personas no binarias de orígenes dispares como investigación fundacional crucial. En última instancia, sin embargo, este libro es idiosincrásico. Surge de las preguntas que más me interesan sobre el culo: cuestiones de género, raza, control, forma física, moda y ciencia. No es una enciclopedia de los culos y no pretende ni pretende ser exhaustiva: no es la última palabra sobre el tema, y hay muchas áreas fascinantes de investigación asociadas a los culos que no se incluyen en estas páginas. Mi esperanza es que, no sólo explorando el contexto histórico sino también articulando mis experiencias y sentimientos personales, pueda enfrentarme a mi propio cuerpo sin rodeos y ayudar a las demás personas a ver que aquello que no nombramos, aquello que no decimos, encierra un tremendo poder. En ese sentido, este libro es tanto un proyecto político como cualquier otra cosa: es una forma de sacar a la luz y examinar palancas de poder que no siempre son visibles.

***

«Personalmente no encuentro sexy mi trasero. Me acompleja su tamaño», me dijo una mujer blanca de unos treinta años. «Me horroriza imaginar que haya alguien en mi vida que sepa muy bien cómo es. Pero muchos extraños me han dejado claro que encuentran sexy mi culo. Desde que era joven, siempre he sabido que a los hombres de toda condición les gusta mi culo. No a todos; a los blancos delgados no les gusta mucho mi trasero».

«Probablemente pensaría que mi culo es fabuloso si fuera blanca», dice una mujer negra de cincuenta y tantos que tiene el culo pequeño. «Pero, como muchas otras cosas sobre mí, es algo que me convierte en una especie de racial de mentira. Siempre que lo digo menciono, la gente se pone tensa; piensan que me estoy odiando a mí misma. Sólo quiero decir que de niña me atormentaba la valoración de los demás de que no era lo bastante negra».

Otra mujer blanca de unos treinta años describe su cuerpo ideal para sí misma como «lo más andrógino posible pero aún femenino: pechos pequeños, sin caderas. La clásica bollera andrógina. Jenny Shimizu».[4] Pero le atraen las mujeres de grandes culos. «Mi primera novia tenía un culo grande y no pude superarlo. Se veía bien, se sentía bien y es agradable de agarrar. Es lo contrario del cuerpo que tengo yo». Últimamente se pregunta si el cuerpo que ella misma ha idealizado es un problema. «He empezado a preguntarme cuánto de este ideal es misoginia interiorizada. ¿Por qué tengo la sensación de que un cuerpo femenino no puede albergar la brillantez y el sarcasmo? ¿Por qué me ciño tanto a estas narrativas sexistas?».

Una mujer asiático-americana de unos veinte años describe su trasero como «una buena protuberancia» en su «forma de tabla». Pero también me dice: «No dejo de sorprenderme que se sexualice mi trasero. Supongo que tengo miedo de que mi atractivo sexual radique en tener esta figura de niña. Me pregunto si mi sensualidad es alguna reminiscencia de pedofilia, [si] cualquier interés en mí es la sexualización de una colegiala». No es algo que ella le haya planteado alguna vez a una pareja, pero siempre está en lo más profundo de su mente.

Una y otra vez en mi investigación, me ha sorprendido la cantidad de significados diferentes que puede contener una parte del cuerpo. Y sin embargo, varias de las mujeres con las

---

4   N. del T.: Una popular modelo asiático-americana que ha protagonizado campañas para grandes marcas como Calvin Klein.

que hablé contaron historias similares sobre cómo llegaron a entender sus cuerpos. Para algunas, sus madres, abuelas y tías les dijeron que se taparan. Para otras, esas mismas relaciones les enseñaron a disfrutar de sus curvas. Los piropos por la calle y las burlas en la escuela les dijeron cuál era su lugar en el orden de las cosas. Casi todas las mujeres, independientemente del tamaño y la forma de su culo, contaban una historia sobre un probador y la sensación nauseabunda de que nunca habría un par de pantalones que le quedaran bien.

De muchas maneras, los culos nos piden que apartemos la mirada, que nos riamos con cara de vergüenza y pongamos los ojos en blanco. Cuando empecé a escribir este libro, me pregunté qué pasaría si en lugar de eso dirigiera toda mi atención hacia el culo, si investigara su historia y planteara a expertos y entusiastas del culo de todo tipo —científicos, drag queens, profesores de baile, historiadores y archiveros— preguntas serias sobre qué son los culos y qué significan los culos. Al hacerlo, encontré historias de tragedia, ira, opresión, lujuria y alegría. Y descubrí que en nuestros cuerpos llevamos historias.

Orígenes

MÚSCULO

Si por un casual se encontrara junto a las áridas orillas del lago Turkana de Kenia hace 1,9 millones de años, podría haberse topado con el primer homínido conocido con culo. Esta criatura estaba más cerca de un humano moderno que de un simio: su nariz era distintitiva de su rostro, un apéndice cartilaginoso en lugar de dos orificios en el cráneo. Su cara era plana, con ojos que miraban hacia delante. Tenía un reborde óseo en las cejas con una frente muy inclinada hacia atrás. Caminaba, y corría, sobre dos piernas. Y tenía un músculo glúteo que sobresalía de la parte superior de cada cadera, la carne subyacente de una parte trasera redondeada y fuerte.

La zona en la que vivió se habría parecido mucho a la sabana africana tal y como la conocemos ahora, con pocos árboles y pastizales abiertos, un cambio relativamente reciente respecto a la jungla exuberante, densa y selvática que sus parientes lejanos habían habitado durante millones de años. Los antepasados del *Homo erectus* tenían cuerpos adaptados a la vida en los árboles: piernas y pies ágiles y flexibles diseñados para trepar, así como hocicos parecidos a los de los simios, cuerpos peludos y enormes mandíbulas que les permitían triturar grandes cantidades de vegetación. Sus culos eran planos y pequeños: casi no eran culos. Sin embargo, para cuando este *Homo erectus* concreto entró en escena, los cuerpos de los homínidos se habían adaptado a su nuevo terreno llano. Para tener éxito en la sabana, era imprescindible contar con grandes músculos en los glúteos.

Varios milenios después, en el verano de 1974, Bernard Ngeneo paseaba tranquilamente por la misma orilla oriental del lago Turkana, observando atento el suelo oscuro y arenoso. Estaba allí como miembro de lo que él y sus colegas llamaban cariñosamente la «Banda de los Homínidos», un grupo de kenianos que trabajaban en las expediciones de Richard Leakey, un famoso y a menudo controvertido paleontólogo y conservacionista. Los miembros de la Banda de los Homínidos eran conocidos por su experiencia y habilidad para encontrar fósiles humanos enterrados en las profundidades de la roca u ocultos a plena vista entre huesos y conchas: apenas dos años antes, Ngeneo había descubierto un cráneo enterrado bajo una pila de fósiles de animales que se creía que era la prueba de una especie totalmente nueva en la familia *Homo*.

Ngeneo dirigió su aguda vista hacia una roca compactada con guijarros y conchas, restos del fondo de un antiguo lago que había estado cubierto de sedimentos durante millones de años. Allí, entre los sólidos restos de vida acuática, Ngeneo vislumbró algo prometedor que asomaba de la roca. Una mirada más atenta reveló que el experto buscador de homínidos había vuelto a dar en el clavo. Ngeneo había encontrado el fósil KNM-ER 3228, un hueso de la cadera derecha y la última parte que quedaba de un homínido macho que había caminado por las orillas del lago Turkana 1,9 millones de años antes, el hueso de la cadera más antiguo que se había encontrado (o se ha encontrado desde entonces). Y aunque no hay documentación que sugiera que alguien pensara mucho en este hueso concreto de aquella la excavación —fue una de las muchas partes de homínido encontradas ese verano—, el descubrimiento de Ngeneo daría a la ciencia una herramienta fundamental para comprender el propósito, y la historia evolutiva, del culo humano.

***

Fue el Dr. Daniel Lieberman, catedrático Edwin M. Lerner II de Ciencias Biológicas y director del Departamento de Biología Evolutiva Humana de Harvard, quien me dirigió al fósil KNM-ER 3228. Aunque los científicos del siglo XIX habían creado una robusta pseudociencia del culo como parte de un proyecto mayor orientado a crear y justificar jerarquías raciales, el culo no fue un tema de estudio especialmente rico durante gran parte del siglo XX. Sin embargo, durante los últimos veinte años, Lieberman ha sido el hombre de referencia para la biología del culo, y probablemente sea el científico que más se ha interesado por el fósil KNM-ER 3228.

Cuando Lieberman se topó con el fósil en la década de los noventa, encontró la clave para responder a una pregunta que pocos biólogos evolutivos se habían tomado en serio, y que se convirtió en el punto de singular interés de Lieberman durante muchos años. Sin embargo, no se trataba de una pregunta sobre culos, o al menos no empezó como tal. En su lugar, era una pregunta sobre correr.

Durante sus estudios de posgrado en Harvard, a Lieberman le habían enseñado que los humanos eran pésimos corredores y que correr era una adaptación relativamente poco importante en la historia de su evolución. Los biólogos entendían la carrera humana como poco más que caminar rápido, un subproducto del bipedismo para el que los humanos no estaban especialmente bien dotados. En cambio, creían que los mejores corredores del reino animal eran cuadrúpedos elegantes como los antílopes y los guepardos, cuyas cuatro patas les permitían galopar y saltar despegando sus cuatro pies del suelo, les otorgaban sigilo y maniobrabilidad. Como es imposible galopar con dos patas, los animales cuadrúpedos siempre tendrán ventaja incluso sobre los humanos más rápidos (por ejemplo, Usain Bolt puede esprintar a 10 m/s durante varios segundos, pero un antílope o un caballo pueden esprintar a 15 m/s durante varios minutos). Los humanos son buenos en muchas cosas, pensaban los biólogos evolutivos, pero correr no es una de ellas. Sin embargo, en el transcurso de sus estudios, Lieberman empezó a creer que el conocimiento convencional podía estar equivocado.

Llegó a esta conclusión mientras realizaba un experimento en el que observaba a cerdos miniatura trotando en cintas de correr. Un día, mientras Lieberman realizaba su investigación de ejercicio con cerdos, un colega llamado Dennis Bramble se pasó por allí a observar. Bramble señaló que las cabezas de los cerdos se tambaleaban cuando corrían, probablemente porque no tenían un ligamento especial (llamado ligamento nucal) en la parte posterior del cráneo que les ayudara a estabilizar la cabeza mientras estaban en movimiento. Todos los grandes corredores del reino animal tienen este ligamento: caballos, perros, guepardos, conejos… Los animales que no son grandes corredores, incluidos los simios y los chimpancés, no lo tienen. Pero mientras Lieberman y Bramble hablaban, recordaron que un animal que supuestamente era un terrible corredor *sí* tenía este ligamento: los humanos.

Bramble y Lieberman estaban intrigados. Ambos habían leído un artículo —en ese momento desestimado por muchos biólogos— que postulaba que correr era en realidad una parte crucial de la evolución humana, en lugar de un mero efecto secundario del bipedismo. Cuanto más pensaban en el ligamento nucal, más se preguntaban si habría algo de cierto en ello.

Para averiguarlo, Bramble y Lieberman fueron al Museo de Harvard y empezaron a rebuscar entre los fósiles para poder averiguar cuándo entró el ligamento nucal a formar parte de la historia de la evolución humana y por qué. Rápidamente descubrieron que este apareció en el registro fósil en un momento muy importante de la evolución humana: hace unos dos millones de años, cuando entró en escena el *Homo erectus*. El *Homo erectus* fue el primer antepasado humano que caminó sobre dos piernas y también —y esto es fundamental— el primer antepasado que tuvo un cerebro grande.

Al examinar el registro fósil, Lieberman y Bramble descubrieron que casi todos los rasgos físicos que hacen posible que los humanos corran aparecieron más o menos en la misma época en que nuestros antepasados se volvieron bípedos. Este hecho les sugirió que los homínidos podrían haberse vuelto bípedos, en parte, para poder correr. El *Homo erectus* fue la primera especie de homínido en tener dedos cortos que podían doblarse y flexionarse cuando se lanzaba hacia delante; la primera especie en tener los pies arqueados por dentro y largos tendones de Aquiles, que actúan como muelles y amortiguadores; la primera especie en tener caderas que pueden girar y rodillas que pueden soportar la carga de las duras pisadas de una criatura que corre. También fue la primera especie en tener culo.

Este descubrimiento llevó a Lieberman al estudio exhaustivo del culo en la carrera humana. Examinó de cerca las diferencias anatómicas entre los glúteos de los humanos y los de sus parientes primates más cercanos, y fijó electrodos a los glúteos de sujetos de investigación humanos mientras corrían en cintas rodantes en un esfuerzo por determinar qué hace, exactamente, el glúteo mayor cuando una persona rompe a trotar. En 2013 se había hecho famoso por su investigación y apareció en *The Colbert Report* para describir el propósito evolutivo del trasero. «Si mira el trasero de un chimpancé, es diminuto. Tienen culos muy, muy patéticos», explicó. Los humanos, en cambio, tenemos traseros enormes; nuestro glúteo mayor es el músculo más grande de nuestro cuerpo y también el de mayor tamaño de todo el reino animal. Al igual que el blanco de nuestros ojos y los arcos de nuestros pies, el glúteo mayor es un rasgo exclusivamente humano. Lieberman animó a Colbert a caminar con las palmas de las manos firmemente pegadas a las nalgas para que pudiera sentir lo flácidos que están los músculos al caminar. A continuación, Lieberman pidió a Colbert que corriera. «¿Siente cómo se contrae?».

Cuando hablé con Lieberman, me sugirió que realizara la misma prueba, aunque en mi caso tuve que apretar para sentir cómo se movían los músculos porque mi trasero no es sólo, ni siquiera en su mayor parte, músculo. Mientras corría en círculo por mi apartamento, los dedos de mis pies me impulsaban hacia delante, mis caderas se retorcían y mi trasero se contraía. A pesar de que apenas puedo dar dos vueltas a la manzana a un trote lento, Lieberman me aseguró que mi cuerpo estaba diseñado para esa tarea, y que la prueba de ello podía encontrarse en el desierto de Arizona.

Cada octubre desde 1983, en el aire enrarecido de Prescott (Arizona) un conmovedor vendedor de persianas llamado Ron Barrett organiza una carrera llamada directamente «Hombre contra Caballo». Según Barrett, la carrera comenzó como una apuesta de bar entre un concejal de la ciudad y un agente de policía aficionado a los caballos. El concejal borracho afirmaba que un humano bien entrenado podía vencer a un caballo en una carrera a pie. El policía no estaba de acuerdo y, sintiéndose seguro de sus posibilidades, sugirió que apostaran. Los dos hombres prepararon una recorrido y, durante las cuatro décadas siguientes, una versión de esa carrera ha sido una tradición anual. El concepto es sencillo: un grupo de humanos y caballos atraviesa el desierto en una carrera de resistencia de un día de duración que enfrenta a bestias contra bestias, a humanos contra humanos y, lo que es más importante, a unos contra otros.

Esos días, humanos y caballos se enfrentan en la montaña Mingus, un pico de 2.400 metros cubierto de pinos a treinta millas de Prescott. Aunque Barrett organiza carreras de 20 y 40 millas, la verdadera carrera —la que atrae a algunos de los mejores corredores de fondo y jinetes de resistencia del mundo— es la *ultrarun* de 80 kilómetros.[5]

---

5   N. del T.: Estas medidas y las siguientes se han convertido al S.I. para su mejor comprensión. En el original, la autora utiliza pies, millas y libras.

Escéptica pero intrigada, me desplacé al recorrido para ver cómo se desarrollaba lo que Lieberman describió como una batalla primordial. Los caballos lanzaban sus cuerpos de 600 kilos (más el jinete) por un pequeño sendero rocoso, equilibrados sobre cuatro pezuñas, cada una más pequeña que una mano humana. Tras completar la distancia de un maratón completo por la misma ruta, los corredores ascenderían 500 metros por la espalda de la escarpada montaña, trepando «rodilla con mejilla», como lo describe Ron Barrett. Hasta entonces, sólo habrían cubierto la mitad del recorrido: aún tendrían que correr casi 30 kilómetros más antes de cruzar la línea de meta. Y luego, tras un día de competición primigenia, todos los humanos se atiborrarían de barbacoa.

Cuando llegué, descubrí que la prueba comienza en una llanura árida donde corredores y jinetes acampan desde el día anterior. A un lado de un pequeño arroyo se encontraban los caballos. Cada animal llegaba en un enorme remolque junto con todo lo necesario para cuidarlos: heno y picos para cascos y sillas de montar, y herraduras especiales que parecían Crocs diseñadas para proteger las pequeñas pezuñas de los caballos del accidentado terreno. Los jinetes montaron paddocks improvisados, pequeñas zonas valladas para que los caballos descansaran y comieran en ellas. Mientras lo hacían, los animales resoplaban y relinchaban, resoplaban y gruñían, recortando una audaz silueta contra el cielo azul brillante del desierto.

Al otro lado del arroyo estaba la zona de los corredores. Se desplazaban en Subarus de bajo consumo, se alimentaban de geles veganos que venían en bolsitas, llevaban ropa que se podía meter en un saco del tamaño de un puño. «Culitos pequeños» era como uno de los corredores de resistencia llamaba a los *runners*, y estos encajaban casi todos en la descripción: pequeños, ágiles y delgados, con culos delgados y musculosos, culos construidos para vencer a las enormes y poderosas bestias que mascaban hierba al otro lado del arroyo.

A pesar de las aparentemente grandes diferencias, en todas las versiones de la Carrera del Hombre contra el Caballo, al menos un corredor había vencido a un caballo. El propio Lieberman lo había hecho —el año que corrió, recordaba, superó a «casi todos los caballos»— y era «¡sólo un profesor de mediana edad!». Pero nunca había habido un corredor humano que hubiera vencido a todos los caballos. El año que yo asistí, sin embargo, corrían rumores por el campamento acerca de un corredor en particular: Nick Coury, un ingeniero de software de Phoenix, que resultó ser uno de los mejores ultramaratonianos del mundo y del que se pensaba que tal vez poseía las cualidades necesarias para alzarse con la victoria humana definitiva.

Conocí a Nick la mañana de la carrera mientras estaba sentado en el maletero de su utilitario, frotándose los ojos y bostezando. Después de engullir una pizza entera de salchichas durante su viaje nocturno desde Phoenix, había dormido en su coche. Le pregunté si creía que podría vencer a los caballos. Sonrió y dijo humildemente «no me gusta adelantarme a los acontecimientos», antes de ponerse los pantalones cortos, atarse los cordones de las zapatillas y correr hacia los baños portátiles. Incluso en el mundo del *ultrarunning*, en el que las carreras de ochenta kilómetros son habituales, esta era dura: Nick tendría que ascender casi 1.000 metros por un sendero laberíntico, enfrentándose a rocas sueltas, un terreno irregular y a importantes cambios de temperatura, por no hablar de los enormes y agitados equinos que correrían a su lado.

La carrera empezó a las seis de la mañana. El aire estaba seco —había pasado todo el día embadurnándome la cara con vaselina en un esfuerzo de Sísifo por mitigar los efectos del aire del alto desierto— y el cielo del amanecer estaba despejado y rosado. Me había imaginado una manada de caballos relinchando y dando zarpazos en el suelo, agrupados con una masa de corredores concentrados en un ceremonial bloque de salida, pero tanto los caballos como los corredores preferían un comienzo menos cinematográfico y más tranquilo. Los corredores estiraron y trotaron en el sitio. Los caballos hacían cabriolas en un círculo grande y suelto. La línea de salida no era mucho más que una pequeña bandera y una marca en la tierra. Ron ni siquiera disparó una pistola de salida, porque podría haber asustado a los caballos. Se limitó a gritar, de forma bastante ineficaz, «¡Comienza la Carrera de Hombres contra Caballos! ¡Vamos allá!». Y entonces todos se pusieron en marcha.

Los caballos salieron al galope, pero una vez llegaron al pie de la montaña, empezaron a moverse despacio y con cuidado para evitar una caída. Nick y los demás humanos empezaron a trotar y rápidamente se encontraron literalmente comiendo el polvo de sus competidores. Pero aunque los caballos tenían velocidad, los humanos contaban con una ventaja diferente: la resistencia. Y esto, según Lieberman, es vital para la historia de la evolución humana.

La capacidad humana de correr largas distancias, tal y como la explica Lieberman, evolucionó cuando el *Homo erectus* pasó de vivir en los bosques a vagar por las praderas, un estilo de vida que exigía diferentes capacidades y aptitudes. Cuando los animales viven entre los árboles, como siguen haciendo los gorilas hoy en día, hay mucho que comer: abundan los insectos, las bayas y la vegetación. Estos alimentos son fibrosos y difíciles de masticar, pero el bajo metabolismo de los gorilas les permite vivir de ello. Pueden pasarse todo el día comiendo sin tener que preocuparse por quedarse sin alimento.

El *Homo erectus*, por su parte, necesitaba encontrar una forma de subsistir lejos de los inagotables dones de los bosques. En lugar de comer montones de bayas y hojas, recurrieron a lo que estaba disponible: la carne de los animales, que, a diferencia de los alimentos de baja calidad de la selva, ofrecía cantidades significativas de calorías y proteínas por bocado. Ñus y kudus, ricos en nutrientes, salpicaban la sabana, pero ¿cómo podía el *Homo erectus*, de movimientos relativamente lentos, seguir el ritmo de estas veloces bestias cuadrúpedas y darles caza?

Durante más de un siglo, los biólogos evolutivos, incluido Darwin, conjeturaron que la capacidad del *Homo erectus* para cazar criaturas de la sabana, que se movían con rapidez, se debía a una de las principales ventajas del bipedismo: las manos del *Homo erectus* habían quedado libres para fabricar y utilizar herramientas para la caza como lanzas, arcos y flechas. Pero la arqueología reciente ha demostrado que esto es poco probable. Es más difícil de lo que podría pensarse penetrar en la dura y correosa piel de un animal, y más difícil aún infligir el daño necesario para derribar a un ñu de seiscientos kilos en carrera. Se necesitaría una lanza o una flecha con punta de piedra, pero las mejores herramientas de que disponía el *Homo erectus* eran garrotes de madera y palos afilados. Habrían tenido que acercarse mucho a un animal para poder matarlo. Entonces, ¿qué hacían los primeros humanos sin armas sofisticadas? Utilizaban sus culos.

Según Lieberman, la razón por la que Nick Coury tendría alguna posibilidad en la carrera del hombre contra el caballo es porque los primeros humanos evolucionaron con una ventaja específica sobre muchos cuadrúpedos: aunque un animal de cuatro patas puede correr muy rápido, no puede sostener una gran velocidad durante largos periodos de tiempo. Los caballos y otros cuadrúpedos son incapaces de jadear cuando galopan; sólo pueden hacerlo mientras trotan o caminan. Esto significa que no pueden mantenerse frescos mientras esprintan. Con un calor intenso, tras diez o quince kilómetros de galope, tienen que reducir la velocidad para modular su temperatura. Lo mismo ocurre con los animales que cazaban los antiguos humanos en la sabana, un entorno mucho más caluroso y llano que la montaña Mingus. Un antílope que corre a toda velocidad cuando hace mucho calor no puede mantener el ritmo durante mucho tiempo. Los humanos, en cambio, pueden correr a un ritmo más lento durante horas seguidas, y un humano corriendo se mueve un poco más rápido que la mayoría de los cuadrúpedos que trotan. Esto es posible gracias, en parte, al conjunto único de músculos densos en la parte superior de nuestras piernas.

Los músculos de los glúteos humanos forman parte de un complicado aparato estabilizador. El equivalente al glúteo mayor en los chimpancés es principalmente un músculo que les permite mover las piernas alejándolas del cuerpo, pero en los humanos es un extensor, es decir, un músculo que permite a un animal enderezar y extender una extremidad hacia fuera. Es una parte fundamental del sistema que impide que nos desplomemos hacia delante al impulsarnos desde nuestras extremidades traseras cuando corremos, y ayuda a frenarnos cuando nuestro pie toca el suelo para que mantengamos el control sobre nuestra zancada. El glúteo es una adaptación esencial para la capacidad humana de correr de forma constante, durante largas distancias y sin lesionarnos.

A medida que la evolución avanzaba lentamente, el cerebro del *Homo erectus* se hizo más grande. Se necesitan muchas calorías para mantener el tejido cerebral; una madre lactante habría necesitado unas 2.500 calorías diarias. Se trataba de un objetivo difícil de alcanzar en la sabana, por lo que la caza y la carrera fueron necesarias para seguir alimentando los órganos en evolución que con el tiempo permitirían a los homínidos utilizar herramientas, crear agricultura, leer libros y hacer apuestas extravagantes en los bares. Lieberman cree que el culo, entre otras adaptaciones, permitió al *Homo erectus* perseguir a sus presas durante kilómetros hasta que estas se cansaban y tenían que parar. Entonces, los *Homo erectus* golpeaban a sus presas en la cabeza con una roca y consumían su trofeo, lo que les permitía ingerir una comida copiosa y rica en calorías.

La opinión de Dennis Bramble, el viejo colega de Lieberman de sus días haciendo correr a cerdos es algo diferente, y menos elevada: la capacidad de correr permitió a los *Homo erectus* competir por las sobras de la sabana, no cazar sus propias presas. Después de que un león u otro gran depredador hubiera llevado a cabo una matanza, dejaría despojos tras de sí, y los carroñeros necesitarían correr largas distancias para adelantarse a otros carroñeros y llegar antes de que la carne muerta se hubiera echado a perder.

Otro grupo de científicos, dirigido por Jamie Bartlett en la Universidad de Colorado Boulder, ha realizado un estudio que demuestra que, aunque el glúteo es fundamental para la carrera de resistencia, en realidad tiene muchas otras funciones. Bartlett afirma que el glúteo mayor es «parecido a una navaja suiza multifunción», en el sentido de que ayuda a los humanos a trepar, lanzar, levantar peso y ponerse en cuclillas. Bartlett cree que el glúteo evolucionó para ayudar al *Homo erectus* a recorrer largas distancias, pero también a escapar de los depredadores, trepar por los pocos árboles disponibles en la sabana, ponerse en cuclillas tras los arbustos o alejarse rápida y ágilmente de un depredador. Me dice que esto es bastante obvio si se observa a un equipo de atletismo: «No son los corredores de fondo los que tienen grandes traseros, sino los velocistas, los saltadores y los lanzadores».

Aunque estos científicos difieren sobre la razón exacta de la existencia de los músculos del culo, están de acuerdo en que se trata de un rasgo exclusivamente humano que contribuyó de forma crucial a nuestra evolución. Podríamos decir que somos humanos gracias a nuestros culos.

Hace 1,9 millones de años, el hombre cuyo hueso de la cadera se convertiría en el fósil KNM-ER 3228 corrió tras un ñu. Su gran trasero se flexionó, y los largos tendones que unían su talón a la parte posterior de su rodilla le impulsaron hacia delante como un resorte. Su cabeza, equilibrada sobre su columna vertebral, se balanceaba holgadamente mientras corría, mientras la curva en S de su espalda absorbía el impacto de cada pisada. Su escaso vello corporal y sus amplias glándulas sudoríparas le mantenían fresco, y jadeaba pesadamente por la boca mientras corría lenta y constantemente tras su presa.

En un hermoso día de octubre, dos millones de años después, Nick Coury corre montaña arriba. Los músculos de sus nalgas se flexionan, sus glándulas sudoríparas liberan transpiración, sus tendones y articulaciones le impulsan hacia delante como un resorte. Pasa por delante de un caballo y luego de otro, subiendo la montaña Mingus constante, pisada a pisada. Utiliza los músculos de los glúteos para subir y luego los utiliza para correr. No piensa en el final, ni en los poderosos animales que le rodean. Sólo piensa en los pocos metros que tiene por delante. Y entonces, de repente, Nick se da cuenta de que está ganando.

La montaña se vuelve llana y Nick puede ver la línea de meta a lo lejos. Se siente eufórico, inundado de las placenteras endorfinas que muchos llaman el subidón del corredor (probablemente otra adaptación evolutiva que contribuye a hacer de los humanos excelentes corredores). Empieza a correr tan rápido como puede, sin reservarse nada. Las lágrimas corren por su rostro cuando cruza la línea de meta. Han pasado seis horas y catorce minutos desde que empezó la carrera, el mejor tiempo en que cualquier corredor haya completado el recorrido. Al igual que el hombre poseedor del hueso de cadera KNM-ER 3228, Nick ha superado a todos sus competidores de cuatro patas, el primer humano en la historia del Hombre contra el Caballo que lo consigue. Nick no lo ha hecho por la comida —le espera su pringue vegano y una cena de celebración a la barbacoa— sino simplemente porque le encanta correr.

GRASA

Los músculos cumplen una determinada función fisiológica: se expanden y contraen, moviendo huesos y tendones hacia arriba y hacia abajo, hacia delante y hacia atrás, permitiéndonos sentarnos erguidos, inclinarnos de lado a lado, incluso digerir la comida y, como resultado, son la parte del culo más fácil de estudiar y comprender. Pero los culos, sobre todo los de las mujeres, no están formados sólo por músculo. También tienen una capa de grasa que se asienta sobre el glúteo mayor. Y para muchas (incluida yo) esa capa de grasa es gruesa, y es complicada.

En casi todos los sentidos, la grasa es mucho más difícil de estudiar que el músculo. Al ser un tejido blando, se descompone tras la muerte de los organismos y no deja rastro alguno a largo plazo, por lo que los biólogos evolutivos no pueden saber con certeza cómo la llevaban en sus cuerpos los primeros humanos o nuestros antepasados homínidos. Resulta muy tentador imaginar a los antiguos humanos delgados y ágiles, ver a los primeros *Homo sapiens* como la imagen de nuestra actual representación del cuerpo ideal, pero lo cierto es que nadie conoce el tamaño de los pechos o del culo de las primeras hembras humanas, al igual que se desconocenla circunferencia del pene de un *Homo erectus* macho o si tenía barba.

Sabemos, sin embargo, que los humanos que viven hoy en día son los primates más gordos, ya que almacenan una cantidad significativamente mayor de «grasa blanca» —grasa que no se convierte fácilmente en energía— que otros primates, que acumulan más de la «grasa parda», rápida y fácilmente metabolizable. Según la asociada postdoctoral de Duke, Devjanee Swain-Lenz, esta diferencia está incrustada en nuestro ADN. Un gen que convierte la grasa blanca en grasa parda está literalmente desactivado en los humanos, lo que nos hace biológicamente más susceptibles a la acumulación de grasa.

Según Morgan Hoke, que ha estudiado la nutrición en poblaciones humanas tanto contemporáneas como históricas como profesora adjunta de Antropología en la Universidad de Pensilvania, este desarrollo comenzó cuando la nutrición era escasa y los primeros homínidos tenían que recurrir a las reservas de grasa para sobrevivir. No era tanto que pasaran hambre, sino que había variaciones frecuentes y significativas en el tipo y la cantidad de comida disponible. Para sobrevivir, los primeros homínidos experimentaron cambios metabólicos y genéticos que les permitieron acumular grasa que luego podían utilizar como una especie de almacén de calorías a largo plazo en caso de emergencia. Esto era necesario por la misma razón por la que fue crucial para el *Homo erectus* idear una forma de cazar: los cerebros más grandes necesitan más calorías. Y aunque nuestros músculos glúteos nos ayudaban a cazar y rebuscar carne rica en calorías, necesitábamos reservas de grasa en el cuerpo para asegurarnos de que nuestro cerebro pudiera funcionar incluso cuando hacía mucho frío y era difícil conseguir comida. Resulta irónico, por tanto, que en los Estados Unidos del siglo XXI sea casi imposible concebir la grasa del modo en que pensamos en el músculo: como una parte del cuerpo con una función que cumplir. En su lugar, la grasa en cualquiera de sus formas —ya sea en los alimentos o en los cuerpos— conlleva capas de asociación negativa: glotonería y decadencia, en lugar de necesidad y abundancia.

Aunque todas las personas necesitan grasa para mantenerse sanas, las mujeres la necesitan más que los hombres. La mayoría de las mujeres tienen entre seis y diez kilos de grasa en el cuerpo, lo que supone un porcentaje significativo de su masa corporal y mucho peso que arrastrar, algo que parecería una desventaja evolutiva. Los estudios dicen que el nivel más bajo de grasa corporal que puede tener una mujer que se considere saludable (es decir, sin pasar hambre) es entre el 8 y el 12%. Para los hombres, esa cifra es de entre el 4 y el 6% por ciento. Un científico con el que me reuní me dijo que incluso las mujeres más delgadas tienen un mayor porcentaje de grasa en el cuerpo que cualquier otra criatura de la Tierra, salvo dos excepciones: los mamíferos marinos y los osos justo antes de entrar en hibernación. Tras escuchar este hecho, pasé las dos semanas siguientes repitiéndoselo a otras mujeres que conozco. De algún modo, me pareció poderoso: tenemos el tipo de grasa que mantiene calientes a las enormes criaturas marinas en las aguas del Ártico, el tipo de grasa que podría hacernos pasar un invierno en una cueva en el bosque. También era algo que se escapaba deliciosamente de mi control. Esta realidad científica innegable se convirtió en un antídoto contra la voz perpetua en mi cabeza que decía: «¿No estás un poquito demasiado gorda?». Sentí que por una vez tenía una refutación sólida: «La grasa forma parte de lo que es ser mujer. Mi gordura es lo que me hace ser como una ballena lactante, como una mamá osa».

Por supuesto, no soy un gran mamífero marino, ni hiberno. Tampoco lo hace ninguna de las mujeres que conozco. La grasa de una ballena puede cumplir muchas funciones, pero una es muy clara: necesita mantenerse caliente en aguas glaciales. Un oso que entra en hibernación necesita importantes reservas para pasar el invierno. Pero, ¿por qué una hembra humana necesita almacenar tanta grasa en su cuerpo? «Como feminista me frustra, porque no se me ocurre otra respuesta», me dice Hoke, «pero tiene que ver con la reproducción. Resulta que el embarazo y la lactancia son realmente caros en términos de coste energético». Explica además que, como ocurre con cualquier animal que se reproduce sexualmente, van a existir diferencias biológicas entre los sexos para poder acomodar las necesidades físicas y energéticas que conlleva crear nuevos humanos, y no hay duda de quién asume la carga biológica principal. «Un espermatozoide básicamente no cuesta nada», explica Hoke., «un óvulo tampoco cuesta mucho, pero en el caso de los humanos hay nueve agotadores meses de maternidad y luego de lactancia, que puede prolongarse durante mucho tiempo». La necesidad de reservas extra es enorme, porque la nutrición se destina a alimentar a dos (o más) cuerpos y cerebros. El embarazo requiere que la madre ingiera aproximadamente trescientas calorías extra al día, y algunos estudios indican que la lactancia puede requerir incluso más combustible calórico. Si no hay suficiente comida en el entorno, una madre lactante puede recurrir a la grasa que almacena en su cuerpo para alimentar a sus bebés.

Las mujeres pueden necesitar una cantidad importante de grasa para satisfacer las exigencias de la reproducción, pero esa grasa podría estar en cualquier parte. Podríamos tener glóbulos de grasa colgando de los codos; nuestros hombros y cuellos podrían ser grandes y bulbosos. Pero en lugar de eso, la grasa se acumula en las caderas, las nalgas, los muslos y los pechos, creando un patrón de curvas que ahora se nos antoja claramente femenino, pero ¿por qué? La posibilidad más directa es fisiológica. Tenemos que llevarla donde la llevamos porque almacenarla en otro sitio podría impedir nuestra amplitud de movimiento y alterar el centro de gravedad: tener unos hombros muy grasos nos haría pesados por arriba; tener unas rodillas muy grasas nos dificultaría caminar.

También hay un conjunto de investigaciones —realizadas por la profesora Hoke y otros antropólogos evolutivos— que sugieren que almacenar grasa en el trasero y los muslos es más seguro porque está lejos de los órganos vitales, que no reaccionan bien al verse rodeados de tejido adiposo. Además, hay algunas pruebas de que las mujeres con culos y muslos más grandes y cinturas más pequeñas tienen una leche materna más grasa, una adaptación positiva para ayudar a crecer a los bebés, sobre todo en lugares donde puede no haber fácil acceso a una cantidad significativa de grasa en la dieta. Hoke sugiere que esto puede indicar que cuando las hembras humanas están amamantando, recurren a la grasa adiposa blanca almacenada en los muslos y el culo para nutrir a sus bebés.

Lo cierto es que el culo es una parte del cuerpo anatómicamente simple: una articulación unida a unos pocos músculos grandes y cubierta con una capa de grasa. Pero aunque entendemos bien por qué tenemos músculos en los glúteos e incluso, hasta cierto punto, por qué están cubiertos de grasa, no está del todo claro por qué los glúteos son, para mucha gente, tan atractivos y qué tiene que ver esto con la evolución, si es que tiene algo que ver. Para responder a esas preguntas, en la medida en que sean siquiera respondibles, tenemos que hablar de los pavos reales.

PLUMAS

Imagínese, si quiere, un pavo real, ese faisán grandioso y brillante, originario del subcontinente indio, que ahora se pasea por los zoológicos infantiles y los jardines de multimillonarios excéntricos de todo el mundo. El pavo real es colorido: tiene una cabeza azul brillante y un plumaje opulento e iridiscente en la cola, con un distintivo patrón de manchas oculares que se aprecia mejor cuando abanica la cola a lo alto y a lo ancho, una cola que puede llegar a medir hasta metro y medio de largo. La cola por sí sola constituye alrededor del 60% de la longitud total de su cuerpo y pesa alrededor de 300 gramos, bastante en un ave que suele pesar alrededor de tres kilos.

La visión de una pluma en la cola de un pavo real, cada vez que la contemplo, me pone enfermo», escribió Charles Darwin en una célebre carta dirigida al botánico de Harvard, Asa Gray, en 1860. No era la belleza lo que le ponía enfermo, sino el hecho de que era incapaz de explicar la existencia de una parte tan enorme, conspicua y, sin embargo, aparentemente inútil de un animal. La evolución, tal y como la concebimos a menudo, da prioridad a la eficacia, y la cola de un pavo real no es, desde luego, un complemento eficaz. De hecho, es todo lo contrario: un apéndice oneroso, que atrae a los depredadores con su color brillante y dificulta la huida.

La teoría de la selección natural de Darwin nos dice que los miembros de una especie mejor adaptados a su entorno, y por tanto con más probabilidades de sobrevivir y prosperar, también tendrán más probabilidades de reproducirse. Si un rasgo es heredable y útil, se transmite a un mayor porcentaje de miembros de la siguiente generación. De este modo, las mutaciones genéticas aleatorias se suman, dando lugar a organismos mejor adaptados a su entorno; la supervivencia del más apto, como se suele decir. Pero si es cierto que los animales con características favorables tienen más probabilidades de sobrevivir, ¿cómo se explica una ornamentación aparentemente innecesaria, o incluso contraproducente? «Se trata de un auténtico rompecabezas», afirma Chris Haufe, profesor y filósofo de la Ciencia en la Universidad Case Western Reserve. «Existen todos estos animales con rasgos realmente costosos: plumajes brillantes, escamas brillantes, caras brillantes, animales que siempre están haciendo ruido. Son cosas que parecen absurdas desde el punto de vista de la supervivencia. Y por eso se necesitamos explicar por qué está tan extendido».

Darwin intentó explicar estos rasgos en *La descendencia del hombre y la selección en relación con el sexo*, su audaz continuación de *El origen de las especies*. En ella propuso que, si bien la selección natural elige a los animales que mejor se adaptan a un entorno, la selección sexual también desempeña un papel importante. Estos rasgos hereditarios, que Darwin denominó *características sexuales secundarias*, los hacen más atractivos para sus parejas (la evolución darwiniana presupone el apareamiento heterosexual) y, por tanto, los hacen más aptos. En los humanos, las caderas y los culos femeninos se consideran una característica sexual secundaria, al igual que los pechos, y pueden haber sido seleccionados para tener ese aspecto debido a las preferencias de sus parejas. Es decir, los humanos machos, a lo largo de los siglos, *podrían* haber elegido aparearse con hembras que tuvieran tipos particulares de culos que les parecieran atractivos, y así alterar indirectamente la evolución de la parte del cuerpo para siempre. Pero si realmente funcionó así y qué podría significar exactamente esta atracción o cómo podría funcionar, sigue sin resolverse, lo que abre las puertas a interpretaciones provenientes de otros campos —a menudo controvertido— más allá de los estudios evolutivos.

Desde la década de los noventa, la disciplina de la Psicología Evolutiva surgió como un método popular para comprender la relación entre la atracción sexual y la evolución. Pueden encontrarse estudios de Psicología Evolutiva en revistas académicas, pero también referenciados en las páginas de *Maxim* o *Cosmopolitan*, o en largos hilos de *Reddit* que intentan explicar por qué comportamientos o rasgos psicológicos contemporáneos —promiscuidad, miedo a las arañas o deseo masculino de rasgos femeninos específicos, como culos grandes— pueden haber sido ventajosos para los primeros humanos. Estas son también las teorías de bar que oigo con más frecuencia cuando le digo a la gente en las fiestas que estoy escribiendo un libro sobre culos. «¿Los culos grandes no son señal de fertilidad?», dirá alguien mientras pide otra cerveza. «He oído que las mujeres con culos grandes son más inteligentes», añadirá otra persona mientras hunde la mano en un bol de patatas fritas.

Aunque estos conocidos seguramente sólo están sacando a relucir algo que medio recuerdan que leyeron hace tiempo en algún agujero de gusano de Internet, este tipo de comentarios se me antojan reveladores por lo que parecen implicar. Hay dos suposiciones subyacentes: en primer lugar, que los culos grandes son biológicamente ventajosos, y en segundo lugar, que la atracción sexual por los culos, en particular por los culos grandes, es innata y está fuera de nuestro control. Al igual que ansiamos lo dulce porque el azúcar nos sustenta, los fiesteros parecen sugerir que deseamos culos grandes porque son buenos para nosotros y nos ayudan a sobrevivir. De alguna manera es natural, y redunda en nuestro interés biológico, que nos exciten los culos prominentes.

Dado que los psicólogos evolutivos se ocupan a menudo de temas pop relacionados con el sexo y el atractivo, las revistas utilizan sus estudios como base de artículos sensacionalistas como «El poder que ejercen los tacones sobre los hombres, según un estudio» y «Cómo el maquillaje seduce a los hombres, pero encela a otras mujeres». Estos artículos ofrecen justificaciones evolutivas de comportamientos comunes —las mujeres sienten celos de otras mujeres que llevan maquillaje en el lugar de trabajo porque perciben que son sexualmente dominantes; los tacones altos obligan a una mujer a arquear la espalda, una antigua señal de su disposición a aparearse— en lugar de culturales. La Psicología Evolutiva no está diseñada para lidiar con las explicaciones aparentemente más obvias del comportamiento humano que tienen sus raíces en la cultura, la identidad o la experiencia psicológica individual. Por ejemplo, quizá los hombres del estudio se quedaban embelesados ante las mujeres que llevaban tacones altos porque se han pasado toda la vida absorbiendo imágenes que equiparan los tacones altos con la sensualidad; quizá los celos de las mujeres hacia otras mujeres surgen porque hay muy pocas oportunidades para las mujeres en muchos entornos laborales, y están condicionadas para interpretar a otras mujeres como rivales. Estas explicaciones no se consideran posibles respuestas a las preguntas que se plantean en los estudios.

Esta es, pues, una de las razones por las que la Psicología Evolutiva puede tentarnos como enfoque de pensamiento: ofrece explicaciones evolutivas para un comportamiento que muy bien puede estar dictado por cuestiones culturales o históricas, lo que bien podría ofrecernos una excusa. Si considerásemos seriamente la posibilidad de que toda una vida expuestos a cánones de belleza poco realistas puede ser el motivo de que pensemos que los tacones son sexys, podríamos sentir la responsabilidad de interrogarnos a nosotros mismos y a nuestras suposiciones, e incluso cambiar nuestros puntos de vista. Pero si el deseo hacia las mujeres con tacones altos es de origen evolutivo, entonces no hay nada que hacer.

Los culos son una subcategoría particularmente boyante para los psicólogos evolutivos de los medios de masas. Artículos como «La ciencia de por qué eres un hombre de culos», «Cómo el glúteo se convirtió en el máximo» y «La ciencia por fin ha descubierto por qué a los hombres les gustan los culos grandes» se publicaron en *Men's Health*, *The Atlantic* y *Cosmopolitan* en 2014 y 2015, todos ellos basados en el mismo estudio de Psicología Evolutiva. El experimento se llevó a cabo en la Universidad de Texas por investigadores que buscaban determinar los orígenes evolutivos del deseo sexual por los culos de las mujeres. Los investigadores mostraron ilustraciones a 102 hombres de entre 17 y 34 años en los que aparecían mujeres curvando sus espinas dorsales en diferentes ángulos, sobresaliendo sus culos en diversos grados. Según los datos de respuesta, los hombres preferían a las mujeres que mantenían un ángulo de 45 grados. Más tarde, en un segundo estudio, los investigadores mostraron las mismas imágenes, pero incluyeron ilustraciones de mujeres con traseros más grandes. Los hombres seguían prefiriendo a las mujeres que sacaban el culo. Los investigadores dedujeron de estos datos que el deseo de culos más grandes era en realidad un deseo hacia las mujeres con la espalda ligeramente inclinada, lo que, según ellos, era una adaptación evolutiva de las hembras de los primeros homínidos porque les permitía soportar, mantener y llevar a cabo mejor los embarazos múltiples. El mecanismo de esa adaptación es un tanto largo de explicar: según los investigadores, las hembras embarazadas que tenían la espalda inclinada a 45 grados tenían mejor torsión cuando se agachaban para buscar comida, lo que significaba que podían recoger más nutrientes y alimentar mejor a sus bebés. Al macho le convenía elegir una pareja que pudiera proporcionar la mayor cantidad de alimentos a su familia, y un culo prominente era el indicador visible de que una hembra podía hacer precisamente eso.

Durante décadas, muchos biólogos han mostrado cierto rechazo a la Psicología Evolutiva por una serie de razones. El paleontólogo Stephen Jay Gould describió el pensamiento que subyace a este tipo de estudios como la creación de los *Cuentos de así fue*, una referencia al libro de Rudyard Kipling de fábulas infantiles que ofrecen explicaciones fantasiosas para rasgos como las manchas de un leopardo o la joroba de un camello. Según el profesor Haufe, los psicólogos evolutivos suelen utilizar datos de encuestas y luego elaboran teorías que explican los resultados, mientras que los biólogos evolutivos como Daniel Lieberman se basan en investigaciones empíricas y en el registro fósil. En el estudio de la Universidad de Texas, por ejemplo, los investigadores idearon la teoría de que las mujeres de grandes pechos eran más capaces de buscar comida, pero no aportaron ningún dato experimental que lo respaldara. Este es un problema fundamental que muchos biólogos tienen con la Psicología Evolutiva: no se atiene a las normas de otras ciencias que estudian la evolución biológica.

Otro problema de la Psicología Evolutiva es que suele basarse en un supuesto fundamental que puede no ser cierto:

que la elección de pareja se basa siempre en la detección y selección de cualidades genéticas positivas heredables. Por ejemplo, una teoría muy conocida sobre la cola del pavo real es que sólo un pavo real muy fuerte y resolutivo podría arrastrar una de esas inmensas colas y, por tanto, esta no es sino una prueba de su fortaleza. Pero, según Haufe, no existen evidencias reales de que la elección de pareja esté impulsada por la capacidad de detectar genes con rasgos adaptativos. Es decir, es posible que los pavos reales no realicen elecciones que tengan algo que ver con la virilidad o la fuerza.

Esto puede sonar contraintuitivo. A mí, desde luego, me lo pareció cuando lo escuché por primera vez. Como había estado tan impregnada de la idea de que todos los rasgos animales deben ser adaptativos, de que cada parte de nosotros —incluidos nuestros sentimientos de atracción sexual— debe estar diseñada para lograr algo con algún propósito evolutivo concreto, me resultaba difícil imaginar otra razón por la que los pavos reales pudieran tener la cabeza azul o las mujeres humanas el culo carnoso. Este modo de pensar es lo que Gould y el biólogo evolutivo Richard Lewontin denominan *adaptacionismo*, un enfoque que criticaron durante décadas porque cercenaba la posibilidad de que ciertos rasgos no sirvieran para nada y de que el propósito que pudieran tener hoy no tuviera nada que ver con el porqué y el cómo se originó ese rasgo. Es decir: la cola del pavo real puede no ser una adaptación para nada, o puede ser una adaptación para algo que los pavos reales necesitaban hace miles de años, pero no debemos suponer que las colas de los pavos reales de hoy en día sirvan para algo en particular.

En una visita al Museo Peabody de Historia Natural de la Universidad de Yale, abro un cajón y encuentro más de veinte loros verdes, casi idénticos, rellenos de algodón y descansando panza arriba, con las alas recogidas contra el costado. El cajón desprende un olor sorprendentemente penetrante, una combinación de bolas de naftalina y conservantes, con un toque terroso y animal. Cuando le pregunto por el olor, el Dr. Richard Prum —profesor de

Ornitología William Robertson Coe en Yale y, ese día, mi guía en el museo— se encoge de hombros y dice: «El cajón de los pingüinos huele a pescado graso». Me sorprende que el olor a comida y carne podrida de un ave pueda persistir tras décadas de permanecer en un cajón, pero el Dr. Prum no se impresiona. Es carne de animal. La putrefacción forma parte del trato.

Junto con el olor llegan destellos de color: lomos de pájaros de un azul vibrante, cabezas opalescentes, coronas de plumas anaranjadas brillantes, parecidas a las de un mohicano, un cuerpo de ave del paraíso negra que, según Prum, es probablemente el negro más negro que puede encontrarse en la naturaleza. Amante entusiasta de los pájaros, explica cómo el pigmento de las brillantes plumas se organiza como canicas en un cuenco para crear el extraño brillo, cómo las plumas del cuerpo del ave del paraíso negra están anguladas con precisión para que la luz no pueda reflejarse hacia el exterior, creando un negro hipermate que contrasta con las brillantes plumas cerceta que el ave exhibe en su elaborada danza de apareamiento.

La colección de aves del museo se encuentra en una gran sala blanca del Centro de Ciencias Medioambientales, llena de armarios blancos desde el suelo al techo. La iluminación es fluorescente, el suelo está cubierto de baldosas grises industriales. La abundancia de esta sala es un testimonio de lo que Prum llama el elemento «coleccionista de sellos» de la biología. Los biólogos miden la variedad del mundo de las aves en todas sus particularidades, buscando comprender la física de los pigmentos de las plumas o qué tipos de laringe permiten diferentes tipos de canto. El Dr. Prum —un «genio» MacArthur, un becario Guggenheim, un profesor con su propio laboratorio— se ha labrado toda una carrera preguntándose este tipo de cuestiones acerca de las aves y, en el proceso, ha realizado innumerables descubrimientos apasionantes, como el hecho de que existe una relación evolutiva directa entre las aves contemporáneas y los dinosaurios.

Pero no estoy aquí para aprender sobre la pigmentación de las plumas, al menos no explícitamente. Estoy aquí porque Prum es el defensor de una teoría sobre la evolución de la ornamentación que se opone a la mentalidad adaptacionista. Basándose en las ideas de Lewontin y Gould (así como en las de científicos anteriores, como Ronald Fisher y el propio Darwin), y oponiéndose a las teorías de la Psicología Evolutiva, Prum cree que los animales pueden llegar a adoptar ciertas características estéticas, no porque esos rasgos sean adaptativos, sino simplemente porque son bellos. Esto puede deberse a un sesgo sensorial del cerebro —una característica neurológica que simplemente prefiere las cosas brillantes a las que no lo son— o a una preferencia por la novedad. Pero estos atributos no indican necesariamente que haya algo *mejor* en el pavo real de la cola extravagante. Al pavo real no le gusta su cola más que a los demás porque sugiera que es una pareja potencial fuerte y en forma, sino simplemente porque le gusta que sea brillante, y azul, y grande. Prum basa esta teoría en toda una vida de estudio de aves como las de los cajones de su laboratorio, muchas de las cuales tienen un plumaje, un esqueleto o un canto que les dificulta volar o los hace fáciles de detectar por los depredadores. Cuando Prum se dio cuenta de lo mal adaptados que estaban muchos pájaros desde la perspectiva de la selección natural, empezó a preguntarse por qué si no podían tener un plumaje tan inconveniente y tan bonito. Fue a partir de sus consiguientes experimentos y teorizaciones que descubrió una nueva forma de pensar sobre la belleza en las aves y, hasta cierto punto, en los humanos.

Cuando llegué al laboratorio del Dr. Prum en Yale, una de las primeras cosas que me dijo fue que estaba un poco nervioso a causa de nuestro encuentro. Aunque suele dar conferencias y hablar con los medios de comunicación sobre la belleza de las aves, la belleza humana es harina de otro costal. Una cosa es, dice, colocar la diapositiva de un ave del paraíso y decir: «Mirad qué ave tan bonita», pero otra muy distinta sería poner una foto de una mujer y señalarla como el pináculo de la belleza humana, o discutir por qué sus rasgos ejemplifican los que los humanos prefieren de forma innata.

Esto habla de uno de los problemas de Prum con las teorías dominantes en psicología evolutiva: al argumentar que los pavos reales o los humanos se sienten atraídos por los atributos físicos de sus parejas potenciales por razones totalmente biológicas —salud o fuerza o aptitud reproductiva—, obviamos la rica diversidad de formas en que los humanos pueden ser bellos unos para otros y cerramos las preguntas que podamos hacernos sobre la belleza. Sugerir que ciertos atractivos son, evolutivamente hablando, «erróneos», mientras que otros son «correctos», resta importancia a la enorme diversidad de gustos y preferencias, y sencillamente no se ajusta a las realidades de la atracción humana; o de las aves.

Puede que todas las colas de pavo real nos parezcan iguales, aunque es probable que a los pavos reales les parezcan muy diferentes. Pero la ciencia de cómo las variaciones individuales del pavo real y sus preferencias individuales han configurado conjuntamente el desarrollo de la cola del pavo real a lo largo de miles de años sería demasiado complicada de trazar. Del mismo modo, aunque la fisiología del culo es científicamente explicable, si la miríada de formas que puede adoptar —y la miríada de reacciones que engendra— son el resultado de la selección sexual, la historia causal es demasiado complicada de contar. La variación podría deberse a diferentes necesidades adaptativas o a diferentes preferencias estéticas, pero todo lo que huela a universal —hay un tipo de culo que es el más atractivo, un tipo de culo que es el más apto—casi seguro que no es el caso. Esto se debe a que los contextos que determinan nuestra capacidad para prosperar —ya sean ambientales, culturales o personales— están siempre cambiando y difieren para cada uno de nosotros. Como me dijo Haufe: «Cualquier culo que no te esté matando es probablemente lo suficientemente bueno».

De hecho, Haufe lleva la idea de Prum un paso más allá. Afirma que no hay ninguna razón para pensar que los culos grandes, o las plumas extravagantes, estén impulsados en absoluto por la preferencia de pareja. Los culos grandes, pequeños, planos o en forma de burbuja pueden simplemente existir. Y a la gente pueden gustarle, o no, por razones que no tienen nada que ver con la evolución o la biología. Haciéndose eco una vez más de la crítica de Gould y Lewontin al pensamiento adaptacionista, Haufe afirma: «Todos tenemos preferencias por cosas. A mí me gustan las películas de Marvel, por ejemplo. No necesito apelar a la evolución para explicar por qué me gustan». Puede que los culos no sean tan diferentes. Entendemos el trasero como un lugar de atracción, un lugar de repulsión, una parte del cuerpo inextricablemente ligada a asociaciones de raza y género, pero esas asociaciones no proceden de las capas de hueso, músculo y grasa que crean la realidad biológica del trasero. Provienen de todas las capas de significado, y de historia, que le hemos puesto encima.

Sarah

VIDA

El edificio del Museo Nacional de Historia Natural se encuentra en el extremo sureste del Jardin des Plantes, que abarca setenta acres en el este de París, entre la Gran Mezquita y el Sena, en la rue Cuvier, una calle llamada así en honor al hombre que recogió los huesos, las rocas y las semillas que se custodian en su interior.

Georges Cuvier fue, entre otras cosas, el anatomista comparativo más importante del mundo a principios del siglo XIX, un hombre que formó parte crucial de los rigurosos descubrimientos biológicos de los siglos XIX y XX, un hombre cuyo trabajo ayudó a sentar las bases de biólogos como Daniel Lieberman y Richard Prum. Estableció el campo de la Paleontología y sus descubrimientos contribuyeron a allanar el camino a la teoría de la evolución de Darwin.

El objetivo de Cuvier a lo largo de su vida fue nada menos que reunir un espécimen de cada una de las plantas, animales y minerales del mundo, e intentar explicar cómo habían llegado a existir. Mientras me encontraba paseando por los jardines y edificios, tenía la sensación de que podría haberlo conseguido. Los jardines estaban divididos en parcelas rectangulares, con cada árbol y planta señalados por una placa grabada que mostraba su especie y región de origen. Una piscina de cemento llena de *Glaux maritima* estaba situada junto a una pantanosa parcela de col de agua. Ambas no me parecían más que hierbajos, pero en los terrenos del museo las cuidaban, se fijaban en ellas y les ponían nombre.

Dentro, el museo estaba abarrotado, atestado de huesos de animales, desde un cráneo de murciélago en miniatura hasta la monstruosa barba de una ballena azul. La mayoría de los museos contemporáneos son lugares de cuidadosa conservación, de elección: una silla, un esqueleto, una moneda representan a muchos. El Museo Nacional de Historia Natural no era ese lugar. Era un lugar de una plenitud casi gratuita, un lugar que parecía nostálgico de la época de su creación. Cada rincón de la vasta sala de ladrillo estaba lleno, los esqueletos de todos los animales que pudiera imaginar ensartados sobre plintos de madera, expuestos tras un cristal pulido o suspendidos del techo. En lugar de carteles informativos diseñados para ayudar a los visitantes a dar sentido al batiburrillo, el museo presentaba aún más batiburrillo: una cabeza de mono flotando en un frasco, con el cuello abierto para revelar la anatomía de su garganta; las mandíbulas de veinte tipos diferentes de ratas encerradas en vitrinas individuales en forma de orbe; el páncreas de una pantera expuesto delante de un gran trozo de terciopelo azul.

Los huesos humanos estaban amontonados entre los de los animales: un cráneo de *Homo sapiens* estaba dispuesto junto al de un chimpancé para mostrar tanto las similitudes como las diferencias. Todos somos animales, parecía decir el museo; todo lo vivo forma parte de la misma familia. Pero durante más de un siglo, el museo también dijo otra cosa: algunos somos más animales que otros. Es entre estos huesos de animales donde queda claro que la misión de Cuvier nunca fue sólo coleccionar. También era establecer una jerarquía, aprovechar un orden natural imaginado y determinar qué especies eran «superiores» y cuáles «inferiores», un sistema que adquirió especial importancia a la hora de trasladar sus estudios a los seres humanos. En aquella época, muchos científicos —Cuvier incluido— estaban obsesionados con la idea de que había personas vivas en la Tierra que eran en realidad otra especie, una tercera categoría entre el ser humano y el animal. La mayoría de los científicos pensaban que esta criatura se encontraría en África, sin duda un intento de justificar con la ciencia su propia supuesta superioridad racial.

«*Fetus humain*», rezaba el texto en cursiva de una etiqueta amarillenta frente a cinco pequeños esqueletos humanos, desplegados y erguidos en la esquina trasera del museo. Cerca, un gatito cíclope de un solo ojo y un perro de dos cabezas flotaban en frascos de conservante junto a un modelo de cera de gemelos humanos unidos. La etiqueta decía simplemente: «*Monstres*».

Al mirar en este rincón polvoriento, no vi orden, vi crueldad. ¿Qué propósito podía tener esta exposición más allá de provocar conmoción y repulsión, sobre todo sin ningún contexto, sin ningún intento de educación? Pero me sentía incómoda no sólo por lo que había allí, sino también por lo que sabía que había estado allí alguna vez. Había venido a París para conocer la vida y el legado de una mujer cuyo cuerpo, y culo, se convirtieron en elementos centrales del proyecto de Cuvier de ordenar la humanidad. Una mujer cuyos restos Cuvier introdujo en esta colección en 1816, expuestos como ejemplo de lo que muchos en aquella época denominaban una *hotentote*, término utilizado en los siglos XVIII y XIX para describir a la gente de la tribu khoe de lo que hoy es Sudáfrica.

***

Se llamaba Sarah Baartman, o al menos ése es el nombre que utilizan la mayoría de los estudiosos cuando escriben sobre ella. Su verdadero nombre, el que le dieron sus padres, es desconocido, al igual que muchos de los detalles de su vida. Las únicas pruebas documentales de su vida proceden de las personas e instituciones que explotaron a Baartman y la mantuvieron bajo su control: diarios de a bordo, transcripciones judiciales, periódicos sensacionalistas, libros de texto científicos, relatos de primera mano de las únicas personas que podían escribir (los educados y adinerados). Rara vez aparece en el registro histórico para hablar por sí misma, por lo que para reconstruir su historia, los estudiosos han tenido que examinar de cerca tanto lo que está en el registro de archivo como lo que ha sido omitido, eludido y suprimido, haciendo un trabajo a menudo llamado «leer a contrapelo». Sólo a través de este proceso han podido encontrar una historia más compleja de su vida.

Baartman, que era khoe, nació en la Sudáfrica rural de la década de 1770, época en la que el territorio era una colonia holandesa. Los khoe eran un pueblo indígena pastor del suroeste de África —los hombres pastoreaban ovejas y ganado y las mujeres recolectaban bayas e insectos— cuyo modo de vida tradicional se vio alterado por la colonización y los conflictos intertribales. Durante décadas antes del nacimiento de Baartman, los exploradores coloniales habían enviado a Europa informes de sus viajes africanos, en los que describían a las mujeres khoe como poseedoras de unos labios largos y colgantes, un comportamiento perezoso y el hábito de fumar constantemente en pipa. También describían lo que se convertiría en el más famoso de los rasgos khoe en el imaginario europeo: sus grandes culos. Estas descripciones inspirarían a Carl Linneo, el padre de la taxonomía moderna, a clasificar a la tribu como *Homo sapiens monstruoso*, una categoría de medio humano que incluía a los míticos niños-lobo y a los hombres con cabeza de elefante.

A los diez años, Baartman había sido capturada por los holandeses y vivía con sus padres en una granja de colonos, trabajando como sirvienta. Al cabo de otra década, sus dos padres habían muerto. A mediados de la década de 1790, Baartman fue vendida a Peter Caesars, un negro libre que a su vez era sirviente de un carnicero alemán en Ciudad del Cabo, una bulliciosa y cosmopolita ciudad portuaria llena de soldados, comerciantes y viajeros de todo el mundo. Según la legislación holandesa, los negros libres no eran ciudadanos ni estaban en pie de igualdad con los blancos. Tenían que llevar un pase cuando caminaban por las calles, se les exigía vestir con sencillez y no se les permitía hacer compras a crédito. Cuando los británicos llegaron a Sudáfrica en 1795, las leyes relativas al crédito cambiaron y los hombres negros libres como Caesars se endeudaron comprando esclavos y sirvientes propios. Durante los primeros años en que Baartman fue propiedad de Caesars, dio a luz a tres hijos, todos los cuales murieron. Puede que estuviera casada, pero si ese fue el caso, es probable que ese hombre también muriera. Se quedó, en esencia, sola. Fue durante este tiempo cuando Caesars decidió que reclutaría a su joven sirvienta para un nuevo tipo de deber. Le pidió que empezara a «actuar» para los marineros del hospital militar de Ciudad del Cabo con el fin de ganar dinero y ayudar a pagar su deuda. Los historiadores no saben exactamente en qué consistía el espectáculo, pero es probable que el Caesars hiciera que Baartman exhibiera su gran trasero ante la multitud. Pronto se convirtió en una especie de celebridad local.

Uno de los que vieron el espectáculo fue Alexander Dunlop, un médico militar escocés con inclinaciones empresariales. Dunlop andaba escaso de fondos y se preparaba para regresar a Inglaterra, donde esperaba mejorar su fortuna, y propuso a César un plan con el que soñaba que ambos se harían ricos. El imperio crecía y los exploradores regresaban con la recompensa de sus viajes para que los científicos, los funcionarios del gobierno, los caballeros y las clases bajas de Londres pudieran ver los frutos de las guerras y los viajes subvencionados con sus impuestos. Especímenes botánicos, pieles e incluso curiosidades humanas estaban disponibles para que los miembros de todas las clases las contemplaran en diversos museos, sociedades científicas y espectáculos de fenómenos.

Dunlop estaba ansioso por sacar provecho de esta fascinación por todo lo «exótico» y llevar a Baartman a Inglaterra, donde pretendía presentarla en un espectáculo de fenómenos en Piccadilly, vestida con las ropas de su tribu mientras tocaba la guitarra. Era un plan basado en parte en la fama que Baartman se había granjeado en Ciudad del Cabo, pero también en la experiencia de Dunlop en la Inglaterra victoriana, que estaba fascinada con los culos en general. Los culos respingones (aunque no necesariamente grandes) de las mujeres habían sido, durante siglos, un componente de una silueta voluptuosa que se convirtió en sinónimo de feminidad y belleza, en parte por la forma en que se empleaba esa silueta tanto en la estatuaria paleolítica como en la griega. Las estatuas que mostraban esta forma, llamadas Venus —por el nombre de la diosa romana del amor, la fertilidad, la belleza y la prosperidad—, eran la celebración de una imagen holística de la feminidad en lugar de un ideal de belleza centrado en una parte física (la *Venus Callipyge*, o «Venus con el hermoso trasero», es una notable excepción). La pintura renacentista europea también había plasmado comúnmente los culos de las mujeres —quizá de forma más célebre en la obra de Peter Paul Rubens— cuyas representaciones de mujeres de figura completa se crearon en una época en la que la delgadez se equiparaba cada vez más con la racionalidad. Los hombres delgados se consideraban más inteligentes, y la mujer ideal —una criatura irracional, pensaba Rubens— era regordeta y redonda y «blanca como la nieve», parte de un proyecto de elevar la blancura (y sugerir que las mujeres no eran muy brillantes) que ya se estaba produciendo en el siglo XVI.

Aunque las asociaciones entre culos bien formados y feminidad, belleza e irracionalidad estaban seguramente presentes en el Londres victoriano que Dunlop conocía tan bien, a principios del siglo XIX se extendió por la capital británica una nueva obsesión por los culos. Los londinenses tenían verdadera fijación con ellos: existían clubes de pedos donde la gente se reunía y bebía diferentes zumos para ver qué sonidos y olores producían. Las viñetas de los periódicos estaban llenas de mujeres blancas de amplios traseros: en una de ellas, una mujer de grandes nalgas se está bañando alegremente mientras un grupo de hombres la mira a través de una rendija de la puerta. El plan de Dunlop era proporcionar a los londinenses un estereotipo viviente de mujer «hotentote» de culo grande, un símbolo del creciente imperio y una fantasía de hipersexualidad africana. Su esperanza era que su esfuerzo le hiciera rico.

Algunos investigadores piensan que a Baartman se le prometió dinero y un futuro antes de abandonar Sudáfrica, aunque no existe ningún documento redactado entre ella y Dunlop, ni con otra persona. Aunque las pruebas sugieren que ella se negó a ir sin Caesars, es difícil saber si sintió que tuviera opción alguna de decidir en aquel asunto, incluso si aceptó el acuerdo. Su libertad para tomar decisiones por sí misma sobre dónde podía ir y cuándo, llevaba mucho tiempo restringida legalmente, y sus apuros económicos redujeron aún más sus opciones. A lo largo de su vida, Sudáfrica pasó una y otra vez de manos holandesas a británicas, un periodo en el que las leyes que regían la esclavitud, la raza y la servidumbre, existían en un incómodo estado de flujo. Aunque el Imperio Británico abolió la trata de esclavos en 1807, la esclavitud en sí estuvo muy viva hasta 1833, y la esclavitud de facto y los trabajos forzados perduraron durante algunas décadas más.

Lo que sí sabemos es que en la primavera de 1810 Baartman embarcó en el HMS Diadem, un buque de tropas británico fuera de servicio que había combatido en España. La acompañaban Dunlop, Caesars y un niño negro llamado Matthias cuyo estatus fue marcado como «sirviente» en los registros para que Dunlop no fuera acusado de transportar esclavos. Tras una travesía atlántica de meses de duración, durante la cual Baartman probablemente habría estado terriblemente mareada y atrapada bajo cubierta como única mujer a bordo, el barco atracó en Chatham, Inglaterra, en julio de 1810.

Cuando desembarcó, Baartman llevaba la misma ropa que cuando salió de Ciudad del Cabo: un delantal de sirvienta y zapatos de cuero crudo, apenas suficientes para protegerse de los duros vientos y el salitre del largo viaje. Tomó una diligencia con Dunlop y Caesars de Chatham a Londres, haciendo ruido por la Old Kent Road con su baúl lleno de mercancías africanas y una maloliente piel de jirafa —otro artefacto del cabo en venta— atada a la parte superior.

Hacia el final del verano, una imagen caricaturesca de Baartman se exhibía en escaparates, esquinas y puestos de periódicos por todo Londres, representándola de pie y de perfil, destacando un enorme trasero, grande, alto y redondo. En el dibujo se encontraba casi desnuda, vestida únicamente con ornamentos vagamente tribales, sus pechos apenas ocultos por la posición de su brazo. Una pipa sobresale de su boca y el humo se enrosca en su punta. En letras grandes y en negrita, el cartel anunciaba el espectáculo: «La Venus hotentote recién llegada del interior de África; el mayor fenómeno jamás exhibido en este país; cuya estancia en la Metrópolis será sólo breve».

La primera representación tuvo lugar en el 225 de Piccadilly, en una parte de la ciudad a la que los londinenses acudían para experimentar la extrañeza y la novedad de un mundo en expansión a través de los «espectáculos de fenómenos», exposiciones en las que se exhibían niños albinos, los llamados gemelos siameses y gigantes. Picadilly era un lugar donde se fusionaban lo científico y lo morboso, y se reunían desde los pobres inmigrantes irlandeses que limpiaban las casas de la ciudad hasta los grandes hombres de negocios, conformando una nueva clase de espacio público entremezclado que congregaba a multitudes para participar en la degradación de personas como Baartman.

La función diaria comenzaba siempre de la misma manera: Baartman salía de detrás de una cortina de terciopelo en un escenario a una altura de un metro situado en la cabecera de una sala bien iluminada. No llevaba corsé ni ropa interior, sólo un body ajustado de color carne, sus pezones eran claramente visibles a través de la tela. El espectáculo fue descrito más tarde en el *London Times*: «Está vestida de un color lo más parecido posible a su piel. El vestido está ideado para exhibir todo el armazón de su cuerpo, e incluso se invita a los espectadores a examinar las peculiaridades de sus formas».

Los productores querían que Baartman pareciera lo más «africana» posible, así que la adornaron con cuentas de cáscara de huevo de avestruz, pulseras tintineantes y brazaletes de plumas de avestruz, artefactos que habían sido traídos de África pero que no eran del todo khoe. También llevaba su propio collar pequeño de carey, un obsequio tradicional que se entregaba con la primera menstruación a las niñas khoe y uno de los únicos artefactos auténticos que la acompañarían durante toda su vida. Alrededor de su cintura, Baartman llevaba una elaborada faja diseñada para resaltar las partes de su cuerpo que sus cuidadores sabían que los londinenses más querrían ver. Se aseguraban de que su gran trasero fuera visible y sus genitales quedaban seductoramente ocultos por una solapa de cuero que recordaba las descripciones de los genitales khoe enviadas por los exploradores. Muy a menudo la hacían fumar en pipa.

Cuando comenzaba el espectáculo, entraba en una sala llena de mujeres con lazos en el pelo y hombres con cuellos altos, que inclinaban la cabeza para mirar. Caesars guiaba a Baartman por el escenario, ordenándole en holandés que se girara, se sentara y caminara. Luego esta cantaba canciones khoe, tocaba la guitarra y bailaba, en lo que quizá fuera un intento de elevar el espectáculo más allá de escabroso escaparate antropológico. Por último, se invitaba a los espectadores dispuestos a pagar un poco más a acercarse al escenario y tocarle el trasero, pellizcándoselo para asegurarse de que era real o pinchándoselo con un paraguas, convirtiendo a Baartman en lo que quisieran que fuera: un cuerpo al que vilipendiar, un espécimen que estudiar, un objeto que desear, un símbolo que controlar. Mientras ellos chillaban con deleite y horror, ella solía fruncir el ceño.

Tal y como Dunlop había esperado, el espectáculo se convirtió rápidamente en una visita obligada. Las noticias sobre la actuación circularon rápidamente por los periódicos y Baartman pronto empezó a recibir invitaciones para compromisos privados. El público se llenó de hombres y mujeres, blancos y negros, de todas las clases socioeconómicas. Después de un día en el escenario de Piccadilly, la llevaban a las casas de los londinenses adinerados, donde exhibía su cuerpo en salones ornamentados, cantando ante duques y lores. En sus noches libres, Baartman trabajaba como sirvienta para Dunlop y Caesars, cocinando y limpiando junto a dos chicos africanos. Sus días eran largos y probablemente solitarios. Era imperativo para el éxito del espectáculo que se entendiera a Baartman como un espécimen y no como una persona, por lo que su vida social estaba muy limitada.

Los periódicos pronto empezaron a hacerse eco de que Baartman se mostraba visiblemente nerviosa y molesta durante las actuaciones. En una ocasión, intentó golpear a un espectador masculino con su guitarra. En otra ocasión, gritó y suspiró audiblemente. «Con frecuencia lanzaba profundos suspiros; parecía ansiosa e inquieta; se volvía hosca», informó el *London Times*. Baartman hacía lo que podía para protestar, pero su resistencia no hizo sino aumentar su popularidad, y sus actuaciones pasaron de ser una exhibición excitante y explotadora de la sexualidad africana a una escenificación en vivo de la relación amo-esclavo y del «orden natural» de las razas. El público estaba encantado de creer a Caesars cuando afirmaba que Baartman era una «bestia salvaje» y que necesitaba contenerla por su propio bien.

Cuando los grupos abolicionistas se enteraron de la situación, hicieron suya la causa de Baartman. Zachary Macaulay, uno de los abolicionistas británicos más famosos de la época, la calificó de «extranjera, y además mujer, en una esclavitud peor que la egipcia». La esclavitud había sido ilegalizada tres años antes, pero aquí había una esclava entre ellos, argumentó, y había que salvarla. Para Macaulay y las organizaciones abolicionistas con las que trabajaba, Baartman era un símbolo, y un caso que potencialmente podía probar las cuestiones que habían estado debatiendo durante décadas. Aun así, defender de lleno la causa de Baartman era complicado.

La mayoría de los abolicionistas de la época estaban motivados por las restricciones tradicionales de la moral cristiana, lo que significaba que también tenían fuertes opiniones sobre el sexo, la desnudez y el vicio. Puede que Baartman fuera una cautiva, pero también la veían como una tentación flagrantemente sexual.

En octubre, un debate público sacudía los periódicos londinenses. ¿Era Baartman libre? ¿Estaba esclavizada? Una descripción en el *London Times* sugería algo más cercano a lo segundo: «La hotentote era manejada como una bestia salvaje, y se le ordenaba moverse hacia delante y hacia atrás, y salir y entrar de su jaula, más como un oso encadenado que como un ser humano».

Para entonces, Caesars se había mudado de la casa compartida y ya no participaba en el espectáculo, así que fue a Dunlop a quien Macaulay exigió documentación y testigos de Ciudad del Cabo que corroboraran su historia de que Baartman estaba en Londres legalmente y por voluntad propia. Dunlop se opuso, alegando que todo era legal y que ella podía marcharse cuando quisiera (nadie preguntó por los otros dos «sirvientes» africanos que vivían con ellos.). Mientras los hombres se cruzaban acusaiones, la popularidad de Baartman seguía creciendo, al igual que los beneficios de Dunlop.

El 24 de noviembre de 1810, el caso llegó a juicio, pero Baartman no estuvo presente. A sus defensores —una organización abolicionista llamada Institución Africana— les preocupaba que acudiera al tribunal vestida de forma indecente, y el juez no sabía si podrían encontrar a alguien en Londres que hablara el idioma que ellos llamaban «bajo neerlandés» (afrikaans) para que le tradujera. Cuando el tribunal se puso en orden, ella estaba ocupada actuando ante un teatro abarrotado en Piccadilly, obligada a perderse los procedimientos que determinarían su destino. Al poco tiempo, sin embargo, se decidió que no se podía llegar a un veredicto de forma adecuada sin la voz de la denunciante. Con un esfuerzo mínimo, encontraron a dos oradores afrikaans —Londres era un lugar diverso, y el imperio atrajo a sus fronteras a muchos sudafricanos aparte de Baartman—, y Baartman fue convocada.

Dunlop debió darse cuenta de que su testimonio iba a ser un problema, ya que el 27 de noviembre la llevó a un notario para que firmara un contrato con fecha anterior al 20 de marzo. El contrato abordaba explícitamente las principales preocupaciones de Baartman y prometía que Dunlop repartiría los beneficios con ella, pagaría eventualmente su viaje de regreso a casa, le proporcionaría atención médica y le daría ropa más abrigada cuando actuara. Temblaba en el escenario con tan poca ropa.

Hasta que ella testificó, nadie había pronunciado el nombre de Baartman, refiriéndose a ella en voz alta como «una hembra de la tribu hotentote», la «Venus hotentote» o simplemente «la hembra». Baartman declaró en los apartamentos donde vivía, vestida regiamente con ropa europea. Contó a los examinadores su pasado —dónde creció, cómo murió su padre y cómo conoció a Dunlop y Caesars—, y testificó que estaba satisfecha con su situación en Inglaterra. Le gustaba el campo, explicó. Le pagaban sus amos y no tenía ningún deseo de volver a casa. Las actas del juicio dicen que el notario del Estado preguntó a Baartman «si prefería regresar al Cabo de Buena Esperanza o quedarse en Inglaterra y que ella contestó: Quedarme aquí».

Es difícil saber por qué, exactamente, testificó como lo hizo aquel día; tal vez pensó que ya había conseguido lo que quería, que los hombres que la habían traído a Inglaterra eran buenos por el dinero que le habían prometido. O tal vez sintió que simplemente no podía hablar libremente, temiendo represalias. También le preocuparía lo que le pudiera sucederle si la liberaban de sus captores. Aunque un abolicionista afirmó: «Hay personas dispuestas a llevársela»; era una promesa vaga, que probablemente ofrecía poco consuelo a una mujer que no hablaba inglés, no tenía seguridad financiera y estaba abandonada en una tierra extraña y fría.

El tribunal determinó que Baartman «no tenía ninguna restricción y era feliz en Inglaterra». Gracias a toda la publicidad gratuita que le proporcionó el juicio, su espectáculo siguió agotando las entradas durante el invierno, y después de que se hicieran públicos los detalles de su supuesto acuerdo financiero con Dunlop, las caricaturas de ella incluyeron una nueva característica: montones de oro y bolsas de dinero.

Durante los tres años siguientes, Baartman realizó una gira por Gran Bretaña, actuando en Londres, Brighton, Bath, Manchester e Irlanda. Mientras estaba en Manchester, fue bautizada, declarando su nombre como Sarah en el registro bautismal. Viajaba con Dunlop hasta que este murió en 1812, y entonces comenzó a hacerlo con un hombre llamado Henry Taylor. Poco se sabe de Taylor o de su relación con Baartman, más allá de que la llevó a París en 1814, donde vivió y trabajó en los alrededores del Palais Royal, una zona conocida por la agitación política, el vicio y el panfletismo. Baartman ya era famosa cuando llegó a Francia, y los falsos rumores sobre ella se extendieron rápidamente: algunos decían que estaba casada en secreto, mientras que otros afirmaban que era una trabajadora sexual.

Baartman vivía en un extremo del Palais y trabajaba en el otro, haciendo una versión del mismo espectáculo que llevaba representando desde su época en Ciudad del Cabo. Bailaba y cantaba casi desnuda, fumando en pipa y exhibiendo su trasero. El espectáculo demostró una vez más ser enormemente popular; Francia tenía su propia participación en el África colonial y la nación, al igual que Gran Bretaña, mantenía una curiosidad febril por lo que veían como los indígenas altamente sexuales de ese continente. Para maximizar los beneficios, Taylor aumentó el número de horas que Baartman actuaba cada día de seis a diez. Por la noche, continuaba con sus actuaciones privadas para los ricos y los poderosos. Pronto enfermó de agotamiento y, en 1815, ya no pudo seguir actuando.

En enero de ese año, el *Journal Général de France* declaró: «La Venus hotentote ha cambiado de dueño». El lenguaje utilizado en esta declaración periodística revelaba una marcada diferencia entre París y Londres. En Londres, la esclavitud era ilegal, un mal que había que erradicar. En París, la esclavitud seguía estando básicamente permitida (aunque técnicamente ilegal desde la Revolución Francesa), y había mucho menos debate sobre la moralidad de comprar, vender y poseer seres humanos. Ya no se cuestionaba si Baartman era o no una persona libre. Ahora pertenecía a un hombre llamado S. Reaux.

Reaux era un adiestrador relacionado con los científicos de la comunidad parisina, que vendía cadáveres de animales para su disección y estudio a anatomistas comparativos interesados en los vínculos hereditarios entre especies. Las actuaciones de Baartman siempre habían sido vagamente científicas —Dunlop y Caesars la habían comercializado casi explícitamente como un espécimen de africanidad, un eslabón vivo entre humanos y simios—, y Reaux sabía que los científicos parisinos estarían interesados en examinarla. Consiguió que posara para un grupo que incluía a Cuvier, su ayudante, y tres artistas en el Museo Nacional de Historia Natural a cambio de una fuerte suma.

El día en que Georges Cuvier debía examinarla, Baartman llegó al Jardin disfrazada, pero rápidamente el grupo reunido le pidió que se desnudara por completo, algo que ella siempre se había negado a hacer. Cuvier y sus colegas argumentaron que no estaban interesados en lo que consideraban un artificio de *showman*, un disfraz confeccionado por europeos y unas medias color piel que daban la ilusión de desnudez; querían verla «objetivamente». Pidieron ver los «órganos de generación» de Baartman, es decir, su culo y sus genitales, partes que, durante dos siglos, científicos y filósofos utilizaron para intentar demostrar que los indígenas de Sudáfrica eran, de hecho, una especie diferente de los europeos. Cuvier y sus colegas estaban ansiosos por hacer la determinación por sí mismos. Al principio Baartman se resistió, pero finalmente accedió a posar casi desnuda. Quizá fuera por el cuantioso pago que le prometieron a ella y a

Reaux, o quizá porque no tenía otra opción. Cualquiera que fuera la razón, posó en los pasillos del Museo Nacional de Historia Natural con sólo un pañuelo para cubrirse. Los hombres la retrataron de perfil, su culo de nuevo enorme y central en sus representaciones, pero Cuvier no consiguió lo que más deseaba: «Ella mantenía su parte delantera oculta», escribió más tarde, o «entre sus muslos o aún más profundamente». Tras días de examen, Baartman comenzó a enfermar y, finalmente, ya fuera por el dolor físico o por agotamiento emocional, empezó a beber más del brandy que le proporcionaba Reaux.

***

Como tantos detalles de su vida, la fecha de la muerte de Sarah Baartman no es segura. Fue en algún momento de los últimos días de diciembre de 1815 o los primeros de enero de 1816. Probablemente murió de tuberculosis o neumonía.

A su muerte, fue explotada una vez más. Algunos informes sugieren que Reaux vendió su cuerpo a Cuvier, mientras que otros afirman que el científico obtuvo permiso de la policía parisina para apoderarse de él. Sea como fuere, en enero de 1816, Cuvier diseccionó meticulosamente el cuerpo de Baartman en nombre de la ciencia. Empezó haciendo moldes del cadáver para que su equipo pudiera crear una estatua realista para estudiarla. Le extrajo el cerebro y lo introdujo en un frasco de líquido embalsamador. Luego centró su atención en sus labios vaginales, esa parte íntima que en vida había mantenido tan inflexiblemente en privado. Los moldeó en cera y los sacó a otro frasco de conservante para inspeccionarlos más a fondo. Tras una disección completa, hirvió toda la carne de sus huesos.

Una vez que Cuvier terminó su disección de Baartman, añadió las partes de su cuerpo que había salvado —sus huesos, su cerebro, sus labios y el molde que había hecho de su cuerpo— a su vasta colección en el Museo Nacional de Historia Natural, donde fueron expuestas en la vitrina 33.

En su informe de la autopsia, Cuvier reduce a Baartman a un espécimen. Observa que su gran trasero era de grasa, no de músculo, y describe sus pechos y areolas, proporcionando medidas y descripciones de los colores. También habla extensamente de sus pliegues labiales. El examen fue una especie de vejación en nombre de la ciencia. Al final del informe, llegó a la conclusión de que Baartman era «un pariente más cercano de los grandes simios que de los humanos».

***

De pie en el museo de Cuvier, observando el interior de la vitrina donde una vez estuvieron expuestos los restos de Baartman, me encontré imaginando los objetos que una vez habían estado allí. Había visto fotos de ellos, y resultaba insoportable mirarlos: partes de cuerpos en frascos expuestos en grandes vitrinas con marcos de madera, los adornos de un museo utilizados para higienizar una historia rebosante de crueldad. Pero a medida que pensaba más en mis sentimientos de indignación, me di cuenta de que también había otro sentimiento ahí: un deseo de distanciarme de mí misma y de mi propio tiempo del pasado lejano. Quería creer que, durante mi vida, los conservadores y los visitantes considerarían bárbara e impensable la práctica de contemplar los restos humanos de Baartman. Quería creer que los londinenses que pagaban un chelín más por pinchar a Baartman con un paraguas eran profundamente diferentes a mí y completamente ajenos a la época en la que vivo. Y aunque, por supuesto, hay diferencias tremendas y significativas entre 1810 y 2020, la historia de Sarah Baartman es importante no sólo como relato inquietante de una mujer de grandes pechos que fue maltratada a principios del siglo XIX, sino por las muchas formas en que su vida, su exhibición y su disección han seguido siendo relevantes a lo largo de los siglos.

La concepción blanca y occidental de los culos de las mujeres cambió en el momento en que Sarah Baartman llegó a Inglaterra, y nunca ha vuelto a ser la misma desde entonces. El culo, y en particular el culo grande, se asoció obstinadamente con lo exótico y lo erótico, asociaciones que aún hoy no nos son ajenas. La popularidad de Baartman, que era inmensa en su época, creció, evolucionó y se distorsionó durante muchas décadas después de su muerte. Incluso cuando había pasado el tiempo suficiente para que la mayoría de la gente ya no conociera su nombre, el legado de su disección y exhibición perduró de la forma en que tan a menudo lo hacen los culos: en bromas, sugerencias y ecos visuales.

Janell Hobson, profesora de estudios sobre la mujer, el género y la sexualidad en la Universidad Estatal de Nueva York en Albany, ha escrito mucho sobre Sarah Baartman, la historia de la belleza y el cuerpo de las mujeres negras y los significados de los culos de las mujeres negras tanto en el pasado como en el presente. Antes de intentar comprender el largo y complejo legado de la vida de Sarah Baartman, le pido que primero me ayude a entender qué ocurría exactamente en Europa en 1810 para que Sarah Baartman fuera tan increíblemente popular.

Según Hobson, la exhibición de Baartman contribuyó a reforzar dos de los mayores proyectos raciales de los dos últimos siglos: el colonialismo y la continuación de la esclavitud. Tanto en la cultura popular como en los anales de la ciencia, Baartman se utilizó como prueba de que los pueblos africanos eran más primitivos que los europeos y, por tanto, necesitaban una guía moral cristiana y europea. Esto se convertiría en una de las principales justificaciones que los países europeos utilizaron en la colonización de África durante los dos siglos siguientes.

El cuerpo de Baartman también se utilizó como prueba de la falsa creencia de que las mujeres africanas eran intrínsecamente más sexuales que las blancas, una premisa que había adquirido una importancia vital en Europa y Estados Unidos cuando apareció en Londres en 1810. Tras la abolición del comercio de esclavos en 1807, las numerosas personas que se beneficiaron de la esclavitud a ambos lados del Atlántico buscaron una forma de continuar con la práctica sin traer nuevas personas esclavizadas de África. «Si estás cortando el suministro de africanos cautivos que son transportados a América, pero la esclavitud sigue existiendo en América, ahora necesitas [encontrar una forma de] perpetuar la siguiente generación de esclavos», explica Hobson. «En las Américas, las leyes exigían que cualquier niño que naciera de mujeres esclavizadas se convirtiera en esclavo. La ley básicamente legitimaba la violación». Hobson explica que la exhibición de Sarah Baartman como una espécimen hipersexual —un punto repetidamente señalado en los artículos científicos y en los relatos populares a través de representaciones y descripciones de su culo—, ofrecía una especie de prueba para la creencia de que las mujeres negras eran, por naturaleza, sexuales, una lógica que muchos utilizaron para justificar la violación de las mujeres esclavizadas. «Así es como los propietarios cristianos de esclavos se absuelven a sí mismos de cualquier violencia sexual», afirma Hobson.

Y sin embargo, aunque el cuerpo de Baartman se estaba utilizando para justificar puntos de vista racistas muy extendidos, la mayoría de los que acudieron a contemplarla en Piccadilly o en el Palais de París probablemente creían que no se trataba más que de un espectáculo simple, lo que les facilitó quedarse embobados, y reírse, ante el cuerpo de Baartman, sin detenerse a pensar en las implicaciones. «Aquello desde luego entretenía a la gente», dice Hobson. «Pero el espectáculo también perpetuaba ideas en torno al salvajismo africano y a la primitiva feminidad negra. Hace aflorar las historias que ya tenían sobre africanos salvajes que corrían desnudos por el continente. Así que cuando los blancos miraban a Sarah Baartman, estaban proyectando todo lo que ya les habían inculcado en la cultura».

Pero la popularidad de Baartman no se limitó a su propia vida, ni tampoco la ideología racial que se había apegado a su imagen. Mucho después de su muerte, la fetichización del cuerpo de Baartman permaneció unida a la cultura popular de los siglos XIX y XX. Se escribieron canciones y se representaron obras de teatro sobre ella. Su imagen aparecía en una baraja de naipes y se la satirizaba en pantomima para las mismas multitudes que habían pagado por verla actuar en vida. Una y otra vez, en las novelas pornográficas y en las viñetas de los periódicos de la época victoriana, aparecen imágenes sexualizadas de mujeres negras de grandes pechos que se asemejan mucho a las imágenes que los captores de Baartman hicieron circular de ella en Londres y París. Como Sander Gilman, un historiador que ha estudió la historia y el legado de Baartman, afirma: «La sexualidad femenina [llegó a estar] vinculada a la imagen de las nalgas, y las nalgas por excelencia [eran] las de la hotentote».

A veces estas imágenes eran explícitamente de Baartman, pero más a menudo retrataban a la «Venus hotentote», un término que primero se refería a Baartman pero que más tarde se aplicó a otras mujeres khoe traídas a Europa para servir como curiosidades coloniales en su lugar. Baartman se había convertido en una entidad comercial, despojada de su identidad individual, y el nombre que se había acuñado para ella se convirtió en un término general para otras como ella. Una imagen de 1829, por ejemplo, muestra a una mujer negra de grandes glúteos y desnuda —etiquetada como «Venus hotentote»—, exhibida como atracción en un baile ofrecido por la duquesa du Berry en París. En un grabado de 1850, un hombre blanco mira a una mujer etiquetada como *Venus hotentote* a través de un telescopio; la lente se dirige a su gran trasero. Muchas de estas mujeres corrieron una suerte similar a la de Baartman también en la muerte: en museos británicos, franceses e incluso sudafricanos, los científicos despojaron de su piel a los cadáveres de mujeres khoe y los disecaron para exhibirlos, emblemas del indígena sudafricano. Baartman no fue la única mujer khoe de gran culo que se expuso en los dioramas y gabinetes de curiosidades que fueron la piedra angular de los primeros museos antropológicos. Simplemente fue la primera.

Mientras la gente jugaba al bridge con cartas ilustradas con la imagen de Baartman, los científicos continuaban el trabajo que Cuvier había iniciado con su autopsia, intentando reinscribir científicamente las ideas de diferencia racial que él había codificado por primera vez. Janell Hobson explica que, en el siglo XVIII, los científicos habían utilizado el color de la piel como forma fundamental de determinar la diferencia entre las razas. Pero a principios del siglo XIX comenzaron a pasar del color de la piel a la anatomía y la forma del cuerpo como criterio para ordenar a los humanos y codificar las diferencias y jerarquías raciales, y a menudo utilizaban a Baartman como prueba de esta lógica cambiante. Los khoe tenían la piel clara en comparación con los pueblos del África ecuatorial, lo que en un momento dado habría sugerido a los científicos y filósofos europeos que eran un orden superior de africanos. Y sin embargo, los khoe fueron quienes a menudo los científicos europeos del siglo XIX determinaban como el escalafón más bajo en el orden racial, basándose en lo que afirmaban era un rasgo corporal distintivo de los khoe (aunque esto también es una afirmación dudosa) —sus culos— como prueba de lo que creían que era su lugar en el extremo inferior de la jerarquía humana. El informe de Cuvier sobre la autopsia de Baartman —reimpreso al menos dos veces a lo largo de su vida— fue crucial para esta nueva forma de orden racial y sería citado con frecuencia como fuente por otros científicos. Pero hubo al menos otras siete autopsias de mujeres khoe recogidas por importantes científicos en el siglo XIX, todas ellas realizadas para explorar ideas similares. Los científicos se adentraron en esas disecciones con una tesis que querían demostrar —que las mujeres khoe eran lo más bajo en el orden racial— y siempre pretendieron probarlo.

Pero no sólo los anatomistas se interesaron por los cuerpos —y los culos— de las mujeres khoe. En su libro de 1853, *La narración de un explorador en una Sudáfrica tropical,* un estadístico llamado Francis Galton, que estaba profundamente interesado en la herencia y la raza, relató su desesperación por ver desnuda a una mujer «hotentote» para poder «obtener medidas exactas de su forma». Cuando las khoe que encontró en su viaje a Sudáfrica se negaron a ser estudiadas, Galton encontró a una mujer a la que describió como «girando sobre sí misma hacia todos los puntos cardinales, como suelen hacer las damas que desean ser admiradas», y midió los ángulos de su cuerpo con un sextante desde unos metros de distancia. Luego, a pesar de las protestas de ella, calculó sus proporciones —la amplitud de su trasero, el tamaño de su cabeza— utilizando la trigonometría.

Aunque fueron sobre todo los culos de las mujeres khoe los que tentaron al público, fue el interés de Galton por el cráneo lo que acabó convirtiéndose en la piedra angular de un nuevo campo de estudio, al que llamó *eugenesia*, palabra que significa literalmente «bien nacido». Durante gran parte del siglo XIX, científicos tanto de Europa como de Estados Unidos medirían una y otra vez los cráneos de personas de todo el mundo, intentando encontrar pruebas para una conclusión que ya creían cierta: que los blancos de ascendencia europea eran la especie más evolucionada del planeta y, por tanto, la más inteligente y civilizada.

Galton y otros eugenistas no sólo afirmaban que los blancos eran de un orden humano superior al de los negros y asiáticos; también estaban profundamente interesados en ordenar a las personas que hoy consideraríamos blancas. Estas clasificaciones de la blancura evolucionarían a lo largo del siglo XIX y principios del XX en Estados Unidos, aunque en general siguieron un patrón similar: los europeos del norte se consideraban una raza superior a la de los europeos del sur, los judíos y los irlandeses. Antes de la Guerra Civil americana, libros como *La historia de los anglosajones* de Sharon Turner y *Rasgos ingleses de* Ralph Waldo Emerson ayudaron a definir la inglesidad en contraste con la irlandesidad, una etnia que se situaba justo por encima de los negros —y a veces se consideraba parcialmente negra— en

Estados Unidos durante mediados del siglo XIX. Esa designación en el orden racial sólo cambió cuando una nueva oleada de inmigrantes del sur y el este de Europa llegó a Estados Unidos y ocupó su lugar en la jerarquía. En 1899, el economista William Z. Ripley publicó el enormemente popular *Razas de Europa*, que clasificaba a los europeos de forma más amplia que Emerson y Turner, organizándolos en categorías teutónicas, alpinas y mediterráneas, utilizando las medidas craneales, la forma de la cara y la nariz, el color de la piel y los ojos y la estatura para determinar su lugar dentro del sistema. También los clasificó en ese orden, colocando a los alemanes y a los europeos del norte en la parte superior y a los europeos del sur en la inferior. Como ocurre con todos los sistemas de ordenación racial, el de Ripley no tenía ninguna base científica —el propio Ripley se lamentaba de que la forma de la cabeza, el color del pelo y la altura (sus tres principales rasgos raciales) no se correlacioban de forma fiable—, pero estas discrepancias no sirvieron para disuadir a Ripley ni para hacer menos popular su proyecto.

Estas fluctuantes clasificaciones raciales impregnaron la ciencia, la filosofía y la cultura popular estadounidenses en el siglo XIX, y las partes del cuerpo —ya fuera la nariz, la cabeza o el trasero— siempre fueron componentes de los sistemas utilizados para determinar a qué raza pertenecía una persona. Los cuerpos habían llegado a conllevar una cantidad significativa de significados raciales, y esos significados afloraban no sólo en los círculos científicos e intelectuales, sino también en las páginas de un nuevo tipo de publicación dirigida a las mujeres: las revistas de moda. *Godey's Lady's Book*, una de las más populares del siglo XIX, publicó su primer número en 1830. Fue en esta época anterior a la guerra cuando se produjo la primera gran oleada de inmigración irlandesa, y el Segundo Gran Despertar inspiraba un renovado fervor tanto por la religión como por la autodisciplina, acontecimientos históricos que ayudarían a formar la columna vertebral ideológica de la revista. En 1836, *Godey's* contrató a una editora llamada Sarah Hale, y sería bajo cuya dirección cuando, según la investigadora Sabrina Strings, comenzó a surgir la perversa lógica que equipara en la mujer la delgadez con la moralidad, la belleza y la blancura. En las páginas de *Godey's* había pocos culos llamativos, asociados con la negritud, lo extranjero y la hipersexualidad. De hecho, la corpulencia en general se había equiparado a la africanidad. En su lugar, Hale ofrecía imágenes de mujeres delgadas y sin culo como ideal de belleza protestante anglosajona. Según Strings, en el *Godey's* de Hale, la mujer delgada es moralmente disciplinada y la que mejor encarna la superioridad racial.

Pero, ¿a qué se debía exactamente esta obsesión decimonónica por el trasero negro? ¿Por qué se asoció el trasero de forma tan potente con la sexualidad femenina negra? Según Sander Gilman, a mediados del siglo XIX, el culo se había convertido en un sustituto de los genitales femeninos. Es decir, el culo de alguien como Sarah Baartman implicaba hipersexualidad porque, para los científicos y el público embobado del siglo XIX, era como si estuvieran viendo una vulva. Se asumía comúnmente que el gran trasero de una mujer negra implicaba que tenía genitales sobredimensionados, y tales genitales indicaban tanto un mayor apetito sexual como una diferencia biológica entre una mujer negra y una blanca. Esta asociación entre vulva y trasero puede parecer extraña —ya que ambas dos partes del cuerpo son diferentes y tienen funciones radicalmente distintas—, pero en la literatura científica de la época, estas dos partes más íntimas de la anatomía de la mujer se confunden sistemáticamente. Rara vez se hablaba de los labios de Baartman y de su culo por separado.

A finales del siglo XIX, el antropólogo Abele de Blasio avanzó aún más en esta asociación entre culos grandes e hipersexualidad cuando publicó una serie de estudios sobre trabajadoras del sexo blancas y de culos grandes, en un esfuerzo por establecer un vínculo entre las de cualquier raza y las que él llamaba «hotentotes». Publicó imágenes de trabajadoras del sexo blancas con culos grandes y altos de perfil que se hacían eco de las imágenes ampliamente conocidas de Baartman, sugiriendo que cualquier mujer sexualmente desviada podría tener un trasero grande y, por lo tanto, un trasero grande era un signo de desviación sexual. Según de Blasio, que una mujer tuviera un culo grande, independientemente de su raza, era indicativo de un apetito sexual excesivo.

En 1905, el médico y reformador Havelock Ellis publicó el cuarto volumen de su épica obra en seis tomos, *Estudios sobre la psicología del sexo*. En general, el proyecto fue un intento de escribir sobre la sexualidad humana de un modo que superara los tabúes de la época victoriana. Ellis creía que el sexo era una expresión saludable del amor, hablaba abiertamente de la masturbación y cuestionaba los tabúes en torno a la homosexualidad. Por desgracia, sus opiniones sobre los culos no eran tan ilustradas. En este volumen, cuyo primer apéndice es el poéticamente titulado «Los orígenes del beso», intenta comprender cómo se utiliza cada uno de los cinco sentidos en la atracción humana. Para Ellis, existe una escala absoluta y objetiva de la belleza. Publicado después que *El origen de las especies* de Darwin, el cuarto volumen de *Estudios de psicología del sexo* prefigura los argumentos de los psicólogos evolucionistas de finales del siglo XX, al sugerir que los culos y los pechos son rasgos adaptativos, seleccionados sexualmente: «Entre la mayoría de los pueblos de Europa, Asia y África, los principales continentes del mundo, las grandes caderas y nalgas de las mujeres se consideran comúnmente un importante rasgo de la belleza». En la cima está la mujer europea, que según Ellis es la más bella y la más admirada por todos los pueblos de la Tierra. En la parte inferior de la escala de belleza de Ellis están las negras. Los culos son la primera característica sexual secundaria, y «la más femenina», que Ellis examina en una letanía que incluye dedos pequeños, cuencas oculares grandes y dientes incisivos medios anchos. Señala que los europeos «con frecuencia buscan atenuar en lugar de acentuar las líneas protuberantes de la cadera femenina», mientras que en casi todas partes (aparte de Japón), «las caderas y nalgas grandes se consideran una marca de belleza». A continuación entra en una complicada paradoja. Afirma que las caderas grandes son necesarias para dar a luz a bebés de cerebro grande y que las europeas tienen las caderas más grandes. Pero, según Ellis, los africanos tienen culos grandes *porque* tienen caderas pequeñas. Sugiere que se trata de alguna forma de compensación estética por sus pequeñas pelvis. He aquí, una vez más, las extrañas maniobras necesarias para que funcione el ordenamiento racial. Ellis afirma que las mujeres europeas tienen caderas grandes pero culos planos, y las africanas caderas pequeñas pero culos grandes. A pesar de los innumerables contraejemplos y las dudosas pruebas, Ellis estaba empeñado en idear una forma de demostrar que los negros tienen el cerebro más pequeño que los blancos, y él, como muchos científicos y pensadores del siglo XIX, utilizó los culos para demostrar este punto.

A finales del siglo XIX, la teoría de la eugenesia de Galton había viajado a Estados Unidos, donde impregnó tanto el pensamiento científico como el popular. Aunque hoy en día la mayoría de la gente entiende la eugenesia como un giro grotesco y cruel del pensamiento global que condujo al genocidio masivo durante la Segunda Guerra Mundial, a principios del siglo XX, la eugenesia era salvaje y omnipresentemente popular. Los principales científicos, políticos y reformistas de todos los partidos la apoyaban abiertamente, incluidos los seis primeros presidentes del siglo XX. Casi todos los departamentos de biología del país, incluidos los de Stanford, Princeton, Harvard y la Universidad de Michigan, enseñaban eugenesia, y publicaciones de gran tirada como el *New York Times* y el *Atlantic* incluían regularmente artículos que la celebraban.

Los eugenistas clasificaban a las personas, y a los cuerpos, en dos categorías básicas: aptos y no aptos. Creían que problemas como la pobreza y la delincuencia no derivaban de la desigualdad sistémica, el racismo o la disparidad de clases, sino de los malos genes: los pobres engendraban más pobres, los delincuentes hacían más delincuentes. La mejor forma de acabar con el sufrimiento, en su opinión, era impedir que los *no aptos* se reprodujeran y animar a los *aptos* a tener más hijos.

Para lograr este objetivo, los eugenistas habían creado, a finales de la década de los treinta del siglo XX, sólidos programas de esterilización en treinta y dos Estados y Puerto Rico, esterilizando en última instancia a más de sesenta mil personas contra su voluntad por ser pobres, discapacitadas, enfermas mentales o incluidas en la categoría general de *débiles mentales*. Aunque las leyes de esterilización de Estados Unidos fueron impugnadas a menudo ante los tribunales, por lo general se mantuvieron como constitucionales, incluso en la histórica decisión del Tribunal Supremo de 1927 en el caso Buck contra Bell. En la década de los treinta, los nazis modelaron su propio programa de eugenesia siguiendo las prácticas y políticas de California, donde se esterilizó a más de veinte mil personas. Incluso después de las atrocidades de la Segunda Guerra Mundial, los programas de esterilización en Estados Unidos continuaron durante décadas en muchos hospitales estatales y, tan recientemente como en 2010, las mujeres encarceladas en el sistema penitenciario de California fueron esterilizadas contra su voluntad. Aunque la eugenesia y la dudosa ciencia de la clasificación racial, como la exhibición de Sarah Baartman en Piccadilly, puedan parecer existir en un pasado lejano, en realidad viven poderosamente en el presente, tanto en forma de programas de esterilización contemporáneos como de teorías y prejuicios que sustentan la forma en que se discute y clasifica a los cuerpos. Como veremos, la ordenación de los cuerpos según la forma, el tamaño, el color de la piel y la capacidad —el legado de estos proyectos raciales del siglo XIX y principios del XX— se entreteje en nuestra comprensión de lo que constituye un cuerpo deseable, sano y, en cierto sentido, correcto.

***

Mientras los científicos raciales del siglo XIX ordenaban y reordenaban la humanidad, los restos de Sarah Baartman permanecieron sellados dentro de la caja 33 del Museo de Historia Natural de Cuvier durante más de un siglo. En 1889, salieron del museo durante seis meses, cuando se expusieron en la Esposition Universalle de París, una celebración de Francia que atrajo a treinta y dos millones de visitantes de todo el mundo. En 1937, fueron trasladadas al Musée de l'Homme, donde permanecieron expuestas al público hasta 1982, cuando fueron retiradas a los almacenes del museo tras las protestas del público. En 1994, los restos de Baartman se expusieron por última vez, para una exposición en el Museo de Orsay titulada *La escultura etnográfica en el siglo XIX*, en la que los comisarios seguían utilizando el lenguaje de los captores de Baartman, describiéndola como la «Venus hotentote». Durante más de 175 años después de su muerte, hasta bien entrada la memoria viva, los visitantes podían contemplar embobados las partes del cuerpo de Baartman en las instituciones más cacareadas de París.

En los noventa, tras décadas de relativa oscuridad, la historia de Sarah Baartman se estaba convirtiendo en el centro de las nuevas historias de la ciencia, la raza y la diáspora africana gracias al trabajo de académicos como Sander Gilman y artistas como Elizabeth Alexander y Suzan-Lori Parks. En Sudáfrica, cuando el *apartheid* tocaba a su fin, un abogado e historiador llamado Mansell Upham la dio a conocer a los griqua, un grupo étnico que reivindicaba la herencia khoe y que, por lo tanto, consideraba a Baartman como uno de sus antepasados y su historia como fundamental para su propia identidad indígena. En 1995, los líderes de los griqua se dirigieron a Nelson Mandela y a la embajada francesa para pedir que los restos de Baartman fueran repatriados a Sudáfrica.

Mandela envió al profesor Phillip Tobias —un paleoantropólogo y uno de los científicos más estimados de Sudáfrica— a París para negociar. Allí se encontró con una resistencia considerable: el director del Musée de l'Homme se opuso enérgicamente a la repatriación de los restos de Baartman por dos motivos: el precedente (el museo tenía en su colección miles de huesos humanos y otros restos procedentes de todo el mundo y no quería devolverlos todos) y la ofensa que la historia de Baartman suponía para Cuvier, uno de los científicos más célebres de Francia, al situarlo como racista, colonialista y autor de agresiones sexuales.

Las negociaciones se prolongaron durante seis años, aparentemente infructuosos, hasta que el senador francés Nicolas About intervino y llevó a la Asamblea Nacional un proyecto de ley que obligaba al museo a devolver los restos de Baartman a Sudáfrica. Se aprobó por unanimidad en 2002 y, en abril de ese año, fueron finalmente devueltos a Hankey (Sudáfrica), cerca del pueblo donde se cree que nació.

El 9 de agosto de 2002, más de siete mil personas se reunieron para una ceremonia funeraria que incluía tanto prácticas indígenas khoe como ritos cristianos, un reconocimiento de la herencia de Baartman así como de su conversión y bautismo. Se quemaron hierbas para purificar el aire, los artistas cantaron himnos cristianos y tocaron música tradicional khoe, y se colocaron coronas de aloe sobre el ataúd de Baartman. El presidente sudafricano Thabo Mbeki pronunció un discurso en el que situó a Baartman como símbolo de la historia de Sudáfrica. «La historia de Sarah Baartman es la historia del pueblo africano», dijo, «es la historia de la pérdida de nuestra antigua libertad». Y luego se depositó un montón de piedras sobre su tumba, como era tradicional para el pueblo khoe en el siglo XVIII. Su vida finalmente conmemorada, de la mejor manera posible, en sus propios términos.

En los veinte años transcurridos desde entonces, Baartman se ha convertido en un símbolo importante en Sudáfrica y como parte de la diáspora africana. En Sudáfrica se celebran periódicamente debates sobre lo que significa la historia de Sarah Baartman y cómo debe ser representada, incluida una lucha que duró una década para retirar una estatua erigida tras su repatriación que muchas mujeres consideraron ofensiva. Recientemente, esa estatua fue retirada de la Universidad de Ciudad del Cabo, y un edificio que había sido bautizado con el nombre de Cecil Rhodes fue renombrado en honor a Sarah Baartman. Pero como me explicó la activista, académica y artista Nomusa Makhubu cuando le pregunté si el cambio de nombre del edificio se sentía como una versión de la justicia: «Nunca puedes decir que lo has conseguido porque mañana te quitan algún otro derecho: un paso adelante, dos pasos atrás. La justicia es siempre un proceso».

Forma

GRANDEZA

He visto casi todas las películas y series de televisión de época que se han hecho sobre el siglo XIX: las que tratan sobre la reina Victoria, aquellas en las que extravagantes personajes de pequeños pueblos se enfrentan a la llegada del ferrocarril, las diversas adaptaciones de Dickens y Eliot, todas las versiones de *Mujercitas.* Mi conocimiento enciclopédico sobre estas películas y series no sólo me ha familiarizado con la mayoría de los actores de personajes de la BBC de los últimos cincuenta años, sino que también me ha proporcionado una fluidez involuntaria en el vocabulario de la ropa interior victoriana, esos trozos de algodón y hueso de ballena adornados y con encaje que tan a menudo sirven como metáforas de lo que los guionistas imaginan que les ocurría a las mujeres en el siglo XIX. Hay crinolinas y enaguas, enormes y pesadas, que sujetan a las mujeres. Hay tramas que se centran en la llegada de los bombachos y la individuación de los miembros inferiores, sugiriendo libertad y rebeldía. Y luego están los corsés, que confinan y controlan. Se sabe que una mujer está encontrando la liberación, o abrazando su sexualidad, cuando afloja los cordones de su corsé. Pero hay una prenda interior victoriana a la que nunca he visto dar un giro estelar: el polisón. El polisón —esencialmente un falso trasero diseñado para hacer que el culo de una mujer pareciera enorme mediante una jaula en forma de acordeón o una almohada hinchada atada a la cintura— llegó a definir la silueta femenina de finales del siglo XIX. El efecto era que la mujer con polisón se asemejaba a una mesa camilla adornada con volantes. Y aunque todas las partes de su anatomía real estaban ocultas, en realidad parecía una persona con un gran culo.

Cuando realizo una búsqueda de imágenes del artilugio en Internet, las mujeres que aparecen en la pantalla de mi ordenador están vestidas de la barbilla al tobillo con flecos y volantes, abotonadas y mojigatas. El contorno de sus cuerpos, sin embargo, está innegablemente (al menos para mí) en algún tipo de conversación visual con los ampliamente vistos dibujos animados de Sarah Baartman de 1810.

Aunque hay indicios de una posible conexión entre Baartman y el polisón en el registro histórico, no hay artículos de opinión alguno de 1870 que esbocen esta conexión, ni citas de los diseñadores que bosquejaron por primera vez el polisón afirmando cuánto les influyó el físico de Baartman. Pero como he aprendido de mi trabajo como conservadora de museos, los objetos y las prendas del pasado nos hablan de forma diferente a como lo hacen las palabras. Para entender la popularidad del polisón, es necesario comprender las formas en que las nociones tácitas, apenas conscientes, de los cuerpos, el género y la raza, quedan inscritas incluso en las partes más mundanas de nuestras vidas.

Los documentos y las palabras transmiten la versión divulgada de la historia de aquella forma: «Esto es lo que ocurrió... y esto es lo que las personas que registraron la historia pensaron sobre lo que ocurrió». Pero los objetos y la ropa comunican desde otra parte de nuestra mente. Al igual que un sueño, un chiste o un lapsus linguae, las formas en que fabricamos, utilizamos y guardamos los objetos revelan sentimientos y creencias que de otro modo pasarían desapercibidos. «La existencia de un objeto hecho por el hombre es una prueba concreta de la presencia de inteligencia humana operando en el momento de su fabricación», afirma el historiador del arte y experto en objetos Jules Prown. «Los artefactos, por tanto, pueden aportar pruebas de los patrones mentales de la sociedad que los fabricó». En otras palabras, distintas personas fabricaron intencionadamente cada uno de los objetos que existen, y aunque el fabricante no se diera cuenta de lo que hacía, aportó su cultura, sus creencias y sus deseos a la tarea.

Esperaba que los archivos del Museo Victoria & Albert estuvieran en los almacenes del edificio de ladrillo rojo del museo, en el centro de Londres, donde las grandes puertas arqueadas y los techos abovedados y pintados inspiran una sensación de reverencia y asombro. Pero una vez llegué al pantanoso calor veraniego londinense, me di cuenta de que las instalaciones de almacenamiento del V&A se encontraban en cambio en los elegantes suburbios occidentales de la ciudad, en un edificio del tamaño de un castillo que fue en su día la antigua sede de la Caja Postal de Ahorros. El V&A posee una de las mejores colecciones de ropa del mundo, y yo había venido a echar un vistazo a su colección de polisones para ver si podía hacer lo que Jules Prown sugiere que es posible: asomarme al inconsciente del pasado.

La recepcionista del mostrador me pidió que depositara mis cosas en una pequeña taquilla antes de dirigirme hacia un largo banco de madera. Otros investigadores —mujeres repeinadas con traje— se unieron pronto, esperando pacientemente su turno para pasar por la puerta metálica que se abría a vastas reservas de huesos, muñecas y muebles, la inabarcable colección del V&A, el Museo Británico y el Museo de Ciencias de Londres. Una a una fuimos saliendo con nuestros archiveros designados, con las llaves de nuestras taquillas sujetas a nuestras muñecas con cordones de goma, como mujeres en un balneario camino de un masaje.

La archivera que me habían asignado, Saranella, se presentó, y juntas subimos en ascensor a una amplia sala de techos altos repleta de estanterías blancas desde el suelo al techo que contenían cientos de bodegones, retratos en marcos dorados y estantes de objetos envueltos en papel blanco sin ácido. Filas de maniquíes permanecían en pie de forma desordenada, con las cabezas envueltas en mallas blancas y cuerpos cubiertos con Tyvek, una tela blanca plastificada que se utilizaba para proteger la ropa de la luz y la humedad. Parecían doncellas medievales, cubiertas y sin rostro, onduladas y hermosas. La fotografía que colgaba de cada uno de ellos una revelaba el vestido o la enagua guardados bajo la cubierta sintética.

Cuando llegamos al lugar que me habían designado, Saranella me dirigió a tres grandes mesas cubiertas de papel de archivo blanco donde estaban colocadas las prendas que había pedido ver. No había maniquíes, sólo telas incorpóreas tumbadas y sin vida sobre la mesa. Los cojines se hundían, los flecos permanecían inmóviles.

El primer polisón que inspeccioné era un cojín granate estampado con múltiples lóbulos ovales rellenos de diferentes tamaños. Se ataba a la cintura con una simple cinta blanca, y los cojines caían en cascada por detrás para crear el bulto deseado en los glúteos. El segundo tenía un aire vagamente *steampunk*: fabricado con bandas de acero ahora oxidadas y sujetas entre sí, antaño se abría y cerraba con una bisagra para crear la ilusión de un trasero casi triangular. El tercero estaba hecho de tela blanca rígida que se anudaba en la parte inferior para crear el volumen. Cuanto más apretaba los cordones la usuaria, más respingón se volvía el trasero.

Había llegado al archivo armada con un conocimiento práctico de lo básico: los primeros bustos, o proto-bustos, pequeñas almohadillas de algodón que las mujeres ataban a la parte baja de la espalda para evitar que la tela se pegara al cuerpo. Cobraron protagonismo durante la época de la Regencia —el periodo inmortalizado por Jane Austen—, cuando los vestidos eran relativamente cómodos, de inspiración grecorromana. Las mujeres sólo llevaban unas pocas capas de enaguas, y la mayoría ni siquiera llevaba ropa interior, a menos que montaran a caballo. El polisón surgiría como una forma de evitar que la tela se enredara entre las piernas y se convirtiera, esencialmente, en un calzón chino.

La sencillez no duró mucho: en la década de los cuarenta del siglo XIX, las mujeres llevaban enormes faldas acampanadas con una infraestructura interna de enaguas. Debajo del vestido de tafetán de una mujer, esta habría llevado capa sobre capa de faldas de algodón, pesadas y calientes, diseñadas para hinchar y mostrar la lujosa y expansiva plenitud de su vestido. Llevar muchas enaguas significaba que una mujer podía permitírselas: como suele ocurrir en la moda, las faldas eran un símbolo de riqueza. Con el tiempo, las mujeres se pasaron a las crinolinas —enaguas hechas de crin de caballo, hueso de ballena y, más tarde, de acero— que hacían la ropa más ligera y fresca, y permitían que las faldas fueran más amplias. Para la década siguiente, las faldas eran ya tan enormes, que a menudo las mujeres no podían pasar por las puertas.

Entonces llegó el polisón. Popularizado en 1868, se hizo más grande y bulboso a principios de la década de 1880. Los más sencillos no eran más que almohadas rellenas de algodón o crin de caballo abrochadas alrededor de la cintura. Más tarde, a medida que los materiales evolucionaban y los fabricantes intentaban encontrar nuevas formas de vender su producto, los polisones se hicieron más complejos. Algunos utilizaban un diseño en forma de acordeón que se plegaba bajo la mujer al sentarse, otros recurrían a un almohadón de malla hinchada o a una complicada disposición de muelles. La prenda interior trascendía las clases sociales: algunas mujeres simplemente rellenaban sus vestidos con periódicos (se decía que el *London Times* era la mejor opción) o fruncían sus enaguas y las sujetaban con alfileres en la espalda, de forma similar a como lo hacen muchas novias hoy en día. Incluso las niñas los llevaban.

Las prendas que había en la mesa frente a mí en el V&A eran ejemplos de polisón de distintas épocas, y cada una parecía presentar un conjunto diferente de problemas para la portadora. El acolchado parecía que podría moverse con facilidad, su abultamiento se desviaba hacia la cadera para socavar la ilusión del busto grande. El polisón cuya cintura se creaba con tela rígida parecía delicado y fácil de aplastar, y mientras que el polisón en acordeón parecía resistente, amenazaba con funcionar mal, dejando a la portadora en la estacada si se negaba a abrirse o cerrarse.

Además de los propios polisones, también había pedido ver un ejemplo de los vestidos que una mujer habría llevado encima. El que yacía sobre la mesa ante mí era una creación cara, de color púrpura brillante, recargado y lujoso, su falda diseñada con amplio espacio para un polisón. Casi sentí celos: ¿cuántas veces me había quejado de que ninguna falda o pantalón del mundo se adaptaría a un culo grande? Y sin embargo, aquí había prendas hechas enteramente para ese propósito, al menos en cierto sentido.

Deseosa de ver cómo estos objetos podían transformar la forma de un cuerpo, le pregunté a Saranella si sería posible probar los polisones y los vestidos en un maniquí. Sus ojos se abrieron de par en par. «Oh no, oh no», dijo. Me di cuenta que había malinterpretado mi pregunta, pensando que quería meterme yo misma en uno de los vestidos, vestidos que me habían prohibido tocar. Aquel malentendido me hizo imaginar mi propio cuerpo envuelto en uno de ellos, enorme, un cuello de seda hasta la barbilla y un dobladillo también de seda hasta el tobillo, con una protuberancia acolchada atada a mi rabadilla. Pensé en el material cálido y engorroso de todas esas faldas, en la rectitud punitiva de un corsé de cordones atrapando mi torso carnoso, en los huesos y los lazos clavándose en mis partes más blandas. Imaginé tener que agacharme y tirar del polisón de acordeón para desplegarlo cuando me levantaba, sujetándome el culo al levantarme de la silla. Una mujer debía estar siempre ajustándose y hurgándose el culo, tirando de su polisón y batallando con sus diversos componentes. Incluso cuando estaba sentada, no tenía descanso.

Aunque el polisón ha sido relativamente poco estudiado por los historiadores de la moda en comparación con otras prendas del siglo XIX, existen varias hipótesis sobre por qué se hizo tan popular. Algunos postulan que no es más que una extensión del corsé, y piensan que las mujeres que los llevaban no estaban interesadas en lo grande, sino en lo pequeño: un culo grande hace resaltar una cintura pequeña, y es por supuesto una cintura pequeña lo que las mujeres más deseaban. Hay una suposición en esta lógica de que las mujeres siempre han querido tener cinturas estrechas, a pesar de que estas también pueden hacer que un culo parezca más grande. Otra teoría sugiere que no deberíamos pensar en el busto como un agrandador de glúteos tanto como una crinolina aerodinámica: las faldas habían crecido desmesuradamente en 1870 y el polisón podría haber sido una solución práctica a un problema común como era amontonar todas esas capas en la parte trasera para que una mujer pudiera pasar a través de una puerta.

También existen teorías materialistas sobre el auge del bullicio. La primera Revolución Industrial de finales del siglo XVIII había generalizado la disponibilidad de telas y, en las décadas de 1870 y 1880, la invención de la máquina de coser hizo mucho más rápida para las mujeres la confección de sus propios vestidos, algo que preocupó a las modistas profesionales. Ahora no sólo podían confeccionar ellas mismas sus vestidos, sino que también sabían cuánto costaban los materiales, lo que las llevó a preguntarse por qué pagaban una tela por encima de su valor. En una hábil maniobra, las modistas decidieron demostrar el valor de su trabajo, añadiendo las complicadas costuras y florituras que componen un polisón. De ese modo, este se convirtió también en un signo de riqueza. Cuanto más se parecía una dama a una mesa camilla, más rica parecía.

Otra teoría sugiere que, de hecho, no existe teoría alguna. «Todo el mundo quiere saber "por qué", pero con la moda nunca hay un por qué», me dijo un historiador de la moda. «Una idea empieza siendo pequeña y luego se exagera hasta convertirse en absurda, momento en el que se desvanece para ser sustituida por la siguiente moda».

La forma acampanada de un miriñaque se convierte en el relleno trasero de un polisón, y este en las formas tubulares de los años veinte. Hay un número limitado de formas que se pueden poner en el cuerpo humano, y cuando nos hartamos colectivamente de una, pasamos a otra.

En mi opinión, estas explicaciones populares ignoran lo obvio: el polisón tiene que ver, por definición, con la corpulencia. Debió de haber algún atractivo en el look por sí mismo, separado de cualquier efecto que tuviera sobre la apariencia de la cintura. A mucha gente de finales del siglo XIX les gustaría ver, y ser, mujeres adornadas con traseros grandes y realzados. Sugerir que la moda es un ciclo divorciado del contexto es sugerir que es ajena a la propia historia, que, de alguna manera, elegir qué ropa ponerse cada día no tiene nada que ver con la política, la ciencia o las ideas sobre los cuerpos que se arremolinan a nuestro alrededor. ¿Cómo es posible que la moda esté exenta de todo ello?

Al día siguiente de mi excursión a los archivos del polisón, conocí a Edwina Ehrman, conservadora en el Victoria & Albert e importante historiadora de la moda que ha escrito extensamente sobre la historia de la ropa interior. Cuando le pregunté acerca de su propia teoría sobre el polisón, Ehrman se apresuró a recordarme las ideas erróneas más comunes que tenemos sobre los siglos XVIII y XIX, una época que a menudo se considera excesivamente comedida, con normas rígidas y estrecha vigilancia de la desnudez y el género. Pero ella señala que muchos victorianos tenían en realidad una aguda percepción acerca de los cuerpos de los demás. «Vivían juntos y revueltos. No tenían baños separados», afirmó. No había sistemas centrales de alcantarillado, la mayoría de las familias no tenían dormitorios privados y la ropa interior de las mujeres no solía tener entrepierna, por lo que la portadora podía levantarse fácilmente las faldas para ponerse en cuclillas y orinar. La verdad de los cuerpos estaba por todas partes, una verdad que tantos de nosotros ocultamos ahora tras las puertas cerradas de dormitorios y cuartos de baño.

Quizá por vivir tan encima unos de otros, por tener que

arremangarse las faldas para ir al baño, por presenciar los cuerpos de los demás en toda clase de desvestidos, los victorianos conocían muy de cerca las funciones y los productos del culo y diseñaron una prenda que lo transformaba. «El trasero está asociado a la suciedad, a las heces, a la excreción, asociado a lo que en el pasado se habría llamado "sexo antinatural". Es una zona complicada», explicó Ehrman. El polisón creó lo que Ehrman denomina un «*monobum*», una simulación nada amenazadora del trasero de una mujer sin hendidura alguna, e idealizaba su forma y función, haciéndolo más erótico a medida que se higienizaba: llamativo pero limpio de complicaciones sucias y, por tanto, más atractivo.

Anteriormente, durante el Renacimiento, la ropa interior había sido diseñada para provocar en la intimidad con lo que había debajo, pero durante la época victoriana, la estructura y el corsé se convirtieron en sí mismos en los objetos del deseo, un exoesqueleto diseñado para suplantar al cuerpo que había debajo. Pero si toda esa ropa ocupa el lugar de la mujer, si su ropa interior crea una nueva capa de piel, entonces siempre está simultáneamente desnuda y vestida. Su cuerpo está tanto encima como debajo de las jaulas y el algodón, y su cuerpo está a la vista. O, al menos, el cuerpo de alguien.

***

«¡Albricias! ¿Qué son los polisones?», se pregunta el descarado escritor anónimo del *Irish Penny Journal* a finales de octubre de 1840. «¡Un polisón es un artículo que utilizan las damas para tomar de su figura el carácter de la Venus de los griegos e impartirle el de la Venus de los hotentotes!».

Había estado buscando pruebas visuales de un vínculo entre Sarah Baartman y el abultamiento de los cojines y los resortes de las prendas expuestas en el Victoria & Albert, pero seguía a la caza de una conexión escrita cuando encontré este artículo en una publicación periódica irlandesa que se vendía a las clases trabajadoras.

Cuando apareció el artículo en el *Irish Penny Journal*, habían pasado más de veinte años desde el apogeo de la locura por Sarah Baartman, pero allí estaba de nuevo en las páginas de un periódico, en forma de chiste. El artículo muestra como el recuerdo popular de Sarah Baartman perdura. También sugiere una relación entre su cuerpo y la moda emergente del polisón. Pero resulta que la conexión se había establecido mucho antes.

En 1814, cuando Baartman aún vivía, se representó en París una obra de vodevil titulada *La venus hotentote o el odio de las francesas*. La trama gira en torno a un noble francés, Adolphe, y su determinación a casarse con lo que él llama «*une femme sauvage*». Se contentaría con una «india piel roja o una chica hotentote», de las que está seguro que le complacerían más en la cama que una refinada francesa. Amelie, la prima de Adolphe, que tiene planes de casarse con él, conspira para engañarle vistiéndose como una mujer «hotentote», usando un gran trasero acolchado e imitando danzas y canciones khoe. Actúa para su primo como si fuera Sarah Baartman, aplicándose una especie de maquillaje corporal modificado. Todo el espectáculo esta hecho para reírse, un recreo satírico que se burla de la insistente erotización de la forma femenina africana por parte de la aristocracia francesa. El culo grande y negro suscita inicialmente un deseo animal, pero el trasero pequeño y blanco es finalmente privilegiado y apreciado, incluso considerado más atractivo sexualmente. Al final de la obra, se descubre la artimaña y todo se arregla: Adolphe ya no odia a las francesas ni desea a la «chica hotentote» negra. La mujer blanca triunfa sobre la negra como objeto de deseo, capaz de seducir a su hombre con la ayuda de un polisón que luego desecha. Se restablece el orden imperial y social.

En *La venus hotentote o el odio de las francesas* vemos lo que puede ser la primera sugerencia de un vínculo entre el polisón y Sarah Baartman. El polisón es un trasero protésico, una estructura que una mujer puede ponerse y quitarse para transformarse de una «Venus de los griegos» a una «Venus de los hotentotes». La conexión es explícita, el objetivo claro: la francesa blanca puede utilizar el polisón para jugar con los estereotipos de sexualidad que se han llegado a asociar con las mujeres africanas. Puede seducir a su hombre y luego deshacerse del polisón que la ayudó a conseguirlo. El polisón es a la vez un accesorio de blancura y de negritud: permite a la francesa mimetizarse con un cuerpo que considera innegablemente negro y luego reafirmar su blancura quitándose el disfraz. Es una historia que veremos una y otra vez.

A pesar de estas y otras referencias culturales, muchos historiadores de la moda sitúan el polisón como un simple artículo de moda, una forma de crear una silueta integral más que de realzar una parte específica del cuerpo, lo que cuestiona la validez de la teoría de que el polisón se inspiró en parte en el cuerpo de Sarah Baartman. Para empezar, el polisón alcanzó la cima de su popularidad casi cincuenta años después de su muerte. ¿Por qué iba a tardar tanto en establecerse la conexión? Pero también es cierto que el cuerpo de Baartman se exhibió en el Museo de Historia Natural de París a lo largo de todo el siglo XIX así como en la exposición de París de 1889, y que no fue la única mujer khoe a la que se exhibió como la «Venus hotentote»; a muchas otras se les concedió esta designación y se exhibieron de la misma manera durante el siglo XIX. La idea de la mujer negra de grandes pechos y silueta muy específica estaba profundamente entretejida en la ciencia y la cultura popular del siglo XIX. También cabe preguntarse por qué una mujer de finales del siglo XIX habría querido parecerse a Sarah Baartman, cuya figura se había utilizado de prototipo de lo africano como subhumano, inmortalizado en una vitrina de museo. Su cuerpo, y especialmente su culo, se exhibieron como prueba de que la gente de su tribu era de un orden animal inferior al de los demás humanos de la Tierra. Si esto es así, ¿por qué iba a ser un cuerpo que las mujeres blancas quisieran emular?

Y sin embargo, tanto la cultura blanca como la moda han demostrado ser implacablemente hábiles a la hora de escoger a lo largo de los siglos, encontrando la manera de apropiarse de las partes de la cultura, las historias y los cuerpos de otras personas que les convienen y dejar atrás el resto. Este también es un tema recurrente en la historia del culo. La cultura blanca está encantada de asumir «todo menos la carga», como la llama el crítico cultural Greg Tate en su libro del mismo nombre. Tome lo que quiera y olvídese del resto. Disfrute, y búrlese, del erotismo atribuido al cuerpo femenino negro y deseche el trauma de ser catalogado como infrahumano.

En una entrevista de 1991 con la crítica Lisa Jones sobre la conexión entre el cuerpo de Sarah Baartman y el polisón, la poeta Elizabeth Alexander lo explicaba así: «Aquello que te obsesiona, a lo que temes, lo que tienes que destruir, es lo que deseas por encima de todo». La mujer blanca que lleva un polisón casi puede olvidar, o tal vez ni siquiera ser consciente, del cuerpo al que el suyo ahora se asemeja, cuya desnudez simula. Lo considera una moda, o quizá a su marido le guste. Pero se trata de un eco visual específico que ella puede ponerse y quitarse: un trasero peligroso y seductor que se oculta y se revela a la vez. Un trasero que representa con lo que su marido, su país e incluso ella misma, están obsesionados y temen y, en consecuencia, desean más que nada.

***

Aunque Saranella no me dejó ver uno de los polisones puestos en un maniquí, sabía dónde podía encontrar uno. En las vitrinas poco iluminadas de las galerías de moda del V&A había maniquíes sin cabeza vestidos con trajes cortesanos del siglo XVII y trajes de Chanel del siglo XX. En la sección rotulada *Couture & Commerce 1870-1910*, un maniquí llevaba un vestido beige con flores color ladrillo y un polisón completo. Los cojines eran totalmente abullonados, y el trasero del maniquí sobresalía, alto y grande. Detrás de. él había un espejo, de modo que el visitante del museo podía ver el vestido y el polisón desde todos los ángulos. Realmente parecía una mesa camilla decorada. Y realmente se parecía a la silueta de Sarah Baartman.

Quizá más que cualquier otro tipo de cultura material, las cosas que nos ponemos en el cuerpo hablan explícitamente de cómo queremos representarnos a nosotros mismos, de cómo queremos que nos vean y nos entiendan. Pero a veces no sabemos exactamente lo que estamos comunicando con la ropa que llevamos. Fueron en su mayoría hombres quienes diseñaron los rellenos y las almohadillas y las estructuras que las mujeres del siglo XIX se abrochaban a la cintura. Fueron mayoritariamente mujeres quienes los confeccionaron, en los talleres clandestinos del Lower East Side de Nueva York, en las fábricas de algodón de Manchester, en los esforzados talleres de costura presionados por la invención de la máquina de coser. Los esclavos del sur de Estados Unidos recogían el algodón que constituía el relleno, los mineros de Pensilvania cincelaban el hierro que daba forma al polisón de acero. Y las mujeres, muchas mujeres, todo tipo de mujeres, los llevaban.

Puede que esas mujeres no se detuvieran a pensar en el significado de su silueta mientras paseaban por una calle de Londres en 1880, con el trasero prominente y el flequillo oscilante. Pero sus polisones comunicaban, no obstante, un mensaje sobre la moderación y el control, y un chiste visual sobre la raza, la colonización y el valor que se había atribuido a los cuerpos de las mujeres negras. Puede que Sarah Baartman muriera medio siglo antes, pero el legado de su vida seguía coleando. Y aunque lo que constituía una silueta a la moda —y un culo a la moda— pronto cambiaría drásticamente, este mensaje inconsciente sobre la feminidad, la blancura y el control, permanecería durante mucho tiempo bordado en la ropa de las mujeres.

PEQUEÑEZ

Cuando Gordon Conway vivía en Dallas durante la primera década del siglo XX, era joven, rica, popular y *chic*. Su padre, un magnate de la madera, murió en 1906 y dejó a Gordon, de doce años, y a su madre, Tommie, una fortuna y una mansión que pronto se llenó de hombres acaudalados y con estilo que cortejaban a la elegante viuda. A Gordon le encantaba dibujar, pintar, ir al cine y bailar. Ella y su madre eran inseparables y estaban en el centro del floreciente y sofisticado grupo de la gente elegante de Dallas. Ambas llevaban llamativos vestidos rojos, poseían innumerables pares de zapatos, fumaban cigarrillos, bailaban el *One-step* y era reprendidas con frecuencia por los miembros de la comunidad religiosa y conservadora de su entorno. Ambas eran, a su manera, un nuevo tipo de mujer, profundamente diferente a sus antepasadas victorianas con polisones. Eran desenfrenadas y sofisticadas, amantes de la diversión y de la moda.

Pero Gordon y Tommie Conway no se parecían en nada. Tommie era una belleza clásica de la *Belle Epoque*, una mujer cuyo bonito y curvilíneo cuerpo y suave rostro se adaptaban perfectamente a la época en que vivía. A medida que la corteza rígida y enjaulada del polisón y el corsé se había ido aflojando, el aspecto femenino ideal de principios del siglo XX pasó a estar marcado por líneas suaves y onduladas. El look de la «chica Gibson» —llamada así por el conocido ilustrador Charles Gibson, que las dibujaba en revistas populares como *Harper's* y *Collier's*— era más holgada y permitía una mayor libertad de movimiento que la ropa de su homóloga victoriana, pero seguía presumiendo de muchas curvas. Tenía unos pechos amplios, un culo voluminoso y una gran mata de pelo recogida en un moño aflojado sobre la cabeza.

Gordon Conway, en contraste con su madre, era todo ángulos. Alta y delgada, con un mentón prominente, una amplia sonrisa y un destello de pelo rojo. Aunque tenía un gran sentido del estilo y hacía lo que podía con lo que tenía, sus rasgos inmutables —su altura, su estructura ósea, su cuerpo delgado y espigado— no eran los que Gibson inmortalizaba en las revistas. De niña y adolescente, recortaba su propio rostro de los álbumes de recortes familiares, un indicativo de su angustia, quizá, por el contraste entre su propio aspecto y el de su madre. Sabía que su cuerpo no era el que muchos consideraban de moda, aunque su estilo de vida sí lo fuera.

En la única biografía dedicada a la vida de Gordon Conway, se recogen muchas anécdotas sobre fiestas, ropa y amoríos. Mientras viajaba por Europa con Tommie, estalló la Primera Guerra Mundial, un hecho que las amantes de la diversión consideraron principalmente un inconveniente, la causa de un final prematuro de su gran gira de tés, tenis y contemplación de las obras de los antiguos maestros. Además, Gordon se encontró con que todos sus numerosos novios internacionales se habían vuelto repentina e inconvenientemente indispuestos. En 1914, las Conway abandonaron una Europa beligerante en barco de vapor, obligadas a tomar una ruta de regreso a América a través del Atlántico Norte —la misma que tomó el Titanic— para evitar un océano plagado de submarinos. Cuando desembarcaron en Nueva York, era como si la guerra fuera un sueño fácilmente olvidable. Aún faltaban años para que Estados Unidos entrara en el conflicto, por lo que Gordon y Tommie llenaron sus días con cócteles en el Ritz, cenas en el Marie Antoinette y bailes hasta altas horas de la madrugada en la azotea del Amsterdam.

Pero Gordon Conway no era todo despiporre —o no sólo eso—; también era trabajadora, responsable y ambiciosa, y se había fijado serios objetivos profesionales. Ocupada como estaba con su nutrida vida social, Gordon, de diecinueve años, había llegado a Nueva York no sólo para salir de fiesta y beber, sino también para unirse a las filas de los grandes ilustradores de revistas cuyo trabajo admiraba en las páginas de *Vanity Fair* y *Harper's*. Gordon no sólo quería seguir la moda, sino cambiar la definición de lo que estaba de moda.

Al año de llegar a la ciudad, Gordon encontró un mentor en la figura del artista e ilustrador Heyworth Campbell, primer director artístico de la editorial Condé Nast y un referente del cambio de era que convertiría a la ilustración en una parte legítima, esencial y lucrativa de las editoriales y la publicidad. A Conway le encantaba dibujar, y se le daba bien. Quería crear ilustraciones de moda que vendieran, pero también estaba ansiosa por desarrollar su propia voz y estilo particulares. Campbell la animó a hacer precisamente eso, ayudándola a encontrar trabajo en publicaciones referencia como *Vogue*, *Harper's Bazaar* y *Vanity Fair*, un papel inusual para una mujer en aquella época. Durante los siguientes quince años, Conway realizaría más de 5.000 ilustraciones para revistas, en su mayoría representando a mujeres jóvenes y a la moda. También realizó dibujos y vestuario para 119 producciones escénicas y 47 películas. Las ilustraciones de Gordon Conway se convertirían en imágenes icónicas y definitorias de la época: las chicas Gibson de su edad.

El aspecto que evolucionó en la obra de Conway era atrevido y nuevo, y ponía patas arriba siglos de normas y preferencias sobre la moda y la feminidad. Las mujeres de sus dibujos no tenían culo y eran ligeras. Sus cuerpos aparecían a menudo en gestos de acción o de reposo: en medio de un paso de baile, o listas para servir una pelota de tenis, o encorvadas en un sofá o un taburete. Pero los cuerpos de las mujeres de Conway no tenían curvas naturales. De vez en cuando, se permitía un ligero pellizco en la cintura o una insinuación de un pecho o un trasero —siempre respingón y siempre diminuto—, pero las mujeres que habitaban sus ilustraciones eran, por regla general, ligeras, delgadas y blancas, muy parecidas a la persona que las dibujaba. La elección de representar los cuerpos de las mujeres de esta manera fue audaz, y quizá una forma de que Conway reivindicara el cuerpo que tanto dolor le había causado de joven proyectándolo con orgullo en el mundo, dibujándose literalmente a sí misma en la historia de la moda.

Pero no eran sólo los cuerpos de las mujeres de sus ilustraciones los que se parecían a Conway. También vestían y se comportaban como ella. Llevaban vestidos cortos con cinturas bajas y sombreros cloche, y se recogían el pelo. Salían por la noche, bailaban, escuchaban música y exhalaban anillos de humo. Las mujeres de Gordon Conway no eran sólo chicas de sociedad, eran *flappers*, un arquetipo en proceso de ser inventado y codificado en la década de 1910 por ilustradores como Conway y su colega John Held Jr., diseñadores de moda como Coco Chanel y Paul Poiret, y un nuevo tipo de joven urbana y burguesa que pasaba las noches bebiendo *Gin Rickeys* en los clubes de jazz de Harlem, o al menos imaginándose a sí misma haciéndolo.

Este floreciente concepto de lo que parecía, incluso de lo que significaba, ser una mujer adulta daría lugar a un cambio cultural profundo y duradero, expresado quizá de forma más evidente a través de la moda. Una vez más, las curvas (o la falta de ellas) del cuerpo de una mujer eran la pantalla sobre la que se proyectaban las definiciones de feminidad y sexualidad; los cuerpos habían vuelto a adquirir un potente significado metafórico. El siglo XIX fue una época atraída, incluso obsesionada, con los culos grandes; las curvas y la corpulencia eran fundamentales para lo que significaba ser una mujer femenina y a la moda. Pero el siglo XX ofrecería un cambio radical. En cuestión de pocos años, ya no eran las mujeres curvilíneas las que adornaban las páginas de las revistas de moda. A partir de la década de 1910, comenzó a aparecer una nueva silueta, una silueta que tendría un increíble poder de permanencia durante al menos otro siglo. La mujer sin culo —delgada y glamurosa— se impuso con notable ferocidad y resistencia, y nunca se ha ido del todo. Como dijo un erudito: «Cuando la *flapper* levantó sus faldas por encima de la rodilla y enrolló sus medias por debajo, la carne desnuda de los miembros inferiores de las mujeres respetables quedó al descubierto por primera vez desde la caída de Roma; la conexión de ambos acontecimientos no se consideró casual». Donde antes había curvas, ahora había ángulos; donde antes había polisones, ahora no había relleno; donde antes había domesticidad y constricción, ahora había vida nocturna y liberación. O al menos así es como se suele contar la historia de la mujer sin culo: las líneas rectas se convirtieron en sinónimo de modernidad y libertad.

***

La palabra *flapper* tiene al menos dos posibles orígenes. Una historia sugiere que se acuñó en la década de 1890, empleada por primera vez como argot británico para referirse a una trabajadora sexual muy joven que parecía, y de hecho a menudo era, menor de edad. Otra afirma que la palabra se originó en Inglaterra como forma de describir a una chica torpe en sus primeros años de adolescencia cuyo cuerpo aún no había madurado. Se suponía que esta «chica que aleteaba»[6] requería un tipo particular de vestido, con líneas rectas que cubrieran sus miembros embobados y aleteantes. Desde el principio, la *flapper* fue, por definición, joven, aniñada y carente de las características corporales o de comportamiento que suelen atribuirse a la mujer madura. Era una adolescente perpetua y, sin embargo, de alguna manera siempre estaba sexualizada, un hecho que subraya las interpretaciones continuamente cambiantes de los cuerpos de las mujeres: en el siglo XIX, era el cuerpo curvilíneo el que llevaba implícito un exceso de sexualidad; a principios del siglo XX, un cuerpo que en muchos aspectos era lo contrario parecía transmitir un significado similar. Las características asociadas con la *flapper* eran radicalmente diferentes de las asociadas con la feminidad victoriana adecuada, y su popularidad en la década de 1910 y en los años 20 fue el resultado de complejos cambios sociales en el trabajo, la educación y el sexo.

A finales del siglo XIX, Estados Unidos se encontraba cada vez más urbanizado, gracias a la creciente inmigración procedente de ultramar y a la emigración constante desde las granjas y pueblos rurales. Entre 1860 y 1920, el número de personas que vivían en las ciudades estadounidenses

---

6   N. del T.: Aletear en ingles es *flap*.

aumentó de 6,2 a 54,3 millones. Muchos de esos emigrantes eran mujeres, que se trasladaron de sus hogares familiares para ganarse la vida por su cuenta. Una vez instaladas en Chicago, Nueva York o San Francisco, se encontraron saliendo en citas con hombres jóvenes, lejos de la vigilante mirada paterna. De repente, había nuevas oportunidades para el romance sin supervisión y la experimentación sexual.

Alrededor de la misma época, la Decimonovena Enmienda —ratificada en 1920— concedió a muchas mujeres el derecho al voto en Estados Unidos, y la idea de que pudieran tener voz y voto en los ámbitos de la política, la educación y la vida cultural estaba siendo aceptada de forma generalizada, aunque desigual. Incluso la cuestión de cuánto podían, y debían, mover sus cuerpos las mujeres estaba cambiando: tras décadas de ansiedad por el sobreesfuerzo de las mujeres de clase media y adineradas, libros populares como *El poder y la belleza de una feminidad soberbia* sugerían que las mujeres debían dedicarse al ejercicio y al deporte «casi en el mismo grado que los hombres».

Con estos cambios sociales llegó una revolución sartorial. Comenzó con Paul Poiret, un malhumorado y competitivo diseñador formado en la renombrada Casa Worth —a menudo considerada la primera casa de alta costura— donde se le había asignado la creación de vestidos para el uso diario. En 1906, Poiret había abierto su propia casa, produciendo un tipo de vestido para mujer totalmente nuevo, de silueta larga y recta, escote en V y una paleta de colores atrevida y colorida. Yendo más allá, echó por la borda la ropa interior de estilo victoriano, dejando claro su particular desdén por el corsé. «Le hice la guerra», dijo, «dividía a su portadora en dos masas distintas: por un lado estaba el busto y el pecho, por el otro, todo el aspecto trasero, de modo que la dama parecía como si llevara un remolque». Debido en gran parte a la enérgica oposición de Poiret, el polisón —y la silueta que sugería un gran trasero— desaparecerían en gran medida de la moda estadounidense dominante durante un siglo.

Aunque las nociones de Poiret sobre el corsé pueden haber surgido, en parte, debido a la floreciente cultura urbana de las mujeres que trabajaban y tenían citas, no pretendía liberar a la mujer: también inventó una prenda conocida como falda cojera, que restringía enormemente la capacidad de la mujer para mover las piernas y la obligaba a dar pequeños pasos al caminar, haciéndola cojear literalmente. Había algo de sadismo autoritario en el pensamiento de Poiret sobre la moda. Se veía a sí mismo como un innovador de la sastrería y creía que las mujeres del mundo tenían que obedecer lo que él caprichosamente decidiera que sería lo siguiente en la moda. Creía que era él, como representante destacado de la idea de la moda en sí misma, quien tenía el control de las mujeres y de cómo lucían, se movían y se comportaban. Puede que se hubieran liberado del corsé, pero ahora tenían que enfrentarse a Poiret.

No pasó mucho tiempo antes de que las mujeres a la moda tuvieran una nueva regla: en 1910, Gabrielle «Coco» Chanel abrió una sombrerería y, más tarde, una boutique en Normandía que vendía su característico estilo de ropa inspirado en la ropa masculina, que incluía pantalones, jerséis sencillos y chaquetas con cinturón. Atrás quedaban por completo las mangas abullonadas y los volantes de los vestidos victorianos y eduardianos. La ropa de Chanel era sencilla y moderna y quedaba mejor a las mujeres que se parecían a ella: mujeres delgadas con pocas curvas y casi sin culo.

Los diseños de Chanel crecieron y siguieron siendo populares durante toda la Primera Guerra Mundial, en gran parte porque eran muy prácticos para llevar mientras realizaban el tipo de trabajos que se pedía a las mujeres que asumieran cuando los hombres partían a la batalla. En la década de los veinte, Chanel empleaba a tres mil personas en sus fábricas y tiendas, y su look característico —a veces denominado *garçonne*— se había abierto camino en los cuerpos de las mujeres de toda Europa: los dobladillos subían, las cinturas bajaban y se abandonaban los corsés. Ya fuera amamantando en un hospital o fabricando bombas en una fábrica de municiones, las mujeres adoptaron estilos que les permitían una mayor libertad de movimiento.

Por supuesto, las jóvenes que habían abandonado sus pueblos agrícolas para trabajar en tiendas de la ciudad no llevaban prendas originales de Chanel, ni tampoco las mujeres que aceptaron trabajar en fábricas en tiempos de guerra. Llevaban imitaciones. La moda *prêt-à-porter* estaba en auge, y los vestidos de Chanel eran mucho más fáciles de replicar que las prendas victorianas, ya que se basaban en patrones sencillos y estaban hechos de jersey barato. Los catálogos de minoristas como Sears o Roebuck llevaron estas modas baratas más allá de las ciudades, y pronto el look *flapper* pudo verse en las calles principales de todo Estados Unidos.

Pero popularidad no significaba aceptación generalizada. En el artículo de 1925 «Flapper Jane» del *New Republic*, el escritor Bruce Bliven ofrecía una inquieta y desaprobadora de la figura de la *flapper*. «Es, por una razón, una chica muy guapa», explica Bliven, «está, francamente, muy maquillada, no para imitar a la naturaleza, sino para conseguir un efecto totalmente artificial: palidez mortis, labios venenosamente escarlata, ojos ricamente anillados; estos últimos no parecen tan libertinos (que es la intención) como diabéticos». Añadió que Flapper Jane era conocida por «no llevar mucho». Su vestido era «breve»: «es de corte bajo donde podría ser alto, y viceversa». Por supuesto, Jane lleva un corte recto. No lleva corsé, enaguas, sujetador ni medias. Ella encarna lo que Bliven llama «la nueva desnudez». Otros describirían a las que adoptaron el estilo *flapper* como «mujeres rectángulo». Es decir, la *flapper* no tenía cintura, ni caderas, ni pechos. Tanto la ropa como el cuerpo que había debajo resultaban más atractivos cuando se resistían a los signos corporales de la feminidad. Estas eran las mujeres que Gordon Conway dibujaba y el tipo de mujer que Gordon Conway era. Estas eran las chicas que besaban a hombres jóvenes en los bares clandestinos y a las que no parecía importarles el ama de casa, ni la moderación, ni el decoro.

***

Aunque al principio las asociaciones inconscientes y metafóricas del polisón me habían parecido misteriosas, el significado del físico delgado y sin curvas de las *flapper* me parece fácil de analizar, en parte porque todavía vivimos en un paisaje definido por él. Durante más de un siglo, el cuerpo de la mujer de moda ha sido un cuerpo delgado, un cuerpo envuelto en líneas elegantes y rectas en lugar de curvas grandiosas y arqueadas. Por supuesto, ha habido periodos fugaces en los que un poco de volante o *Va-va-voom* se ha colado en la moda, pero nunca hasta los niveles anteriores al siglo XX. Estar a la moda, ser bella —según los estándares de la cultura de masas— es ser delgada, elegante y liberada, del matrimonio, de las reglas de la sociedad, de la pesadez de la parte posterior del cuerpo.

El look de la *flapper* es el look de una mujer que, según la narrativa habitual, se ha deshecho de los grilletes de las costumbres y de la ropa victorianas. Es a la vez incuestionablemente femenina y, sin embargo, no está constreñida por la maternidad o la domesticidad. También es en gran medida una mujer en movimiento; no es casualidad que la imagen de la *flapper* se desarrollara junto con la popularización del cine. De repente, la gente podía ver el estilo en acción. La historiadora de la moda Anne Hollander sugiere que, antes de la invención de la fotografía, la única forma de que un cuerpo femenino ocupara espacio visual era a través de capas de grasa y ropa. «Pero un cuerpo que se percibe a punto de moverse debe sustituir aparentemente esas capas por otras de espacio posible para moverse», afirma. «El delgado cuerpo femenino, antaño considerado visualmente exiguo e insatisfactorio sin las sugerentes expansiones de una vestimenta elaborada, se había vuelto sustancial, cargado de acción potencial».

Pero incluso si la típica historia de la mujer sin culo y a la moda sugería liberación, subyacía, por supuesto, bastante más. Valerie Steele, directora del Museo del Instituto

Tecnológico de la Moda, sostiene que, a lo largo de la década de 1920, se produjo una revolución compleja y paradójica: las mujeres se encontraron físicamente desatadas de sus corsés, pero empezaron a experimentar un nuevo tipo de confinamiento: una presión para remodelar y distorsionar sus cuerpos, esta vez no desde fuera, sino desde dentro. Para conseguir y mantener la nueva silueta de moda, muchas mujeres —las que no se parecían naturalmente a Gordon Conway o Coco Chanel-—tuvieron que hacer dieta o ejercicio. Para Steele, había, de hecho, poca libertad en el nuevo look de los años veinte. En su lugar, exigía un autocontrol masoquista, o incluso autolesiones.

Es evidente que el de Steele es un buen argumento. Después de todo, fue en las primeras décadas del siglo XX cuando se inventó y popularizó la cirugía plástica, ofreciendo una nueva opción radical si una mujer quería una silueta diferente y tenía dinero para gastar. La anestesia general era rudimentaria y aún algo experimental; toda cirugía era peligrosa. Aun así, algunas mujeres decidieron someterse a la intervención, arriesgando sus vidas en un esfuerzo por eliminar la grasa de los glúteos y las caderas, y conseguir una silueta recta y esbelta.

En esos mismos años, las revistas femeninas empezaron a avalar diversos regímenes, a menudo dudosos, para transformar el cuerpo y amoldarse a las modas que se mostraban en sus páginas. En un estudio de 1912, los investigadores interrogaron a noventa y nueve mujeres sobre la percepción que tenían de su cuerpo: ninguna de ellas tenía el peso que deseaba y la mayoría pensaba que estaban demasiado gordas. Estas mujeres no estaban preocupadas por su salud, sino por su aspecto: como dijo una de los participantes en el estudio, la cura para estas preocupaciones era el «martirio». Las básculas de baño, inventadas en 1917, se convirtieron en una forma popular de controlar el peso. Un grupo llamado el Club de la delgadez sugería que las caderas debían «suavizarse» y no ser más grandes que los hombros de una mujer. Había dietas de suero de leche, dietas de tostadas y agua caliente, dietas de cacahuetes y lechuga. Se aconsejaba a las mujeres que mascaran chicle, o que comieran caramelos de goma que contuvieran laxantes, o que fumaran cigarrillos, muchos y con frecuencia.

Pero el look de la *flapper* no sólo consistía en un elegante trasero; también incorporaba elementos de exotismo. Diseñadores como Poiret se inspiraron en gran medida en lo que ellos percibían como influencias «orientales», una categoría amplia y vaga que abarcaba desde Rusia y el Imperio Otomano hasta Japón, India y China. *Oriente* era una vasta categoría para estos diseñadores, una categoría definida como todo lo que no era *occidental*. Al crear sus looks, Poiret se inspiró en los trajes de los ballets rusos —que eran a su vez versiones estilizadas de diseños otomanos y árabes— y también hizo grandes referencias a una idea imaginada de Japón. Este japonismo formaba parte de un furor mucho mayor por todo lo japonés que surgió a mediados del siglo XIX después de que los gobiernos occidentales entablaran relaciones comerciales y diplomáticas con Japón. Los europeos adinerados celebraban bailes de temática japonesa; tanto en la Exposición Internacional de Londres de 1862 como en la Esposition Universalle de París de 1867 el arte japonés ocupó un lugar destacado, e incluso se instaló una réplica de un pueblo japonés en un parque de Londres. Muchos artistas europeos —entre ellos Whistler, Monet, Proust y Oscar Wilde— se inspiraron en este auge de los productos culturales japoneses tanto en el tema como en la técnica, contribuyendo a crear una estética occidental fuertemente influenciada por el estilo japonés, que ayudó a introducir la estética japonesa en los dominios del arte elevado y el gusto refinado.

El fenómeno del japonismo se hizo aún más popular a principios del siglo XX con la obra de Poiret y, en cierta medida, Chanel. Ambos diseñadores no sólo tomaron prestados los tejidos y patrones japoneses, sino que se vieron influidos por la forma en que se utilizaba la tela en algunas prendas tradicionales asiáticas. En lugar de basarse en las formas de vestir altamente entalladas y adornadas que habían sido populares en Occidente desde la Edad Media, Poiret y Chanel se inspiraron en la forma en que los saris indios y los kimonos japoneses enfatizaban el «terreno plano de la tela». En 1912, por ejemplo, Poiret ofreció un abrigo de noche que hacía referencia directa a los kimonos japoneses: una prenda larga, en forma de T, que envolvía a la portadora y tenía mangas grandes y abiertas. No tenía cintura ni siquiera un lazo (a diferencia de un kimono, que se ata con una faja llamada *obi*), lo que significaba que la prenda colgaba de la usuaria en líneas largas y sin dobleces. Cuando los clientes compraban y llevaban estas prendas, parte de lo que estaban señalando era un compromiso con lo que la estética japonesa ha llegado a representar: alta cultura, buen gusto y modernidad.

Pero había otro subtexto en la adopción de motivos asiáticos en la moda de los años veinte, sobre todo en Estados Unidos. A principios del siglo XX, las mujeres del este asiático habían sido interpretadas popularmente como altamente sexuales, gracias, en parte, a la Ley Page de 1875, que había prohibido de hecho la inmigración de mujeres del este asiático (y principalmente chinas) a Estados Unidos porque se suponía que eran trabajadoras sexuales. Esta asociación hizo que, en la década de 1920, prendas como el abrigo de Poiret —inspiradas en las que tradicionalmente llevaban las mujeres de Asia Oriental— conllevaran esas connotaciones de feminidad asiática: otro ejemplo de hipersexualidad racializada confundida con significantes de sofisticación y gusto.

Como casi todos los fenómenos culturales estadounidenses, la *flapper* también se formó por su relación con (y su distancia de) la negritud. Aunque el arquetipo de *flapper* —el tipo representado en las ilustraciones de Conway— era una mujer blanca, podría decirse que una de las *flappers* más famosas fue Josephine Baker, una mujer negra que poseía el que casi con toda seguridad fue el culo más famoso de la década de los veinte. Nacida en 1906 en San Luis, a los quince años Baker ya trabajaba como bailarina de vodevil en Nueva York. A los diecinueve había dejado Nueva York por París, donde más tarde dijo que fue «para encontrar la libertad».

A mediados de los años veinte, París era un centro neurálgico para los artistas e intelectuales negros estadounidenses, muchos de los cuales entendían la ciudad como un lugar donde podían conocer y vivir entre negros de todo el mundo y disfrutar de un nivel de tolerancia y respeto que no estaba a su alcance en Estados Unidos. La Primera Guerra Mundial había traído a Europa a 200.000 soldados negros estadounidenses para servir en fuerzas segregadas, así como a 500.000 franceses reclutados en las colonias, muchos de ellos procedentes de países africanos como Senegal y Sudán. Estos grupos se encontraron durante la guerra y después de ella, fomentando un sentimiento de París como lugar de mestizaje panafricano y cosmopolitismo. Casi todas las figuras importantes del Renacimiento de Harlem —incluidos Langston Hughes, Claude McKay, Jean Toomer, Sidney Bechet, Ada «Bricktop» Smith, Archibald Motley y Nella Larsen— pasaron algún tiempo en París en la década de los veinte, parte de la razón por la que la ciudad se convertiría en un centro del movimiento Négritude en los treinta.

Pero, por supuesto, Francia difícilmente estaba libre de racismo. Como muchos han señalado, la paradoja del tipo de «libertad» que disfrutó Josephine Baker fue que tuvo lugar en la capital de un imperio que subyugaba activamente a millones de africanos negros. También era un lugar donde los intelectuales y artistas blancos estaban cautivados por lo que llamaban el «primitivismo» del arte y la cultura africanos y una concepción exotizada de los negros. Este interés por la negritud era común también en los círculos bohemios y *flapper* blancos de Estados Unidos; en Nueva York, las *flappers* como Conway acudían con frecuencua a los clubes nocturnos de Harlem, una forma de relacionarse con la cultura negra y de rebelarse a través de la mezcla racial.

Fue en el París de los expatriados del Renacimiento de Harlem y de las fantasías modernistas de primitivismo donde se estrenó la actuación más famosa de Josephine

Baker, *La Revue Nègre*, ante multitudes entusiasmadas y una popularidad masiva. No se conserva ninguna filmación de *La Revue Nègre*; sólo disponemos de relatos contemporáneos de la representación para tener una idea de qué fue lo que embriagó a tantos espectadores en 1925. La representación, organizada por un director de music-hall francés para exhibir diferentes modos de «africanidad», constaba de cuatro actos. Aunque Baker aparecía en el primer acto, fue cuándo y cómo salía del cuarto lo que causó sensación. Algunos dijeron que salía al escenario completamente desnuda (aunque puede que fuera vestida como para aparecer desnuda), llevando sólo una pluma de flamenco rosa. Era llevada al escenario a lomos de su pareja de baile, un hombre negro, y después se deslizaba por su cuerpo, o quizá daba una voltereta sobre él, para presentarse ante el público. Después, Baker bailaba. Según sus memorias, todos los que se encontraban cerca del escenario durante los ensayos quedaban embelesados: los tramoyistas miraban fijamente, las mecanógrafas del teatro la espiaban a través de un agujero en la pared del decorado y las veinte personas sentadas en la orquesta empezaban a mover las piernas espontáneamente, electrizadas y traspasadas por sus movimientos. Bailaba el charlestón, una danza vernácula negra estadounidense originaria de Carolina del Sur. Baker describió el baile, que era nuevo en París, como «bailar con las caderas, una encima de la otra; un pie encima del otro; y sacar el trasero y sacudir las manos». En un relato de la primera actuación, un hombre gritó: «¡Qué culo!». Otros se horrorizaron. En la biografía de su madre, el hijo adoptivo de Baker, Jean-Claude Baker, describió lo que había oído sobre los momentos inmediatamente posteriores al baile: «Algunas personas del público gritan pidiendo más, otras se levantan, envueltas en indignación y pieles, y salen del teatro murmurando que el jazz y los negros van a destruir la civilización blanca». Jean-Claude Baker afirma que las coristas —jóvenes negras como Baker— estaban igualmente horrorizadas, aunque por otras razones: «No tenía respeto por sí misma, ni vergüenza delante de esas chifladas», le dijo una corista llamada Lydia Jones. «¿Y te puedes creer que la querían?».

Los críticos enloquecieron con la actuación. Pero en su fervor, traficaron con los estereotipos racistas que se habían aplicado durante siglos cuando se trataba de mujeres negras y traseros. En *L'Art Vivant*, por ejemplo, André Levinson dijo que Baker tenía «el esplendor de un animal antiguo, hasta que los movimientos de su trasero y su sonrisa de caníbal benévolo hacen reír a los espectadores admiradores». En sus memorias, Baker explicó por qué creía que su actuación se había convertido en una sensación: «Hemos estado escondiendo nuestros culos durante demasiado tiempo. El culo existe. No sé por qué tenemos que criticarlo. Es cierto que hay culos que son tan estúpidos, tan pretenciosos, tan insignificantes, que [sólo] sirven para sentarse en ellos».

«Como *La Consagración de la Primavera* de Stravinsky», describe la estudiosa de la danza Brenda Dixon Gottschild la primera representación de *La Revue Nègre* en el documental *Josephine Baker: La primera superestrella negra*. «Volvió locos a algunos. Otros pensaron que era el fin de la civilización europea tal y como la conocían. Y el campo de batalla fue el trasero de Josephine Baker». La actuación creó lo que los franceses llamaron *Bakermanie*, o Baker-manía: a raíz de *La Revue Nègre*, Baker se convirtió en una de las mujeres más famosas, y ricas, de Francia. Su imagen se utilizó en campañas publicitarias de cigarrillos y pomada para el pelo, y se convirtió en musa de ilustradores y fotógrafos. Hubo incluso una muñeca de Josephine Baker a la venta.

La Revue Nègre fue una declaración audaz, basada en la larga historia tanto de la danza vernácula negra americana como del teatro juglar y de vodevil en el que Baker había actuado en Estados Unidos. Contenía elementos del *shimmy* y el *shake*, y desafiaba las ideas tradicionales de Europa Occidental sobre la danza. «Todos estos movimientos que en el modo europeo se habrían considerado torpes se convierten en bellos, sexys, ridículos y astutos al mismo tiempo», explica Dixon Gottschild. Más tarde, a medida que la actuación evolucionaba, Baker incorporó su famosa falda de plátano y, finalmente, un guepardo como mascota que se abría paso regularmente por el foso de la orquesta, elementos que jugaban con la idea de Baker como criatura exótica y añadían notas de humor de vodevil.

Las actuaciones de Baker fueron complejas, al igual que su legado. Algunos la han caracterizado como una Sarah Baartman del siglo XX, otra mujer negra exhibida para la excitación de los fascinados y escandalizados espectadores burgueses blancos. Pero a menudo también se la critica por exotizarse a sí misma, por participar a sabiendas en su propia explotación, haciendo el juego a los estereotipos africanos con su desnudez, la falda de plátano y el guepardo. Otros interpretan *La Revue Nègre* como una forma de reivindicar esos estereotipos: Baker participaba con entusiasmo, y libremente, en las representaciones y ganaba mucho dinero haciéndolo, y seguramente comprendía que estaba comprometiéndose con los estereotipos de la feminidad negra, e incluso subvirtiéndolos. También era divertida, y sus actuaciones siempre contenían elementos de humor y parodia. Desde sus primeros días como corista, añadía un elemento de complicidad fingiendo ser una mala bailarina en el escenario para reírse. Puede que su público de París, mayoritariamente blanco, la sexualizara y cosificara, pero también mantenía un control significativo sobre lo que hacía.

Y así, aunque la *flapper* era, en parte, la fantasía sin trasero de Coco Chanel, y aunque muchas mujeres en los años veinte utilizaban dietas, ejercicio y procedimientos quirúrgicos para minimizar cualquier atisbo de curva, también sacaban el culo como Josephine Baker y bailaban el charlestón. Puede que algunas de esas mujeres tuvieran culos que eran, como dijo Baker, «tan estúpidos, tan pretenciosos, tan insignificantes» que sólo servían para sentarse en ellos —una indirecta apenas velada contra la incomodidad de los blancos en torno a los culos—, pero muchas de ellas estaban probando, y probándose, la libertad sexualizada que imaginaban en el cuerpo de Josephine Baker y de otras mujeres de color presuntamente más inherentemente sexuales que las mujeres blancas. Era una antigua relación entre la feminidad negra y la blanca que demostraría perdurar.

La creación de una silueta —ya sea la bulbosidad del polisón o las líneas rectas de la *flapper*— es tanto un gesto estético como político. A medida que se diseñan las prendas y surgen las tendencias, las curvas del cuerpo de una mujer —ya sean creadas por la ropa, la genética, la dieta o el ejercicio— se transforman en metáforas que vienen a representar historias más amplias sobre el género, el gusto y la clase. Y aunque esos significados casi siempre permanecen tácitos, e incluso inconscientes, como el propio trasero, existen de todos modos, y resultan aún más poderosos por permanecer indecibles.

Norma

CREACIÓN

El primer probador que recuerdo fue en Hudson's, unos grandes almacenes de Detroit donde la gente de clase media del pueblo donde crecí iba a comprar cosas «bonitas». Era el lugar donde mi madre me compraba monos y lazos para el pelo, donde se compraba zapatos de tacón alto expuestos sobre pedestales de madera como si fueran pasteles, y donde elegíamos servilletas de tela para los parientes que se casaban.

En aquellos viajes de compras, mi madre hacía acopio de un montón de ropa, pescando y picoteando en los distintos departamentos femeninos. A las dos nos encantaba esa parte. Para mí, la búsqueda inicial en un viaje de compras es cuando el optimismo está en su punto álgido, el momento en el que todas las prendas que se ofrecen podrían quedarnos realmente bien, en el que aún podrían tener lucir. Es durante el segundo acto de la experiencia de compras cuando todo se tuerce.

A pesar de ser una tienda «bonita», los probadores de Hudson's eran, en la jerga de mi madre, «cutres». La moqueta desgastada estaba sucia; los separadores que creaban los puestos, endebles; los techos, opresivamente bajos. La iluminación no sólo era poco favorecedora, sino directamente cruel. De niña, me sentaba sin pensar en el suelo, agotada del mismo modo que me siento ahora tras una visita a un museo de arte: abrumada por el sentido, pero también abrumada, me doy cuenta ahora, por la manifestación de feminidad de la tienda: las bocanadas de perfume, las texturas de seda cruda y algodón cardado… las fantasías que toda esa feminidad adulta desataba en mi interior. A veces me acurrucaba sobre la moqueta marrón manchada y me quedaba dormida.

Mientras tanto, mi madre, siempre tan pulcra y atenta, colgaba sus prendas antes de cambiarse de ropa. Había trabajado una vez en un Hudson's, por lo que era consciente de todos los dobleces y vaporizados perpetuos que tenían que hacer las dependientas. Desplegó cada par de pantalones nuevos, se metió dentro de ellos y se examinó en los espejos.

Esta fue la parte difícil.

A mi madre rara vez le gustaba la ropa una vez que se la ponía. La promesa que había visto en cada prenda en su percha se desvanecía una vez que la abotonaba y la abrochaba sobre su cuerpo. El dobladillo se revelaba demasiado largo, la cintura demasiado ancha; el material la abrazaba demasiado. Pero su lenguaje, mi lenguaje, nuestro lenguaje, sobre lo que estaba mal nunca tenía que ver con la ropa, sino con nosotras mismas. «Soy demasiado bajita», decía ella, o «Mis brazos son demasiado flácidos». Y siempre, siempre, «Mi culo es demasiado grande». En otras palabras: «La ropa no es defectuosa. Soy yo».

Fue algo que pronto llegué a comprender y a poner en practica yo misma. Probarse ropa a menudo se siente como intentar encajar tu cuerpo en una plantilla ajena, y la mayoría de las veces, eso es exactamente lo que ocurre. Los cuerpos se hacen a medida, y la mayoría de la ropa fabricada desde los años veinte son productos industriales producidos en serie: cuando los pantalones no quedan bien, es porque las proporciones de un cuerpo no coinciden con las proporciones que las empresas de ropa pensaron para él.

Además de todo el trabajo tácito que realiza la industria de la moda para definir lo que significan los distintos tipos de cuerpo, la ropa ofrece una materialización franca de lo correcto. Los pantalones son un objeto físico que puede sostener en sus manos, recordándole que hay partes de su cuerpo que literalmente no le quedan bien. Por todo aquello que se revela ser demasiado grande, o demasiado pequeño, existe la clara indicación de que en algún lugar hay algo que es justo lo correcto, un cuerpo que está en el medio, un cuerpo que es correcto.

Ese punto intermedio es de algún modo tanto un ideal como una media, perfecto por no ser demasiado de nada. Pero, ¿qué es ese punto intermedio, esa cosa normal? Mi madre siempre decía que su trasero era demasiado grande. Yo digo a menudo lo mismo. Pero ¿«demasiado grande» comparado con qué?

***

El culo de Norma mide algo más de 76 cm de ancho, de hueso de la cadera a hueso de la cadera. Es redondo y respingón y, al ser de piedra, alarmantemente suave. Es considerable, lleno, pero nadie lo llamaría grande. Si fuera de carne, rellenaría bien un bañador, pero dudo que provocara una segunda mirada prolongada. Norma tiene el trasero de Ricitos de Oro, el cuerpo de Ricitos de Oro. Todo en ella, al menos según la gente que la diseñó, es «justo lo correcto».

En junio de 1945, Norma hizo su primera aparición en una sala de exposiciones del Museo Americano de Historia Natural de Nueva York. En el otro extremo de la sala se encontraba su homólogo masculino, Normman. La pareja eran representaciones de los «típicos» macho y hembra adultos humanos reproductores, y fueron creados por el ginecólogo Robert Latou Dickinson y el artista Abram Belskie, que habían colaborado previamente en una serie de esculturas para la Feria Mundial de Nueva York de 1939 llamadas Birthing Series, que mostraban cortes transversales del desarrollo humano normal en el útero.

Si la Birthing Series mostraba a los visitantes lo que ocurría cuando se desarrollaba un feto sano, Norma era el ejemplo del cuerpo que podía y, según sus creadores, debía llevar ese feto durante un embarazo. No era voluptuosa ni delgada. Era fuerte, robusta y capaz de gestar muchos hijos; no demasiado sexy, pero claramente fértil. No era una de las mujeres *flapper* de Gordon Conway, ni tampoco una chica Gibson con curvas suaves y carnosas. Tenía unas caderas esbeltas, pero presentes. Sus pechos parecían ser algo de última hora, diseñados por una persona que parecía no haber visto nunca pechos en la vida real: dos turgentes orbes que flotaban torpemente sobre su caja torácica. Como su nombre indica, Norma no era, en ningún sentido real, excepcional. Era *normal*.

Pero, ¿qué significaba eso? La estatua sugiere un concepto muy concreto de lo normal: era blanca, heterosexual (Normman se mantuvo firme junto a ella en todo momento en la sala de exposiciones para tranquilizarnos al respecto) y sin discapacidades. Era un poco adusta, no ofrecía nada de la seducción de la estatuaria clásica, y se mantenía perfectamente erguida, con los brazos a los lados, posando como en un dibujo científico. Era atractiva (como su nombre indica) en su normalidad, y esa era la intención.

Norma y Normman fiormaban parte de un proyecto de la eugenesia estadounidense, la ciencia racial inventada por Francis Galton que se había basado en los trabajos de Georges Cuvier y otros pensadores del siglo XIX para crear e imponer una jerarquía de los cuerpos humanos. Mientras una corriente de eugenistas en Estados Unidos se esforzaba por eliminar a los no aptos mediante la esterilización, otros se dedicaban a animar a las personas «correctas» a tener hijos. Los implicados en esta rama de la eugenesia —llamada eugenesia positiva— trataban de dejar lo más claro posible qué estadounidenses creían que debían procrear. Una estrategia popular de la eugenesia positiva consistía en organizar concursos de «mejores bebés» que otorgaban premios a los bebés más «eugenésicos» en las ferias estatales de todo el Medio Oeste, una vaga distinción que englobaba la salud, la robustez y el comportamiento con las ideas eugenésicas de la aptitud humana. Era una forma de mostrar a los granjeros —personas que los eugenistas pensaban que entenderían la importancia de tomar decisiones meditadas sobre la cría— cómo elegir buenas parejas. Los concursos eran como una competición 4-H[7] con niños en lugar de cerdos. Los bebés que los eugenistas consideraban más aptos recibían un premio.

Norma y Normman eran una especie de versión adulta del concurso «Mejor bebé». Ofrecían manifestaciones físicas de lo que los eugenistas pensaban que el pueblo de América debía aspirar a ser. De pie en los pasillos del museo de historia natural más famoso de América, Norma y Normman ejemplificaban a los visitantes qué tipos de cuerpos adultos, y de personas, eran «aptos». Eran robustas, fértiles, aptas y blancas de nacimiento. El museo las exhibía como objetos singulares, creaciones destinadas a codificar la estética de la normalidad en el período inmediatamente posterior a la Segunda Guerra Mundial, cuando normal era lo que mucha gente aspiraba a ser.

En aras de mantener un enfoque «científico», Belskie y Dickinson se basaron en datos para la creación de Norma y Normman, en lugar de en preferencias subjetivas. Las especificaciones para la creación de Normman habían sido bastante fáciles de conseguir: durante la Primera Guerra Mundial, el ejército había medido a todos los militares estadounidenses reclutados. También había datos de hombres que se habían prestado voluntarios para ser medidos en la Feria Mundial de Chicago, así como estadísticas de los primeros años de los estudios de postura de la Ivy League y los exámenes físicos de las compañías de seguros. Sólo había que sumarlos, dividirlos y ¡voilà! El hombre medio estadounidense.

La creación de Norma, sin embargo, resultó más difícil. Las mujeres no servían en el ejército en aquella época y, al

---

7   N. del T.: Se refiere a una popular organización juvenil en EEUU que promueve los valores y la vida en el ámbito rural.

principio, no parecía haber un gran repositorio de mediciones de la población femenina. Pero Belskie y Dickinson vivían en la era de la métrica, una época en la que parecía que todas las cosas podían y debían medirse, gestionarse y conocerse. Sin duda, el cuerpo femenino interesaba a los investigadores de algún lugar.

En 1945, encontraron por fin el conjunto de datos que buscaban. Cinco años antes, un grupo de investigadores había tomado medidas de miles de mujeres en la Oficina de Economía Doméstica del Departamento de Agricultura de EEUU, uno de los únicos lugares donde científicos y las estadísticos podían sentirse como en casa en la primera mitad del siglo XX. El esfuerzo había sido liderado por una química llamada Ruth O'Brien, que trabajaba para encontrar una forma de crear tallas estándar para la ropa confeccionada. «No existen normas para las tallas de las prendas», ofreció O'Brien a modo de explicación de sus esfuerzos, «y los minoristas y los consumidores se ven sometidos a gastos innecesarios y acosados por las dificultades que entraña obtener prendas que se ajusten correctamente».

El estudio, financiado por la Works Progress Administration y que duró un año, pretendía descubrir las circunferencias, longitudes y alturas de la mujer estadounidense en toda su diversidad. Para ello, O'Brien envió a medidoras empleadas por el gobierno a Illinois, Maryland, Arkansas, Nueva Jersey, Carolina del Norte y California. En los municipios de todo el país, los «escuadrones de medición», como ella los llamaba, reclutaron voluntarias de los clubes locales de mujeres. A cada una se le pedía que se pusiera unos pantalones cortos de algodón para medir y un sujetador sin tirantes no demasiado ajustado, y se las invitaba a subir a una plataforma de medición, donde se las pesaba utilizando una báscula emitida por el gobierno. A continuación, el medidor tomó cincuenta y ocho medidas adicionales, entre ellas la «circunferencia de extensión sentado», la «longitud anterior de la entrepierna» y la «circunferencia máxima del muslo». Las brigadas aportaron quince mil encuestas, pero al final O'Brien sólo utilizó diez mil. O'Brien descartó las otras cinco mil por una de estas tres razones: a causa de un error garrafal, porque había demasiados jóvenes en el conjunto de datos o por que los voluntarios no eran blancos. La verdad era que a O'Brien no le interesaban los datos de todas las mujeres estadounidenses; quería datos de todas las mujeres blancas nacidas en Estados Unidos. Era un criterio que expuso explícitamente en su informe, pero que nunca explicó del todo; de hecho, animó a los equipos de medición a no compartirlo con los grupos de voluntarias. «Cuando se consideraba necesario, en aras de mantener un buen ambiente dentro de un grupo, se medía a algunas mujeres que no eran de raza caucásica, este hecho se anotaba en las observaciones y los datos se descartaban posteriormente», escribió.

Para los eugenistas que crearon a Norma, estas exclusiones eran una característica, no un defecto. Al fin y al cabo, Norma pretendía ser un retrato robot del «tipo adecuado» de mujer estadounidense: una estatua que definiera la feminidad y dejara claro quién debía reproducirse y quién no. Harry L. Shapiro, el orgulloso eugenista y conservador de antropología física del Museo Americano de Historia Natural, estaba encantado con el resultado. En su artículo sobre Norma y Normman, «Un retrato del pueblo americano», que se publicó en la revista del museo en 1945, elogiaba las estatuas por ayudar a codificar al «americano blanco», una categoría de persona que temía que corriera peligro de mancillarse y disminuir a causa de la mezcla racial. Con deleite, explicó lo estéticamente impresionante y bien proporcionado que era el americano blanco, alto y de piernas largas. El texto completo parece un anuncio antropológico de citas, ya que Norma y Normman se comparan con personas de otras nacionalidades y de diversos periodos históricos: Shapiro las declara más sanas, más en forma, más altas, menos voluptuosas y más bellas que las antiguas griegas, las gibsonianas o las europeas.

Shapiro, que llegaría a ser presidente de la Sociedad Americana de Eugenesia, también hizo hincapié en cómo la media podía ser un ideal. «Norma y Normman, aunque fueron diseñadas para ajustarse al adulto medio antes de la aparición de los estragos de la edad, exhiben una armonía de proporciones que parece estar muy lejos de lo habitual o de la media». Su promedialidad era notable y, paradójicamente, única. Shapiro dijo: «Digámoslo así: la figura media estadounidense se aproxima a una especie de perfección de forma y proporción corporales; la media en sí es muy poco habitual».

Cuando leí por primera vez la fusión que hace Shapiro de la palabra *normal* con *perfección*, me pareció un poco exagerada. La perfección, después de todo, sugiere un ápice más que un medio, un tipo singular de humano que está, en cierto sentido, por encima de todos los demás. La forma en que yo siempre lo he entendido es que una mujer humana perfecta sería más inteligente, más bella, más delgada y más agraciada que el resto. Sería especial, no típica.

Y sin embargo, la formulación de Shapiro tiene un sentido intuitivo, si no real. A menudo había considerado que mi propio cuerpo era, en algún pequeño sentido, *anormal*. Mi gran trasero, mi ojo ligeramente bizco y mi bajo rendimiento en todos y cada uno de los deportes siempre me parecieron defectos cuando, en realidad, eran características mías que seguramente eran bastante comunes. Y, sin embargo, esas características nunca me parecieron normales, porque la noción de normalidad no tiene que ver con promedios o rasgos que se dan comúnmente, sino con un ideal inalcanzable.

Norma y Normman estuvieron expuestos en el Museo Americano de Historia Natural de Nueva York sólo unas semanas antes de viajar al interior del país. El director del Museo de la Salud de Cleveland, un hombre llamado Bruno Gebhard, las compró, al igual que la *Birthing Series*, para exponerlas en el primer museo de la salud de Estados Unidos. Allí se convirtieron en toda una sensación.

Al igual que Shapiro, Gebhard era un eugenista comprometido: había sido conservador del Deutsches Hygiene-

Museum de Dresde de 1927 a 1935, supervisando exposiciones sobre el cuerpo humano con una agenda eugenista explícita. En Estados Unidos continuó esta labor, aunque con algo más de sutileza. Norma y Normman fueron un claro ejemplo.

Una vez que llegó a Cleveland, Gebhard no quería celebrar a Norma como una fantasía; quería encontrar una versión de ella caminando por el mundo. Quería demostrar que su idea de lo normal podía ser una realidad. Si el «cuerpo normal» fuera algo que pareciera totalmente fuera de su alcance, como una Venus o una modelo de moda, no habría servido a los fines de hombres como Gebhard y Shapiro, que aspiraban a conseguir un mundo poblado exclusivamente por Normas y Normmans. Para lograr su objetivo, los eugenistas necesitaban que aquellos que consideraban estadounidenses aptos supieran que ellos también podían ser «normales». Así que, dos meses después de que las estatuas llegaran a Cleveland, Gebhard anunció un concurso en colaboración con el *Cleveland Plain Dealer* para encontrar una Norma de la vida real. Era una forma de mostrar a los habitantes de Cleveland quién de ellos era el pináculo de la perfección humana, y de conseguir algo de publicidad extra para las nuevas adquisiciones del museo.

Durante diez días de septiembre de 1945, la reportera de salud del *Plain Dealer*, Josephine Robertson, se deshizo en páginas de contenido centrado en Norma que animaba a las lectoras, explícita e implícitamente, a participar en el concurso que, según los materiales promocionales, pretendía «estimular el interés por la forma física y el tipo americano». Entrevistó a pastores, médicos y educadores sobre la «típica chica americana», habló con artistas sobre las cualidades estéticas de Norma e incluso preguntó a instructores de fitness cómo conseguir el físico de Norma. Los artículos eran un poco cursis, pero expresaban el mismo tipo de ideas que siguen siendo habituales en las revistas de moda y en las secciones de estilo de vida de hoy en día: estaban escritos para ayudar a definir lo normal, para explicar por qué lo normal era bello y para dejar claro quién pertenecía a la categoría de lo normal —la mujer blanca, físicamente en forma, sin discapacidades y con unas proporciones concretas— y quién no.

El concurso, al igual que la elaboración de las propias estatuas, tuvo lugar en un momento oportuno: hacía sólo un mes que Estados Unidos había lanzado bombas atómicas sobre Hiroshima y Nagasaki, y dos semanas que Japón se había rendido oficialmente. Tras cuatro años en los que las mujeres habían asumido roles masculinos tradicionales en fábricas y hogares, había una necesidad acuciante de comunicar claramente la idea de la «mujer normal» y de hacer que esa idea fuera ampliamente legible. Normal era ser mujer, pero no demasiado mujer; normal era ser fuerte, pero no demasiado fuerte; normal significaba tener culo, pero sólo un poco. Normal significaba dejar atrás la fábrica, casarse con un soldado y sumarse al esfuerzo por repoblar un mundo que acababa de perder millones de habitantes.

En total, 3.864 mujeres de la zona de Cleveland enviaron sus medidas a Gebhard y al *Plain Dealer*. El formulario publicado por el periódico era más sencillo que los utilizados por los escuadrones de medición de O'Brien, y sólo pedía medidas de altura, busto, cintura, caderas, muslos, pantorrillas, tobillos, longitud de los pies y peso. Algunas mujeres se medían ellas mismas en casa, mientras que otras acudían a eventos por toda la ciudad donde se lo hacían. Sólo el último día del concurso se midieron unas mil mujeres en la central de la YWCA en Cleveland.

Al día siguiente, las cuarenta concursantes cuyas proporciones más se acercaban a las de Norma se reunieron en la YWCA para la fase final del concurso. Como el propio concurso, la escena era un poco Miss América y un poco laboratorio de ciencias. Las finalistas fueron oficialmente medidas y juzgadas por un jurado que incluía a un profesor de anatomía de una universidad local, la jefa de educación física para niñas del Consejo de Educación de Cleveland y otra reportera del *Plain Dealer*. Después, los jurados contabilizaron las medidas e intentaron elegir a una ganadora. Lo que descubrieron debería haber sido previsto desde el principio: ninguna de las concursantes estaba a la altura de Norma. Como había dicho Shapiro, la media es excesivamente rara.

La mujer que más se acercó fue Martha Skidmore, una blanca de veintitrés años que vendía entradas en el auditorio local. En un artículo, Josephine Robertson la describió como un ideal casi caricaturesco de la feminidad posterior a la Segunda Guerra Mundial. Cuando empezó la guerra, Skidmore había trabajado como rectificadora de calibres para la Parker Appliance Co., pero en el momento de la publicación, había vuelto a su antiguo trabajo para que su puesto en la fábrica estuviera disponible para un veterano que regresaba. Ya estaba casada y se hace referencia a ella como «Sra. Skidmore» a lo largo del texto. Le gustaba nadar, bailar y jugar a los bolos, y pensaba que «era una persona normal en sus gustos y que nunca le había ocurrido nada fuera de lo común hasta que apareció la búsqueda de Norma».

***

La idea de lo normal, al parecer, siempre viene acompañada de algún tipo de agenda. En el caso de Norma, las mentes que cotejaron sus medidas eran eugenistas entusiastas, motivados por el deseo de erradicar eficazmente a las personas insuficientemente blancas, discapacitadas y *queer*. Intentaban abiertamente diseñar una raza de estadounidenses perfectamente normales, equiparando la plena ciudadanía con tener este cuerpo decisivamente promedio, aunque demostrablemente inalcanzable. Al codificar lo normal, los impulsores de Norma también estaban codificando lo anormal, que es siempre el proyecto implícito de la creación de un ideal.

Pero si la creación de Norma demuestra algo, es que ningún cuerpo *es* realmente normal. A pesar de todas sus rigurosas mediciones, el estudio de Ruth O'Brien fracasó: incluso después de medir a miles de mujeres y analizar y contabilizar todos los datos, había demasiadas variables para que pudiera crearse un conjunto significativo de recomendaciones para la confección de ropa. Tanto Gebhard como O'Brien fracasaron en su intento de encontrar el superlativo normal que ambas ansiaban, porque crear algo singular inevitablemente lo separa del grupo. Sus proyectos no podían funcionar porque los cuerpos no son estándar. Algunos pechos abultan y otros se hunden, algunos tobillos son gruesos mientras que otros son delgados, algunas personas con hombros anchos tienen caderas estrechas. Y algunos culos son grandes, mientras que otros son pequeños.

Del mismo modo que la explotación y la exhibición de Sarah Baartman pueden parecer una reliquia de un pasado lejano, resulta tentador pensar que hemos superado a Norma, que hemos trascendido la perniciosa fantasía de una «normalidad» empírica y aplicable. Pero lo cierto es que mientras que la esencia de la normalidad es un blanco móvil, el concepto de lo «normal» es extraordinariamente duradero, aunque no haya conservadores ni escultores que lo regulen abiertamente. Puede que no esté mirándonos fijamente en un museo de la higiene, pero siempre está al acecho: en los probadores, en las revistas, en el interminable *scrolling* de Instagram.

PROLIFERACIÓN

A pesar de todo su poder y sus asombrosos beneficios, la vasta industria de la moda *prêt-à-porter* es un sistema relativamente nuevo, y el intento para crear tallas estandarizadas es aún más reciente. Hasta el siglo XIX, casi toda la ropa se confeccionaba como se hace ahora la ropa de alta costura: individualmente, a mano, para una persona concreta. Antes de 1300, la mayor parte de la ropa en Europa no era entallada sino holgada y fluida, lo que permitía que el tallaje fuera general y generoso. Una túnica medieval con cinturón era fácil de hacer entallar, y la mayoría de la gente sólo tenía una o dos prendas de este tipo durante toda su vida adulta.

Esta relativa falta de tallaje existía porque el proceso de confección de la ropa era arduo: una persona no sólo tenía que coser cada prenda a mano con aguja e hilo, sino que también tenía que hilar lana u otras fibras para crear la tela de la prenda. Cada prenda debía llevarse durante muchos años y adaptarse a los cambios de estatura y circunferencia.

A finales del siglo XVIII, la primera Revolución Industrial simplificó la fabricación textil y modernizó la tecnología del tejido, lo que significó que mucha más gente podía comprar telas confeccionadas, un cambio verdaderamente monumental. El proceso de confección de ropa se simplificó y abarató para el sastre a domicilio porque gran parte del trabajo se subcontrató a obreros con salarios bajos en las fábricas textiles. Las mujeres ricas contrataban modistas bien pagadas para confeccionar prendas adornadas y elaboradas, mientras que las costureras mal pagadas que trabajaban en sus casas cosían prendas precortadas para vestir a los esclavizados del sur, a los mineros del oeste e incluso a los caballeros de Nueva Inglaterra. En la década de 1850, la invención de la máquina de coser en serie trastornó aún más la confección: la ropa se abarató aún más y se producía más que nunca, aunque los salarios de las costureras en los talleres caseros no mejoraron notablemente.

Como tantas otras innovaciones, las primeras tallas estandarizadas de ropa fueron desarrolladas por los militares. Napoleón, siempre a la última, necesitaba equipar a miles de hombres con uniformes y no se podía fabricar cada uno individualmente. Era un problema al que también se enfrentarían los británicos durante la Guerra de Crimea y los estadounidenses durante la Guerra de Secesión, y que todos ellos resolverían más o menos de la misma manera. Los oficiales militares descubrieron que se podía tener una idea general de las proporciones de un hombre si se le medía el pecho, y así crearon un conjunto de tallas estándar extrapoladas a partir de esa única medida.

En tiempos de paz, en el siglo XIX, se utilizó el sistema de tallaje militar para confeccionar ropa de hombre para los florecientes trabajadores de cuello blanco que precisaban trajes de diario. El enfoque no era perfecto, pero funcionaba lo suficientemente bien, en parte porque los cuerpos de los hombres son menos carnosos que los de las mujeres y la distribución de esa carne es más uniforme (también se ahorran la impredecible bulbosidad de los pechos, los culos carnosos y los embarazos). La ropa masculina se convirtió en un gran negocio: en la década de 1890, el distrito de la confección de Nueva York era el mayor empleador de la ciudad. Pero, como siempre ocurriría en la industria de la confección, los grandes beneficios no significaban salarios justos. Desde principios del siglo XIX, las personas que realmente confeccionaban las prendas eran en su mayoría inmigrantes —primero de Irlanda, luego de Alemania y Suecia y, en la década de 1890, del sur y el este de Europa— y sus condiciones laborales y salariales eran casi universalmente pésimas.

Durante gran parte del mismo período, la industria de la confección no ofreció un sistema de tallaje comparable para las mujeres, a pesar del éxito y la popularidad de la moda masculina *prêt-à-porter* (es decir, ropa que podía comprarse en una tienda y llevarse sin alteraciones). Sin embargo, no fue por no intentarlo. Los fabricantes sabían que se podía hacer mucho dinero si las mujeres podían comprar ropa de confección; sólo que no sabían cómo hacer que fuera posible. Los primeros intentos fueron a medias: en la década de 1890, las mujeres podían comprar prendas casi acabadas en una tienda o en un catálogo, que podían modificar y ajustar a su cuerpo utilizando sus máquinas de coser, completando el último paso del trabajo en casa.

Más tarde, a principios del siglo XX, más o menos al mismo tiempo que Coco Chanel se afanaba en ser pionera en estilos más sencillos y casuales, los fabricantes empezaron a producir ropa totalmente acabada para mujeres. En un principio intentaron desarrollar su enfoque de las tallas femeninas a partir de las masculinas, utilizando una medida de busto como base de la talla corporal completa de una mujer.

Esto, obviamente, no funcionó. El tamaño del pecho no es en absoluto indicativo de ninguna otra medida del cuerpo de una mujer: una mujer con caderas grandes puede tener pechos pequeños; una mujer con piernas largas puede tener pechos grandes. Pronto, las mujeres que habían encargado ropa por catálogo (una práctica habitual en la época) devolvían sus compras en masa. Tras el estudio de Ruth O'Brien en la década de 1930, la industria de la moda intentó poner en práctica sus datos, pero a los fabricantes les resultaba imposible utilizar su sistema. Cada talla costaba muchísimo de hacer porque los fabricantes tenían que crear nuevos patrones para cortarla, y el sistema de O'Brien sugería la necesidad de veintisiete tallas, un número prohibitivamente caro. Entonces, en 1958, la Oficina Nacional de Estándares, dependiente del gobierno federal, reelaboró los datos de Ruth O'Brien y, combinándolos con la implacable dedicación del tallaje a las medidas del pecho, llegó a un sistema similar al que utilizamos hoy en día. Las cifras se derivaban del tamaño del busto y de las supuestas proporciones de la fforma de reloj de arena, y cada talla se indicaba con un solo número, en intervalos pares de la 8 a la 38. Al principio obligatorio, este sistema pasó a ser voluntario en 1970, y finalmente se abandonó por completo en 1983, en gran parte porque nunca terminó de funcionar.

«A menos que tu ropa esté hecha para ti, en realidad no te queda bien», me dice Abigail Glaum-Lathbury en una de nuestras muchas conversaciones sobre el tallaje de la ropa. Artista, diseñadora de moda y profesora de la Escuela del Instituto de Arte de Chicago, Glaum-Lathbury ha investigado mucho sobre la historia del tallaje y cómo funciona ahora. Explica que hoy en día, las tallas de la ropa de mujer no ofrecen casi ninguna información sobre cómo queda realmente una prenda. He hablado varias veces con Glaum-Lathbury, en parte porque este hecho me parece desconcertante, pero también intrigante. Aunque nunca he comprado algo que me siente bien, es una revelación saber que los diseñadores y fabricantes de ropa no esperan realmente que sus prendas me queden bien. No es que no quieran hacer ropa que se adapte a una gran variedad de cuerpos, es que, incluso con la tecnología y la fabricación avanzadas, es sencillamente imposible.

El ajuste, después de todo, viene determinado por la distribución de la carne alrededor del cuerpo, explica Glaum-Lathbury, y la carne no puede estandarizarse. Incluso si dos mujeres tienen exactamente las mismas medidas de altura y circunferencia, no comparten necesariamente la misma distribución. Con ninguna parte esto es tan evidente, dice, que con los pechos. Aunque ella y yo tuviéramos exactamente las mismas medidas, nuestros pechos podrían diferir. «Puede que yo tenga la caja torácica más ancha que usted», me dijo, «o que usted tenga los hombros más anchos que yo, o que mis pechos salgan más hacia los lados y los suyos sean más grandes y vayan hacia delante». Lo mismo podría decirse de nuestros culos: las medidas de la cadera y la cintura no indican la distribución o la forma del trasero de una mujer. No hay uniformidad en la panoplia de traseros, por lo que las tallas uniformes de pantalones son completamente irreales.

Cuando los diseñadores crean prendas de vestir, suelen empezar probándolas en maniquíes: torsos y piernas duros, sin carne y sin cabeza que se asemejen a un cuerpo. Aunque resultan prácticos para un primer prototipo, los maniquíes pierden utilidad a medida que avanza el proceso. Las prendas deben ser usadas por humanos reales para determinar qué ocurre cuando las personas se sientan, o se agachan, o tienen la piel sensible. Y así, una vez que un diseñador tiene una idea bastante clara de lo que está confeccionando, trae modelos de ajuste, personas acostumbradas a ayudarles a determinar el ajuste de sus prendas. Si resulta que un diseñador está confeccionando pantalones de mujer, a menudo recurre a una en particular.

Si ha llevado vaqueros de mujer en la última década, es probable que se haya puesto un par diseñado a la medida del trasero de Natasha Wagner, una de las modelos de vaqueros ajustados más demandadas de la industria de la moda. Wagner ha trabajado con marcas como 7 for All Mankind, Mother, Citizens of Humanity, Re/Done, Paige, Black Orchid, Vince, Proenza Schouler, Gap, Lucky Brand, Old Navy y Levi's. *Vogue* la describe como la mujer cuyo «trasero está dando forma a la nación». *Refinery29* la describe como la que tiene «el mejor trasero de la industria». Su trabajo consiste en ser el cuerpo que representa al resto de nosotras, un cuerpo que, como Norma, es a la vez normal e ideal, aquel al que realmente le queda bien toda la ropa.

Wagner creció en Los Ángeles y fue a la universidad en Cal State Long Beach, donde estudió comunicación, se unió a una hermandad y trabajó como camarera en Chili's. Un viernes por la tarde, una de sus hermanas de hermandad, que trabajaba como modelo de ajuste, le pidió a Wagner que la acompañara a recoger su paga a su agencia de modelos para poder aprovechar el carril de coche compartido. Cuando llegaron, un agente le preguntó si podía medir a Wagner. «Me tomaron las medidas y no le di mucha importancia», dice, «y entonces empezaron a llamarme. Resultó que tenía las medidas exactas que buscaban. Me sentí como si me hubiera tocado la lotería».

Cuáles son esas medidas, Wagner no quiere decírmelo. Cuando hablo con ella por teléfono, se refiere a ellas casi como un secreto comercial. Así que, en lugar de eso, le pido que describa su culo. Duda un poco antes de decidirse por «perfectamente imperfecto». A juzgar por las fotos que aparecen en Internet, Wagner es una mujer blanca de piernas largas y pelo rubio con reflejos playeros. Es delgada y convencionalmente atractiva. Encuentro muchas imágenes en distintos grados de primer plano que muestran su culo en vaqueros. Para mi gusto, en realidad es bastante pequeño comparado con el de la población general, aunque ciertamente más grande que los de las modelos con cintura de los años noventa, lo que, según los profesionales del sector, es la clave de su atractivo. «Si das con alguien que tiene demasiadas curvas (cintura pequeña, trasero grande), o con alguien que tiene un cuerpo recto (sin caderas)», explicó a *Vogue* un diseñador que emplea a Wagner, «te estás limitando sólo a un determinado tipo de cuerpo [...]. Ella tiene lo mejor de ambos mundos: es delgada y aún tiene curvas».

Es este promedio aparente lo que, según Wagner, la convierte en una buena modelo de ajuste. «Si la empresa sólo tiene presupuesto para una modelo, quieren a alguien que no sea ni demasiado grande, ni demasiado pequeña, ni demasiado alta, ni demasiado delgada», me dijo. Inmediatamente recordé el concepto del *demasiado* que dominaba las conversaciones en torno a Norma en 1945. El cuerpo de Wagner es excepcional en muchos sentidos, aunque se utilice como modelo de la quintaesencia de lo normal.

Cuando a Wagner le proponen un trabajo, el primer paso es una entrevista en las oficinas corporativas de una marca de ropa, donde le toman las medidas. Para esta parte del proceso se viste con spandex ajustado, aunque en ocasiones, si confía en la persona que le toma las medidas, permite que la midan en ropa interior detrás de una cortina. La miden por todas partes: la base del cuello, la anchura de hombros, el pecho, la cintura natural, la parte baja de la cadera, el muslo, la parte media del muslo y la entrepierna. Después, le hacen probarse unas cuantas prendas para determinar si es la adecuada para la marca.

Dado que no existe una estandarización en toda la industria de la confección, cada marca determina sus propias métricas y, por tanto, su propio cliente ideal. Muchos de nosotros lo hemos aprendido por experiencia: si alguna vez se ha probado la misma talla en diferentes marcas, sabrá que hay poca coherencia de una a otra. Según Glaum-Lathbury, cada marca se comercializa para un tipo específico de cliente, que se define, en parte, por su concepción del tallaje. Si las medidas de Natasha —espigada, alta, con un poco de culo— encajan con la imagen o el ideal que esa marca en concreto intenta vender, es la adecuada, independientemente de que haya pocas mujeres que compartan sus proporciones particulares. Los fabricantes de ropa rara vez se dedican a confeccionar prendas que valgan para personas reales; en su lugar, atienden a una fantasía de quien espera ser su cliente.

Después de que los representantes de la marca se reúnan con Wagner y decidan trabajar con ella, la diseñadora proporciona un boceto de la prenda a un patronista, que crea un patrón en la talla de Natasha. A continuación, la marca fabrica un prototipo a partir del patrón. En un mundo ideal, Wagner se prueba dos o tres versiones del prototipo y ofrece recomendaciones. En cada iteración, los diseñadores hacen microajustes para que la prenda se adapte con mayor precisión a su cuerpo, y tienen en cuenta los comentarios de Wagner sobre la confección y el tacto. Por experiencia, sabe que si las trabillas no están cosidas a la costura del canesú, se arrancarán cuando la gente se suba los pantalones, y que los bolsillos funcionan mejor si tienen una forma determinada. Wagner dice que cuando una empresa consigue el ajuste perfecto, ella puede sentirlo. «La parte de atrás no tira hacia abajo. La cintura no roza ni corta. Te abraza en todos los sitios adecuados».

Tras los patrones y las instrucciones iniciales, la fábrica realiza lo que se llama un ajuste de preproducción: una muestra para asegurarse de que lo que está haciendo se es lo que los diseñadores tenían en mente. Wagner suele probarse el ajuste de preproducción y trabaja con los diseñadores para realizar cualquier pequeño ajuste de última hora. Entonces, una vez comienza su producción en fábrica, Wagner se prueba la prenda por última vez para asegurarse de que es aceptable para enviarla al mundo.

Aunque Wagner proporciona la línea de base «ideal», las empresas deben ser capaces de generar prendas en más de una talla. Para ello, cada una de ellas utiliza fórmulas matemáticas ligeramente diferentes para fabricar versiones más grandes y más pequeñas del prototipo. Este proceso, denominado *escalado*, es complejo. Glaum-Lathbury explica que cada aumento de talla añade una cantidad proporcionalmente mayor de tela, de modo que la diferencia entre una talla 2 y una talla 4 puede ser de unos dos centímetros de tela, pero la diferencia entre una talla 14 y una talla 16 puede ser de seis. Esa tela no se añade toda en el mismo sitio: las empresas intentan predecir dónde se distribuirá la carne a medida que el cuerpo sea mayor. Esto significa que la medida del cuello puede no cambiar mucho, pero la parte delantera central de una prenda puede añadir hasta dos centímetros entera de tela. Además de las adiciones de circunferencia, también hay adiciones de longitud, partiendo de la base de que una mujer que lleva una talla 4 es más baja que una que lleva una talla 10. Por lo tanto, a medida que las tallas de las prendas aumentan, es menos probable que le queden bien.

Lo que me desconcierta de esto —lo que siempre me ha desconcertado— es cómo este método de tallaje consigue funcionar como modelo de negocio. La industria de la confección es una de las mayores del mundo; seguramente las empresas ganarían aún más dinero si sus productos se ajustaran realmente de forma fiable a sus clientes. Seguro que tiene que haber una forma mejor y más rentable.

Glaum-Lathbury explica que no es por crueldad por lo que no nos queda bien la ropa, sino por necesidad. «Hay que recordar que la ropa no tiene nada que ver con nuestro cuerpo», afirma. «La ropa es una serie de cuestiones relacionadas con la cuenta de resultados, no con la corrección del producto». Dado que la moda es un negocio de volumen, la única forma en que una empresa puede ganar dinero es si vende una gran cantidad de algo, y hay un número limitado de formas de hacer ese proceso más eficiente. Aunque un fabricante pueda cortar doscientas camisetas a la vez, cada una de ellas tiene que ser cosida a mano. No hay robots que sepan coser; todas las prendas que ha llevado alguna vez han sido cosidas por un ser humano sentado ante una máquina de coser. Y aunque el uso generalizado de talleres clandestinos, y otras prácticas laborales poco éticas a lo largo de la historia de la industria de la confección han hecho que esta proceso sea lo más barato posible, no puede hacerserebajarse mucho más. Y por eso es imposible confeccionar eficazmente prendas en tantas tallas y variaciones como sería necesario para que realmente le quedaran bien.

«Para que este sistema funcione, nuestros cuerpos tienen que ser funcionalmente intercambiables», explica Glaum-Lathbury, «nuestros cuerpos son un engranaje dentro de un sistema». Es un problema que ella ha experimentado de primera mano: cuando tenía una pequeña línea de ropa propia, su objetivo era crear prendas bonitas y bien confeccionadas con tejidos encantadores que se ajustaran bien, pero a menudo acababa haciendo prendas que no se ajustaban del todo a la gran variedad de cuerpos. Aunque su objetivo era hacer precisamente ese, simplemente no podía. No era económicamente viable.

«Nuestros cuerpos son rebeldes», me recuerda a modo de explicación. Es una palabra que se me ha quedado grabada, porque sugiere que nuestros cuerpos son *rebeldes* —contra las tallas, contra el capitalismo, contra la necesidad imperecedera de ordenar y clasificar y controlar—, una idea que seduce porque se siente profundamente acertada. Me unto crema de noche, hago sentadillas e intento embutirme en unos pantalones que no me quedan del todo bien, pero sigo teniendo arrugas, celulitis y un culo que parece tener unas proporciones incorrectas. Mi cuerpo se resiste constantemente a mis esfuerzos por controlarlo.

Pero, por supuesto, no todo el mundo intenta que su cuerpo esté en forma. No todo el mundo busca la normalidad. Para algunos, la naturaleza rebelde del cuerpo, y las innumerables formas en que un cuerpo puede ser, no sólo son algo que hay que aceptar sino que, de hecho, son algo en lo que deleitarse.

RESISTENCIA

Como casi todo lo demás que encontré en el Icon de Astoria (Queens),la oferta de bebidas era alegre, ocurrente y *queer*: los clientes pedían a gritos un «Call Me by Your Rosé», un combinado afrutado que rendía homenaje a la película *Call Me by Your Name*. Dos camareros bailaban al ritmo de *I Touch Myself* de las Divinyls mientras agitaban las bebidas bajo unos focos multicolores que inundaban las paredes de ladrillo. La sala estaba engalanada con banderas arco iris.

Eran las siete y cuarenta y cinco de la tarde de un domingo, pero el local estaba abarrotado. Era la primera noche del concurso de drags Iconic, un *reality show* en directo de ocho semanas de duración en el que drag queens de Nueva York venían a actuar por la corona Icon ante un jurado rotatorio. Esa noche, once drag queens harían *performances* individuales coreografiadas, así como en algo llamado Drag Queen Roulette, en el que cada concursante tendría que improvisar sobre la marcha una actuación con una canción elegida por el DJ.

Aparte del metro, Icon era uno de los espacios más diversos en los que había estado en Nueva York. Había todo un abanico de razas, presentaciones de género y marcadores de clase; parejas de aspecto gay se acurrucaban junto a parejas de aspecto heterosexual, los de mediana edad se mezclaban con los jóvenes. Yo estaba al lado de una mujer con el pelo rapado y una gorra de béisbol de *Friends* que rodeaba la cintura de otra de aspecto femenino. Delante de nosotros, una drag queen que no actuaba esa noche obstruía nuestra visión del escenario, sus tacones de brillantes plateados y su voluminosa peluca rubia la hacían un palmo más alta que yo. Pasé la velada ajustando mi perspectiva a través de su masa de rizos y el mar de móviles en alto para capturar el evento en directo en Instagram.

Fui al Icon para ver si podía encontrar un antídoto contra el implacable énfasis en la uniformidad y la normalidad que se ha tejido a lo largo de la historia de los cuerpos y las tallas, y contra la regulación del género que tan estrechamente estaba ligada a la creación y exhibición de Norma. Desde luego no podía haber venido a un lugar mejor. El tema de la noche, *Conociéndote*, pretendía ser un medio con el que las artistas se presentaran ante los jueces y el público, pero en muchos sentidos puso de relieve la realidad subyacente de cualquier actuación drag: cada artista puede ser la versión de sí mismo que quiera. Todos los cuerpos que crearon y presentaron jugaban con la suplantación de la feminidad, pero cada una interpretó el *brief* de forma un poco diferente. Algunas se asemejaban a personajes sacados de una película de ciencia ficción, con faldas iridiscentes y pelucas rubias brillantes, y otras parecían casi pasadas de moda, ataviadas con vestidos de la época dorada de Hollywood y grandes melenas rizadas. Algunas parecían no llevar relleno alguno, consiguiendo un aspecto andrógino y esbelto. Otras parecían tener pechos; los escotes asomaban por encima de los bustiers y los escotes en forma de corazón. Y algunas tenían culos grandes y voluptuosos, creados con relleno de espuma atado bajo vestidos adornados y pantimedias ajustadas, lo que producía una imagen que se interpretaba como clásicamente femenina, si es que existe tal cosa. A lo largo de la velada, asistí a una actuación que imitaba el desarrollo y los gráficos del vídeojuego *Mortal Kombat,* incorporando gimnasia y artes marciales. Había una drag queen llamada Zeta 2K que realizó una felación a un globo rojo alargado, lo explotó y luego lo escondió en su boca durante varios minutos, para recuperarlo lentamente mientras se envolvía en una manta de basura de plástico. Otra artista, Essence, se embadurnó con pintura corporal de color amarillo neón mientras se retorcía en el suelo.

Yo, por supuesto, me interesé especialmente por los culos, y me sorprendió la variedad de métodos utilizados por las drag queens para embellecer, dar forma y aumentar sus traseros. Había traseros desnudos resaltados con maquillaje contorneador y traseros sin relleno que quedaban planos como tortitas bajo faldas y vestidos. Una artista parecía Mae West: sus curvas estaban rellenas para parecer grandes y descaradas. Otra se parecía a J.Lo, su relleno le daba el tipo de cuerpo que sólo se consigue con una particular alquimia de suerte genética y horas en el gimnasio. En Icon, los culos eran algo con lo que se podía jugar abiertamente, marcarlos grandes o pequeños según el gusto y la personalidad. El culo, y el cuerpo, era un lugar de alegría y perturbación más que un lugar de prescripción. Pero, me preguntaba, ¿cómo se conseguía esta multiplicidad? ¿De dónde venían todos estos gloriosos culos?

***

En un caluroso día de julio de 2019, Vinnie Cuccia estaba de pie frente a su edificio de apartamentos en Brighton Beach, un barrio históricamente ruso de Brooklyn donde vivía con Alex Bartlett, su socio en la vida y en los negocios. Hombre efervescente de unos cincuenta años, fumaba un cigarrillo en el patio, llevaba gafas de sol envolventes, vaqueros de corte entallado y una camiseta amarilla de PFLAG. Me acerqué al edificio mientras terminaba de fumar y me habló de lo mucho que le gustaba residir en aquella parte de la ciudad, una zona en la que él y Bartlett podían permitirse vivir en un edificio con vistas al océano. Coney Island estaba a diez minutos a pie, y el acuario aún más cerca. «Nuestros amigos siempre nos dicen que nos vayamos a Fire Island», me dijo, «pero no nos hace falta: aquí podemos ir a la playa y volver a casa para ir al baño».

Cuccia y yo subimos en ascensor al apartamento donde él y Bartlett vivían y trabajaban. Cuando abrió la puerta, nos recibió una pila de tamaño humano de espuma de color marfil cortada en forma de enormes y corpulentas comas. Había una habitación entera dedicada a estos trozos de espuma, pero eso no impedía que se desparramaran por el pasillo. Este material era la base del negocio del que Cuccia y Bartlett eran copropietarios: son quizá los principales proveedores del mundo de almohadillas para culos y caderas diseñadas para ser utilizadas por drag queens, travestis y mujeres trans. Varias de las drag queens que había visto en Iconic utilizaban su producto, al igual que las concursantes de *RuPaul's Drag Race* y otras drag queens conocidas en todo el mundo.

Bartlett no tardó en aparecer para darme la bienvenida. Vestido con pantalones cortos y chanclas, me mostró el dormitorio que la pareja había transformado en taller. Dos ayudantes, ambas mujeres jóvenes que planeaban seguir una carrera en el mundo de la moda, pararon para saludar antes de reanudar su trabajo dando forma a la espuma con sierras eléctricas. Una estantería cerca del techo sostenía rollos de tela de colores brillantes que Bartlett transformaba en trajes, tanto para sí mismo (actuaba travestido como «Pepper») como para clientes y amigos que actuaban en Broadway y en clubes de todo el país.

Cuando abrieron el negocio —apropiadamente llamado Planet Pepper—, Bartlett ya llevaba unos veinte años haciendo de drag. También había estado confeccionando atuendos para sí mismo y para otras drag queens en su apartamento. Cuccia no sabía nada de costura pero quería poner en marcha un pequeño negocio y pudo disponer de 15.000 dólares de la Comisión para Ciegos del Estado de Nueva York, que ofrecía dinero para el emprendimiento de personas con discapacidad visual (Cuccia es ciego a efectos legales). La pareja decidió utilizar el dinero para abrir una tienda de ropa: Cuccia se encargaría de la parte comercial y Bartlett de la creativa. Al principio, Planet Pepper perdió dinero —las pequeñas empresas de moda suelen funcionar con márgenes estrechos y es raro obtener beneficios rápidamente—, pero pronto la pareja se dio cuenta de que había un mercado asociado, y sin explotar: acolchado especializado para que las drag queens lo llevaran bajo sus elaborados trajes.

«Hacía trajes para personas que no tenían un cuerpo femenino y querían presentarse como mujeres», explicó Bartlett. «Venían con aspecto de tíos y teníamos que empezar básicamente por el cuerpo y luego hacer el traje. Después de un tiempo me di cuenta de que nadie lo hacía. Nadie estaba haciendo almohadillas de cadera para drag queens y otras personas que querían presentarse de esa manera».

Bartlett, que había crecido y alcanzado la mayoría de edad como drag queen en Virginia, había aprendido a fabricar y dar forma al relleno como siempre lo habían hecho la mayoría de las drag queens: su madre drag le había enseñado a cortar cojines de sofá, esculpirlos con la forma deseada y rellenarlos estratégicamente con medias.

«Aprendes de la gente con la que te rodeas», explicó Bartlett. «Un amigo mío vio que no llevaba relleno y me dijo: "Deberías plantearte usar relleno porque pareces un chico con vestido"». Recordó que la primera vez que subió al escenario con relleno fue un momento mágico que le cambió la vida. «Para las drag queens hay una especie de interruptor que se activa cuando descubres tu forma. Te conviertes en una persona diferente. Cuando tienes un cuerpo y uñas y tetas, caminas de otra manera, te mueves de otra manera. Dominas el espacio de forma diferente».

Durante los ochenta y los noventa, la comunidad drag, especialmente en la ciudad de Nueva York, reflejaba obedientemente las ideas de la industria de la moda sobre lo que significaba ser femenina y bella. Mientras que las artistas de Virginia solían modelar su aspecto a imagen y semejanza de Mae West y Marilyn Monroe —un look que requiere un gran culo—, Bartlett se dio cuenta cuando llegó a Nueva York en 1992 de que el estilo era «muy andrógino, muy rock n' roll» y, por lo tanto, menos acolchado. «Todo el mundo quería ser una supermodelo, talla cero, parecer un chico con un vestido», añadió Cuccia. Incluso con su discapacidad visual, Cuccia dice que por aquellos días siempre sabía cuándo estaba hablando con una drag queen. «Miraba directamente a sus caderas. No se movían; no se balanceaban». Le llevaría un tiempo, pero Planet Pepper acabó por hacerse un hueco en la comunidad a medida que los estilos y las perspectivas sobre las drag empezaban a evolucionar y cambiar. «Cuando la gente piensa en ser mujer, todo gira en torno a los pechos, el pelo y la cara», dice Cuccia, «pero si te pones estas caderas y este culo, todo cambia radicalmente. Mucha gente dice: "Cambió mi apariencia, cambió mi vida"».

***

Como muchas mujeres, yo también me he usado ropa interior moldeadora en un esfuerzo por modificar mi silueta, pero a diferencia de Cuccia y Bartlett, para quienes la creación de formas femeninas es un acto de aceptación, liberación y rebelión, mis intentos de modelar mi cuerpo utilizando relleno y spandex han sido casi siempre un ejercicio de restricción.

La primera vez que utilicé ropa interior para ajustarme a unos ideales predeterminados de feminidad fue en el instituto. Antes de tener pechos de los que poder hablar, compraba sujetadores con un poco de bulto añadido en la parte inferior de la copa. Intentaba encontrar un equilibrio entre un cambio que pudiera hacerme notar pero que no fuera descaradamente falso: quería parecer un poco más desarrollada de lo que realmente estaba, pero me aterrorizaba que se descubriera mi engaño. Una década más tarde, como dama de honor de veinticuatro años, descubrí las prendas moldeadoras porque había olvidado que necesitaría un slip para llevar debajo de un vestido de gasa durante la entrada en la iglesia. Mientras vaporizaban el vestido de novia en un aula de la escuela dominical, otra de las damas de honor corrió a un centro comercial cercano y regresó blandiendo un tubo de spandex color canela con copas de sujetador sujetas en la parte superior. Era de Victoria's Secret y estaba diseñado no sólo para evitar que la congregación viera a través de mi vestido, sino también para hacerme más delgada. Al final de la noche, me dolía el estómago: el precio a pagar por crear un cuerpo que pareciera normal y femenino era una ácida sensación de estreñimiento.

El deseo de cambiar el aspecto de mi cuerpo era, para mí, un intento de coherencia, un esfuerzo por hacer coincidir el exterior del cuerpo con el interior, para que el yo que se ve en el mundo coincida con algún concepto del verdadero yo que acecha bajo la superficie. Tanto el sujetador con relleno como el Spandex que constriñe el cuerpo ofrecen la oportunidad de alinearse más estrechamente con un ideal de lo femenino, de ponerse un disfraz y representar una versión de *femme*: quiero grandeza aquí y pequeñez allá para que el

141

exterior de mi cuerpo coincida con una modelo de género que he heredado e interiorizado. Me siento —o quiero sentirme— femenina, o adulta, o tranquila. Es un ordenamiento, tanto del yo como del mundo. Para mí, a menudo es un deseo complicado y conflictivo: quiero que me vean en el exterior como algo cercano a lo que siento que soy en mi interior y, sin embargo, también quiero que me vean en el exterior como normal, como femenina, como correcta.

Pero la feminidad no es una experiencia individual, y las herramientas que tenemos para expresarla son contundentes. Los significantes sencillos y obvios —un pecho grande, un trasero voluptuoso, una cintura delgada— crean una ilusión de género que no es complicada y es binaria. Un exterior femenino sugiere un interior ordenado y femenino, aunque la verdad sea mucho más fluida y compleja. En muchos sentidos, esa es la cuestión: hacer que la feminidad sea simple, directa y singular es una forma de eludir sus matices. Después de todo, no había sujetador que pudiera haber comunicado la forma en que, a los trece años, anhelaba la libertad de ser una niña pequeña en el mismo momento en que ansiaba lo que imaginaba que era ser femenina. No había faja constreñidora ni vestido con volantes capaz de manifestar las múltiples expresiones de género que sentía dentro de mí mientras esperaba en la puerta de la iglesia el día de la boda de mi amiga. Me sentí pulida y encantadora, y me regocijé en el hecho de que parecía estar logrando el porte de una dama de honor de molde. Pero también estaba de pie en la entrada de una iglesia evangélica, intentando atraer la atención de la hermosa mujer «marimacho» que era mi acompañante a la ceremonia, ambas retorciéndonos mientras escuchábamos al pastor afirmar que el matrimonio era entre un hombre y una mujer. Hubo una traición en ese momento: Me hacía pasar por una *femme rom-com*,[8] pero tanto mi género como mi sexualidad permanecían disfrazados.

---

8   N. del T.: Expresión popular que proviene de *femme romantic-comedy*, hace referencia a la protagonista de una comedia romántica.

«No se nace, sino que se llega a ser mujer», rezaba aquella célebre frase de Simone de Beauvoir en *El segundo sexo*. Los pasillos de una tienda de lencería es uno de los lugares donde una se convierte en mujer, donde la fantasía de otro cuerpo casi se roza con los dedos. El sentimiento de Beauvoir resuena en la filosofía de género de los siglos XX y XXI. Lo vemos en las páginas de *Gender Trouble* de Judith Butler, que sitúa el género como una construcción y una actuación, más que como un hecho estable. Puede que llevemos los accesorios asociados a lo que se ha considerado *femenino* o *masculino*, puede que estemos rellenitas y esbeltas, pero el yo interno no puede conocerse por estos significantes externos, y el contraste entre el exterior y el interior a menudo se ve acentuado según nuestro comportamiento. De hecho, según Butler, no existe en absoluto un *yo* interior real. La fantasía de un *yo* genuino, una noción estable de *feminidad*, no es sino una ilusión. No existe lo *normal*, no existe lo *femenino*. Parte de la razón por la que cualquier expresión singular de género resulta incómoda, por la que al enfundarme en el vestido ultrafemenino de dama de honor me sentí tan hueca, es que sugiere singularidad cuando en realidad hay pluralidad. Hay una tragedia en esa incomodidad, pero también, quizá, una oportunidad. O, como ha dicho RuPaul: «Todos nacemos desnudos, y el resto es drag». El producto ofrecido por Cuccia y Bartlett en Planet Pepper ofrece una forma diferente de pensar en la creación de un cuerpo que lo que Belskie y Dickinson ofrecieron con Norma, o lo que puedo encontrar en los pasillos de una tienda de lencería. La creación de Norma fue un intento de definir, y confinar, la feminidad. Cuando me pongo Spandex o intento inútilmente enfundarme unos pantalones diseñados para el cuerpo de Natasha Wagner, siento los ecos de esas limitaciones. Pretendo amoldar mi cuerpo a la noción de feminidad de otra persona, a la idea de normalidad de otra persona.

Y sin embargo, Bartlett y Cuccia encuentran la libertad en las variaciones de estas mismas prendas. Para ellas se trata de la alegría de expresar múltiples modos del yo. «En algún momento, se convierte en esta idea abstracta de lo que es masculino y femenino», dice Bartlett, «vamos de un lado a otro a lo largo del tiempo. En mi caso, estaba aburrida de llevar vaqueros y camisetas negras, y quería llevar ropa divertida y llamativa. Me pregunté: "¿Por qué no puedo llevar vestidos fabulosos?". Encontré un espacio donde podía hacerlo. Para mí hay una magia en caracterizarse. Me convierto aún más en mí misma».

En forma

ACERO

En la primera viñeta de una tira cómica de 1994, una mujer llega a lo que parece ser una cita vestida con leotardos y una banda para el sudor. Su acompañante masculino lleva traje y corbata y se sienta en una mesa cubierta con un mantel blanco. En la segunda viñeta, mientras ella toma asiento, un sonido resuena en el aire: «CLANG»; reza el texto en enormes negritas. En la tercera viñeta, la cita ofrece su frase gancho: «¿Desde cuándo tienen bollos de acero?».

Gracias (en parte) a su nombre, el fenómeno del fitness *Buns of Steel*[9] se prestó a la parodia a finales de los ochenta y principios de los noventa: fue objeto de burlas en *Saturday Night Live*, comentado en los monólogos nocturnos de Jay Leno y referenciado en las tiras cómicas de *Cathy*. Después de todo, los culos son divertidos, y la idea de tener un culo de acero es a la vez seductora y un poco ridícula. Pero *Buns of Steel* no era una broma, al menos no del todo. Basada en un régimen de ejercicios desarrollado por el empresario del fitness Greg Smithey, *Buns of Steel* fue también una cinta

---

9   N. del T.: *Buns* significa «bollos», pero coloquialmente hace también referencia a las nalgas.

VHS de ejercicios éxito de ventas que en todo el mundo compraban personas que realmente querían tener unas nalgas duras como el metal, un fenómeno que ponía de manifiesto un cambio fundamental en las expectativas sobre el aspecto que debían tener los cuerpos y para qué servían.

El culo (o al menos el trasero) se asocia lingüísticamente desde hace mucho tiempo con el trabajo duro. Tener un «culo gordo» se equipara con la pereza y la holgazanería, como en «mueve tu culo gordo y ponte a trabajar». Dar a una persona una «patada en el culo» es ponerla en marcha, hacer que se ponga a trabajar. Tener el «culo duro» es ser e inflexible. Una persona también puede «dejarse el culo trabajando», una frase que establece una conexión directa entre un culo pequeño y el trabajo diligente. No es de extrañar, por tanto, que todas estas connotaciones se unieran para formar uno de los programas de ejercicios con más éxito de la historia, en una época en la que el compromiso con los evangelios del espíritu emprendedor, y el hacerse a sí mismo, en Estados Unidos estaba alcanzando nuevas cotas; o al menos que ese programa fuera inventado por alguien cuya historia personal encarnaba tan cabalmente esos principios de éxito.

**

Tardé seis meses en localizar a Greg Smithey. Le escribí innumerables correos electrónicos a una dirección que encontré en una página web que creó en 2008. Busqué en las guías telefónicas de Anchorage y Las Vegas, donde sabía que había vivido alguna vez. Intenté localizar a sus representantes y a sus familiares. Casi me había dado por vencida, asumiendo que había desaparecido en el inframundo de los antaño famosos, cuando una tarde recibí un correo electrónico de Smithey diciendo que estaría encantado de hablar conmigo; su silencio, me explicó, se había debido simplemente a que no revisa con regularidad su bandeja de entrada.

Así que le llamé. En cuanto empezó a hablar, no paró en tres días.

Algunas de las historias que contaba parecían dudosas. Afirmó que era el «chico blanco» de la canción de Wild Cherry, *Play That Funky Music* (no lo era). Dijo que entrenó a los Commodores y a Miss Alaska en su estudio de aerobic de Anchorage (posible, pero poco probable). Me contó que es cazador de tormentas y que ha estado dentro de ocho tifones, y describió un angustioso encuentro con un oso pardo al que sobrevivió utilizando el pensamiento positivo y una gran sonrisa dentada. Reconociendo su tendencia a automitificarse y a exagerar la verdad, es importante coger cualquier cosa que diga con pinzas. Sin embargo, hay una cosa que es innegablemente cierta sobre Greg Smithey: inventó uno de los fenómenos de fitness con más éxito de los últimos cuarenta años.

El interés de Smithey por el fitness comenzó cuando descubrió el salto con pértiga a los doce años. Se le daba bien; tan bien que, en 1969, asistió a Idaho State con una beca de atletismo. Allí destacó, llegando a saltar unos respetables cinco metros. Después de la universidad, decidió que quería enseñar Educación Física y se trasladó a Alaska, donde entrenó al equipo de atletismo del instituto de Wasilla (afirma que entrenó a Sarah Palin). Le gustaba enseñar y entrenar, pero era un hombre con un sueño más grande: quería abrir su propio estudio de aerobic e introducir un nuevo enfoque de fitness para las masas. Tras asistir a una conferencia motivacional del optimista Zig Ziglar que le cambió la vida, Smithey dejó su trabajo, se trasladó a Anchorage y, en 1984, abrió el club de aerobic Hip-hop Anchorage Alaska.

Resultó ser una transición accidentada. Smithey pronto se encontró sumido en un agujero financiero, regateando con su casero para que le rebajara el alquiler e intentando averiguar cómo atraer a suficientes alumnos de aerobic como para que el negocio fuese viable. «Me enfrentaba al fracaso total con mi estudio de ejercicios y cada vez estaba más enfadado y frustrado», dice. Decidió canalizar esa rabia en intensos entrenamientos en sus clases de aerobic. «Concretamente, monté un entrenamiento que les quemaba el culo».

Según la página web que aún mantiene abierta, en sus clases, Smithey gastaba bromas algo salvajes. Traía una cinta de casete y un largo látigo de cuero (sólo como atrezzo, me aseguró), y se refería a sí mismo como Dr. Buns, Profesor de Bunología, Príncipe del Dolor, Maestro del Masoquismo y el Bunmaster. Impartía su clase con las luces tenues, un foco sobre él y la música a todo volumen. En cincuenta minutos, guiaba al grupo a través de al menos cincuenta ejercicios diferentes relacionados con las nalgas, todo el tiempo gritando: «Bonitas piernas... bonitas piernas... ¡trabaja esas hermosas piernas... y no te olvides de exprimir esas hamburguesas con queso de esos muslos, y esa tarta de zanahoria... y esas patatas fritas!».

Smithey cuenta que, al principio, sólo había cinco o seis alumnas en su clase, pero el número creció rápidamente hasta superar las cuarenta asistentes habituales. «Venían porque hacía que les doliese mucho el trasero. Y pronto empezaron a venir a contarme historias maravillosas sobre lo bien que tenían el culo y lo mucho que les gustaban a sus maridos». Me cuenta que su mayor momento de inspiración le llegó mientras hablaba con un grupo de alumnas después de clase. Una de ellas dijo: «Vaya, nuestros culos parecen de acero». «Todos nos quedamos como en silencio», recuerda. Reconocían la genialidad cuando la oían.

***

El momento en que Smithey creó *Buns of Steel* resultó ser perfecto. A lo largo de los años sesenta y setenta, la noción misma de lo que era el ejercicio y para quién era experimentó un profundo cambio. Según la historiadora del fitness y profesora de la New School, Natalia Petrzela, los auges de la cultura del fitness estadounidense suelen corresponderse los incrementos del trabajo de traje y chaqueta. A medida que aumenta el número de personas empleadas en trabajos de oficina —en las décadas de 1920 y 1950, por ejemplo—, las personas que ostentan esos empleos se vuelven menos activas que las que tienen trabajos más exigentes físicamente, un hecho que suele causar mucha angustia social. La ansiedad sobre la buena forma física (y su corolario, la gordura) impregna la cultura de la clase media en estas épocas, ya que la buena forma física nunca consiste sólo en tener un cuerpo que sea útil o un cuerpo que esté sano. Tener un cuerpo en forma parece significar casi siempre algo más. Petrzela explica que, en Estados Unidos, el concepto de forma física está muy a menudo vinculado al patriotismo porque la salud y la capacidad físicas percibidas de los ciudadanos de una nación han sido (hasta hace poco) indicativas de su poderío militar: si tienes un cuerpo fuerte, estás mejor preparado para luchar en una guerra. En los años cincuenta, por ejemplo, existía una gran preocupación por que la Guerra Fría se calentara y los hombres estadounidenses no estuvieran preparados para luchar si estaban flácidos a causa del trabajo de oficina al estilo de *Mad Men*. «La gente participaba de esta idea en la que Estados Unidos era una superpotencia», dice, «pero existe esta ansiedad asociada a ella: "Oh Dios mío, todo lo que hace grande a Estados Unidos —coches y televisores y lavadoras y alimentos congelados— en realidad está haciendo que Estados Unidos esté gordo y no se encuentre en condiciones"». A causa de esta ansiedad, el gobierno puso en marcha programas como la Prueba Presidencial de Aptitud Física, diseñada para promover la fuerza y la resistencia en los niños estadounidenses y encaminarlos por la senda de los hábitos saludables de por vida.

A finales de la década de los setenta, la forma física adquiriría otro significado. En respuesta a la creciente fuerza del trabajo organizado durante las dos décadas anteriores, así como a una nueva oleada de regulaciones gubernamentales que incluían la Agencia de Protección Medioambiental y la Administración de Seguridad y Salud Ocupacional, muchos de los ricos y poderosos de Estados Unidos abrazaron una filosofía económica que valoraba el libre mercado sin restricciones, la privatización implacable y las libertades individuales. Esta filosofía neoliberal fue ganando adeptos por encima de las distinciones de clase a medida que sus impulsores la promovían como remedio a las crisis económicas de la década de los setenta, y porque apelaba al persistente mito estadounidense del hombre hecho a sí mismo.

Pero el neoliberalismo no era sólo una filosofía económica; sus tentáculos se extenderían a casi todos los ámbitos de la vida estadounidense. Confundía el libre mercado con la agencia individual, no tenían cabida los modos colectivos de expresión o acción, y juzgaba la valía de las personas principalmente en términos de valor de mercado, ideas que, de haberse tomado en serio, habrían alterado la percepción que las personas tenían sobre sí mismas a casi todos los niveles, incluida la manera en que valoraban sus cuerpos. Aunque existe una larga historia de equiparación de un cuerpo delgado con el autocontrol, en la década de 1970, estar físicamente en forma se convirtió en una forma inequívoca de demostrar los valores de la disciplina y la autocreación. Un cuerpo en forma se convirtió en un símbolo visual de una ética de trabajo sincera y de la capacidad de controlarse a uno mismo, atributos cruciales en un país que tenía un compromiso renovado con la idea de que el individuo controla su propio destino.

Fue en el cenit de este auge del individualismo cuando, en 1968, un médico de las Fuerzas Aéreas llamado Kenneth Cooper publicó un libro titulado *Aerobics*, que ensalzaba las virtudes del ejercicio que fortalecía no sólo las extremidades y el torso, sino también los músculos del corazón. Hasta ese momento, la mayoría de los estadounidenses asociaban el concepto de «gimnasio» con el culturismo, una subcultura casi exclusivamente masculina que se consideraba desviada, progenie de los números de circo y los espectáculos de fenómenos. De algún modo, los culturistas eran vistos a la vez demasiado femeninos —a menudo se sospechaba que eran homosexuales porque pasaban mucho tiempo rodeados de otros hombres y se preocupaban por su aspecto— y demasiado masculinos, grotescamente musculados y proyectando una fuerza conspicua. Era un extremo tal que gran parte de la población general no tenía interés en emularlo. La publicación del libro de Cooper, sin embargo, proporcionó una alternativa a la construcción de músculos voluminosos: promovía el ejercicio como una forma de crear los músculos delgados de un corredor de fondo o de una bailarina. Era un aspecto que atraía a todos los géneros, pero especialmente a las mujeres: entonces, como ahora, las promesas del ejercicio aeróbico eran la fuerza y la salud cardiovascular, pero también una forma de lograr la delgadez al tiempo que se aumentaba y mantenía la fuerza. Pero la fuerza asociada al ejercicio aeróbico se mantenía dentro de los límites heteronormativos, evitando el volumen o las formas que pudieran significar masculinidad (o lesbianismo).

Al igual que el lenguaje humano, la danza aeróbica —que se basó en los conceptos que Cooper presentó en su libro— surgió en múltiples lugares al mismo tiempo, y fue el caldo del cultivo del que evolucionaron muchas formas de ejercicio, desde el spinning al Pole dance pasando por el *Buns of Steel*. Judi Missett impartió la primera clase de Jazzercise en un estudio de danza de Chicago en 1969, mientras que Jacki Sorensen enseñó un estilo similar de danza aeróbica en un YMCA local de Nueva Jersey al año siguiente. Los fundamentos de ambos eran notablemente similares: una mujer se situaba frente a un grupo de personas y ejecutaba movimientos rápidos, parecidos a los de la danza, pensados para aumentar el ritmo cardiaco, y ofrecía instrucción específica para fortalecer zonas concretas del cuerpo. Una clase formada en su mayoría por mujeres observaba y seguía los movimientos. Los asistentes a la clase y los instructores iban vestidos con atuendos ajustados, parecidos a leotardos, y se movían al ritmo de música pop alegre (a menudo disco). Todos salían de la clase empapados en sudor.

Tanto el estilo de danza aeróbica de Missett como el de Sorensen resultaron ser enormemente populares. Sorensen escribió un libro e hizo una gira por varias ciudades, apareciendo en programas de televisión y radio de todo el país; en 1981, había certificado a más de cuatro mil profesores para dirigir clases de aerobic. Missett escribió su propio libro, del que vendió más de cuatrocientos mil ejemplares, y tuvo la brillante idea de convertir Jazzercise en un negocio de franquicias que permitía a los instructores ganar una parte de sus beneficios. Jazzercise se extendió a casi todos los rincones del país.

Existen varios posibles motivos por los que el aerobic se hizo tan popular tan rápidamente. Para empezar, tanto Missett como Sorensen enseñaban a mujeres de clase media, relativamente conservadoras, con familia y que disponían al menos de algunos ingresos prescindibles y tiempo libre, mujeres que votaban a Reagan y a Nixon y hacían galletas para las ventas de pasteles, que veían su feminidad y vitalidad como una contribución crucial a la nación. El marido de Sorensen estaba en las Fuerzas Aéreas, y ella daba clases a menudo en la base, lo que le ayudó a difundir su trabajo por todo el país cuando se trasladaba de una ciudad a otra.

Paradójicamente, el aumento de la popularidad del aerobic también se vio impulsado por el desarrollo del movimiento feminista de la segunda ola, que desafió la asociación de la feminidad y la debilidad con iniciativas como la defensa que condujo a la aprobación del Título IX en 1972, dando a más mujeres acceso a los deportes de competición. Durante décadas, el gimnasio había parecido un lugar hostil para muchas mujeres, y cualquiera que quisiera ejercitarse —una necesidad humana fundamental— probablemente se habría sentido sola en ese deseo. Moverse —nadar, levantar peso, saltar y correr— es una forma de sentirse liberada y conectada, un sentimiento al que era difícil acceder para muchas mujeres antes de que el aerobic hiciera su aparición. Desde un punto de vista contemporáneo, es difícil imaginar ese mundo anterior al aerobic, un mundo en el que el ejercicio regular no formaba parte de la vida de la mayoría de las mujeres, en el que los cuerpos atléticos se consideraban sospechosos y masculinos. «Era realmente complicado [...] que mujeres se reunieran y ejercitaran sus cuerpos de esta forma rigurosa y atlética», dice Petrzela. «Muy complicado que el ejercicio duro y riguroso formara parte de lo que es ser sexy y femenina».

Puede que Missett y Sorensen inventaran el aerobic, pero hay una persona a quien siempre se le atribuirá el mérito de convertirlo en una sensación mundial: una mujer que encarnaría una poco habitual mezcla de política de izquierdas y afición conservadora y neoliberal.

Jane Fonda, hija del icono de la pantalla Henry Fonda, se había hecho famosa como actriz de teatro y comedia en los sesenta y luego se coronó como *sex symbol* tras interpretar a la protagonista de la parodia de ciencia ficción de 1968 *Barbarella*. Más tarde, pasó a tener papeles serios y galardonados en películas como *Klute* y *El regreso*, pero se hizo igualmente popular por su profunda implicación en la izquierda política y las protestas contra la guerra de Vietnam. En 1972 realizó una controvertido viaje para presenciar los daños que los bombardeos estadounidenses habían causado en Vietnam del Norte, con su futuro marido, el cofundador de Students for a Democratic Society, Tom Hayden, y fue fotografiada sentada en lo alto de un emplazamiento de cañones antiaéreos del Vietcong. La imagen impactó a muchos estadounidenses por considerarse antipatriótica, y le valió el burlón apodo de «Hanoi Jane».

En medio de todo aquel profundo caos, cuando las feministas la tachaban de estúpida sexópata de Hollywood y muchos de los estadounidenses la consideraban una traidora, fue cuando Fonda comenzaba a prepararse para un nuevo papel en el cine. Como parte de su entrenamiento, empezó a estudiar aerobic con Gilda Marx, que, al igual que Missett y Sorensen, impartía clases de baile de alta energía diseñadas para machacar a los participantes hasta ponerlos en plena forma. Fonda se enganchó: le gustaban tanto aquellas clases que empezó a impartir las suyas propias en un estudio de Beverly Hills, y se ganó un gran número de devotos seguidores. En 1981 publicó un libro instructivo sobre aerobic como parte de una iniciativa de recaudación de fondos para la Campaign for Economic Democracy, una organización radical que promovía políticas para redistribuir la riqueza y proteger el Medio Ambiente. Los beneficios del proyecto, anunció, se destinarían a apoyar el trabajo de la campaña. El libro ofrecía tanto instrucción en aerobic como cientos de imágenes de Fonda en leotardos, imágenes que serían decisivas para formar la base de un nuevo tipo de ideal corporal. En la portada aparece sentada en el suelo de lo que parece ser un estudio de danza, apoyada sobre un codo, con las piernas rectas en el aire, agarrando el talón de su pie puntiagudo en una pose que se lee a la vez como balletística y dura. El suyo era un cuerpo que podía *hacer* cosas, un cuerpo flexible, poderoso, indudablemente delgado, famosamente deseable y marcadamente sin culo.

El libro de ejercicios de Jane Fonda fue un bestseller instantáneo y un éxito masivo. Personas de todo el país en busca de un cuerpo como el de Fonda se apresuraron a comprar lo que veían como un manual de instrucciones que les decía cómo conseguirlo. En los dos primeros años se vendieron dos millones de ejemplares y el libro se tradujo a cincuenta idiomas. En 1982, Simon & Schuster le extendió a Fonda el mayor cheque por derechos de autor que la editorial había extendido jamás. Y entonces llegó la verdadera máquina de hacer dinero: las cintas VHS.

A principios de los ochenta, la mayoría de la gente no tenía una videograbadora: las cintas eran principalmente cosa de aficionados al cine y devotos de la pornografía. Nadie había realizado nunca un vídeo de ejercicios para hacer en casa. Pero Stuart Karl, de Karl Home vídeo, vio una oportunidad para una distribución más amplia del entrenamiento de Fonda. Su mujer le había dado la idea después de mencionarle cómo los gimnasios y los estudios de aerobic seguían resultando poco familiares y acogedores para muchas mujeres. Karl se puso en contacto con Fonda y la convenció para que grabara su rutina, sólo para ver qué pasaba. Ella accedió, y produjeron el primer vídeo por 50.000 dólares («un escupitajo y una plegaria», es como la propia Fonda describe la producción). El precio inicial de venta al público era de 59,95 dólares por cinta, que a su vez se convirtió en parte de una inversión mayor, porque la mayoría de la gente también necesitaba comprar un vídeo, un gasto adicional de cientos de dólares.

A pesar de estos obstáculos económicos, las cintas se convirtieron en una sensación, permaneciendo en los primeros puestos de las listas de los vídeos más vendidos durante tres años y vendiendo diecisiete millones de copias (siguen siendo de los vídeos caseros más vendidos de todos los tiempos). Fue un fenómeno que gozó de popularidad más allá de las barreras raciales: las revistas de moda dirigidas a las mujeres negras, como *Essence*, publicaban regularmente reportajes sobre aerobic, y muchos vídeos de aerobic, incluidos los de Fonda, mostraban a mujeres de color siguiéndolas de fondo, aunque la estrella fuera casi siempre blanca. A medida que las cintas VHS se abarataban, los vídeos de aerobic también se convirtieron en una forma accesible de hacer ejercicio para las mujeres que no podían permitirse las caras cuotas de los gimnasios. A finales de la década de 1980, Fonda no sólo había popularizado el aerobic en todo el mundo; también se había convertido en un icono del fitness y había sentado las bases para que otros instructores —como Greg Smithey— hicieran lo mismo.

***

En 1987, Smithey se encontraba más endeudado que nunca, debiendo meses de alquiler atrasado, a pesar de sus clases constantemente llenas. En un último intento desesperado por obtener beneficios en el mundo del aerobic, tomó una página del libro de Jane Fonda y decidió grabar su propio vídeo instructivo de ejercicios, utilizando el método para quemar glúteos que había popularizado en Anchorage. Adquirió algunos muebles de alquiler con opción a compra y dispuso palmeras falsas en el interior de un estudio que había pintado en pasteles tropicales. La noche anterior al rodaje, invitó a los alumnos de su clase a participar, ofreciéndoles pagarles con pizza y refrescos. *The Original Buns of Steel* se rodó en dos tomas.

En el vídeo (que está disponible en YouTube), Smithey no blande un látigo, sólo unos pantalones de chándal demasiado ajustados, una camiseta de tirantes escotada y una cinta para el sudor. Los valores de producción son bajos: la iluminación es chillona, la imagen granulada y el sonido metálico. El *Anchorage Daily News* la describió más tarde como «con un aire de Alaska», una forma amable de decir que estaba hecha con escaso presupuesto. Los alumnos en segundo plano a veces se desincronizan o se esconden unos detrás de otros. Sus indumentarias, sin embargo, son deslumbrantes: monos azul metálico con calentadores morados brillantes, pantalones de harén amarillo mostaza, leotardos blanco brillante con un paisaje floridano estampado en la parte delantera combinado con leggins fucsia. Smithey se muestra alentador, casi dulce: «¡Sabéis que tenéis un cuerpo estupendo!», le dice al público, «¡ahora tenemos que hacer la otra pierna!». Aquí no hay Príncipe del Dolor, pero el entrenamiento es en realidad bastante duro, aunque a veces un poco aburrido. Hay infinitas variaciones de patadas de burro y elevaciones de piernas. Una banda sonora genérica de jazz suave suena incesantemente de fondo.

Al principio los vídeos no despegaron. En 1988, Smithey sólo vendió 114 cintas, casi todas en la zona de Anchorage. No eran suficientes. Se estaba haciendo a la idea de cerrar su estudio —ya no podía seguir eludiendo a su casero— y necesitaba ganar dinero para subsistir. En un último desesperado esfuerzo, probó suerte en una conferencia de aerobic en Anaheim, pero sólo vendió una —en la caseta que él mismo montado—, a la asistente de Ellen DeGeneres (ella estaba haciendo monólogos en el evento y quería usar su cinta como tema para uno de sus chistes).

Finalmente tuvo su golpe de suerte —aunque aún no lo sabía— cuando conoció a un distribuidor de cintas de vídeo llamado Lee Spieker. Desesperado por conseguir dinero, Smithey vendió a Spieker los derechos de distribución de *The*

Original Buns of Steel (aunque, sabia y crucialmente, conservó los derechos de autor del nombre), y a su vez Spieker vendió la cinta a otro distribuidor, Maier Group. Poco después, Smithey desapareció en Guam para convertirse en lo que él llama «el Jimmy Buffett de los profesores de educación física», mientras que el Grupo Maier se puso a trabajar en el diseño de anuncios para su nuevo producto (a finales de llos ochenta, los clientes compraban las cintas principalmente a través de publicidad impresa y catálogos; las grandes cadenas de vídeo acababan de empezar a despegar).

Aunque la mayoría de las personas que asistían a las clases de Smithey eran mujeres —y el público al que iba dirigido era femenino—, la portada y los materiales promocionales de *Buns of Steel* mostraban de forma destacada una fotografía de Smithey y sus bollos de acero como promesa de lo que se conseguiría si se hacía ejercicio regularmente siguiendo el vídeo. Pronto Howard Maier, presidente del Maier Group, se dio cuenta de que se estaba vendiendo muy bien en San Francisco, un repunte que atribuyó al título y al pícaro atractivo que supusieron generaba Smithey en los hombres homosexuales. Para generar un mayor interés en el mercado de masas, concluyeron que necesitaban una nueva estrategia. Necesitaban a alguien que no fuera Smithey, alguien que, como Jane Fonda, pudiera dar a las consumidoras femeninas algo por lo que luchar. En 1988, Maier encontró precisamente eso en Tamilee Webb, una estrella del aerobic en ciernes que se convertiría en el rostro (y el trasero) de la franquicia *de Acero* durante los diez años siguientes, y ayudaría a hacer *muy* ricos a Maier y Smithey.

Webb tenía un pedigrí ideal. Tras licenciarse en Educación Física y Ciencias del Deporte en Chico State, se trasladó a San Diego y se encontró en el corazón de la moda del fitness de principios de los ochenta en el sur de California. Empezó a trabajar en el Golden Door, uno de los balnearios más elegantes de Estados Unidos y lugar de moda entre las celebridades. En su primera semana de trabajo, Webb entrenó a Christie Brinkley y a su madre. «Por aquel entonces se consideraba una granja para gordas», me dijo, «ahora es el balneario y centro turístico Golden Door. La gente paga diez mil dólares a la semana para ir».

Durante los tres años siguientes, Webb trabajó en diferentes locales de Golden Door, incluyendo un par de giras en el crucero de Golden Door, donde pasaba sus días libres escribiendo un libro titulado *Tamilee Webb's Original Rubber Band Workout*, que se convertiría en un éxito de ventas. En 1986, ya era una especie de celebridad del fitness, participaba en giras internacionales, daba clases en conferencias de aerobic y llenaba las clases de San Diego. Pero lo que realmente quería era convertirse en una estrella en el floreciente mundo de los vídeos de fitness.

En 1988, Howard Maier se puso en contacto con Webb con la esperanza de que estuviera dispuesta a convertirse en la cara, la voz y el cuerpo de la rutina de entrenamiento de Smithey. Según Webb, un amigo común le dijo a Maier que debía contratarla porque «uno, sabe lo que hace; y dos, tiene un señor culo». En cuanto Maier le propuso el proyecto, Webb se apuntó. «Me encantó ejercitar el trasero y pensé: ”Es un nombre estupendo“», dice. De adolescente, Webb había sido objeto de burlas por su «culo de burbuja», pero ahora esperaba que eso la convirtiera en una estrella.

Webb ensayó diligentemente para *Buns of Steel* en el salón de su casa y, al cabo de unas semanas, voló a Denver. Recuerda que el plató era ñoño y de bajo presupuesto, sobre todo en comparación con los otros vídeos que había protagonizado. La iluminación era mala, el equipo escaso, no había *backs* (el grupo de personas que habrían de imitarla en segundo plano). Pero Webb era una profesional; puso su mejor cara y empezó a trabajar.

Estaba sola en una tarima enmoquetada de color gris, frente a una triste pared blanca con bloques de cristal y una estantería extrañamente vacía. Apenas se oía la música mientras ella explicaba con seriedad que aquellos ejercicios estaban basados en «las últimas investigaciones en fisiología deportiva». Su melena rubio estaba recogida en una media cola de caballo alta, y llevaba bragas de bikini de fitness de color coral con un sujetador deportivo, enormes zapatillas de deporte y mallas de color carne. Webb describió la experiencia de rodaje como una sensación de soledad, y así lo parece. Hay algo extrañamente melancólico en todo el asunto: cuando se ve la cinta, parece como si estuviera secuestrada en un almacén de atrezzo de *Las chicas de oro*.

A pesar del incómodo contexto, la unión de Tamilee Webb y la frase «bollos de acero» fue un éxito. «Cuando recibí mi primer cheque por los derechos de autor, estaba dando saltos de alegría», me dijo. Era por unos 20.000 dólares. «Luego recibí el siguiente, y era de cincuenta de los grandes. Y luego siguió subiendo». La gente empezó a reconocerla por la calle. En un aeropuerto, se agachó para recoger algo y alguien le dio un toquecito en la espalda y le dijo: "¿No es usted la señora de los «bollos de acero»?. La conocían sólo por su culo.

Durante la década siguiente, Webb protagonizó veintiún vídeos *of Steel* más. Y aunque su parte de pastel no fue grande —«Recuerde, yo sólo soy el talento», me dijo—, se vendieron al menos diez millones de copias que, según Webb, hicieron ganar diecisiete millones de dólares al Maier Group. Greg Smithey también se llevó una parte importante, como propietario del nombre *of Steel*. «A la gente le encanta el nombre», dice, «gané un millón de dólares con tres palabras».

Con el tiempo, el entrenamiento en casa con VHS perdió protagonismo gracias al auge de la cultura del gimnasio, los DVD y las apps, pero el legado de *Buns of Steel* sigue siendo un poderoso recordatorio de la promesa aspiracional de la cultura del fitness. *Buns of Steel* ofrecía transformar a quienes lo practicaran en algo sobrehumano, convertir la carne imperfecta y blanda en metal inflexible. El ideal dominante se había transformado una vez más, de la forma fértil y corpulenta de Norma a un culo duro, musculoso y firme; un culo forjado a base de miles de repeticiones de lo que Jane Fonda llamó «la venganza de Rover»; un trasero hecho de acero.

***

Cuando tenía unos diez u once años, justo cuando empezaba a entender que mi cuerpo era algo que podía ser evaluado y juzgado por otras personas, una amiga y yo nos pusimos las mallas que llevábamos para la clase de ballet y los bañadores que usábamos para jugar a la fiesta del té en el fondo de la piscina del vecindario e «hicimos de Jane» en la alfombra beige del sótano de sus padres. Nos reíamos mientras hacíamos sentadillas y nos crujíamos, pero rara vez terminábamos todo el vídeo antes de aburrirnos y hacer otra cosa. Era como jugar a disfrazarse; imitábamos a nuestras madres haciendo aquello que entendíamos como uno de los rituales necesarios de la feminidad adulta. Estirábamos y encogíamos la pierna sobre toallas y jugábamos con el ThighMaster con resorte que su madre le había comprado a Suzanne Somers en la televisión.

Pronto, hacer ejercicio dejó de ser un juego y se convirtió en una necesidad. Nunca se me dieron bien los deportes, así que, en séptimo curso, estaba intentando entrenar para ser corredora con el fin de perder peso y crear el cuerpo esbelto y en forma que las chicas populares del equipo de fútbol del colegio parecían habitar sin esfuerzo. Y la verdad es que no lo conseguí jamás. Podía dar algunas vueltas alrededor de la manzana, pero poco más. De vez en cuando me repetía a mí misma los mantras que conforman el núcleo del mito neoliberal del ejercicio: que me faltaba disciplina, que era perezosa, que mi vida sería mejor si estuviera más delgada.

Desde entonces, en todos estos años, a menudo he deseado sentir esa libertad corporal y dominio que algunas mujeres sienten cuando practican deportes de equipo, o escalan rocas, o corren largas distancias. Pero para mí, el ejercicio suele ser más una obligación, una oportunidad para fracasar constantemente. La sensación de que es un requisito —una actividad que transformará mi cuerpo en algo más pequeño, algo más correcto— me hace rebelarme contra él y aleja cualquier satisfacción que pueda ofrecerme. Aunque sé que el ejercicio puede ser una forma de cuidarme, de sentirme fuerte y libre, siempre acaba pareciéndome otra forma de autocrítica.

Esta tensión entre la posibilidad y la realidad del ejercicio está incrustada en la propia historia del aerobic: aunque algunos argumentaron que el aerobic ofrecía a las mujeres la oportunidad de fortalecer y liberar sus cuerpos, su auge, en última instancia, hizo poco por liberar a las mujeres de la presión de ajustarse a una noción de cuerpo ideal. En lugar de eso, simplemente cambió un estándar corporal por otro y convirtió en responsabilidad individual de cada mujer cumplir ese estándar. El aerobic permitió que el entrenamiento de fuerza coexistiera con un sentido de la feminidad, en parte porque nunca desafió del todo una idea sexista del cuerpo. Siempre hizo hincapié en la creación de un cuerpo que se ajustara a las nociones convencionales de feminidad: los instructores animaban a las mujeres a hacerse fuertes sin dejar de ser delgadas, ágiles y sexualmente atractivas para los hombres heterosexuales. Los músculos voluminosos, la estética «marimacho» y los culos grandes no aparecían por ninguna parte. Los estándares de belleza perpetuados por el auge del aerobic y la cultura del fitness en la década de 1980 no abrieron tanto las posibilidades de cómo debía ser una mujer, sino que duplicaron la cantidad de trabajo que tenía que hacer para alcanzar un listón cada vez más alto. Al igual que cuando Paul Poiret y Coco Chanel libraron a la moda del corsé pero exigieron cuerpos controlados por la dieta, *Buns of Steel* acabó por crear otro mandato estético.

La fantasía del aerobic, y del ejercicio en general, es a menudo una fantasía de transformación y superación personal: «Haré ejercicio para convertirme en la mejor versión de mí misma, para ser a la vez el cuerpo que se controla y el cuerpo que hace el control». Es una fantasía tanto de hiperresponsabilidad como de pasividad hipnótica, y cada parte de esta disyuntiva se aprecia en los propios vídeos. *Jane Fonda's Workout* y *Buns of Steel* no son vídeos de baile; no ofrecen técnicas que en última instancia conduzcan a la interpretación artística o a la autoexpresión. En su lugar, cuando se ejecutan los movimientos, se está siguiendo el ejemplo de otra persona, imitándola compás a compás para parecerse más a ella. El aerobic es, en general, una práctica sumisa: tienes que permanecer en tu estera, dentro de su pequeño rectángulo, y hacer lo que te dicen. De ese modo, el aerobic tiene como consecuencia reforzar y recompensar la conformidad y la uniformidad. Aunque ayuda a cultivar la fuerza corporal, también enseña pasividad y obediencia, algunos de los tropos femeninos más antiguos y dañinos.

El ejercicio aeróbico, por tanto, se dedicó a crear un nuevo modo no sólo de estar en forma, sino de feminidad. Para ser una auténtica mujer de los ochenta, había que parecerse a Jane Fonda o Tamilee Webb. Y para las mujeres cuyos cuerpos nunca podrían parecerse a los de Fonda o Webb —mujeres que no eran blancas, delgadas, fuertes o heterosexuales— la revolución del fitness creó otro ideal inalcanzable y opresivo. Y sin embargo, a pesar del hecho de que aquel modelo de forma física aeróbica era imposible para muchas, algunas mujeres que sabían que no había esfuerzo que pudieran hacer para conseguir unas nalgas de acero, encontraron la manera de disfrutar de otras cosas que ofrecía el aerobic.

ALEGRÍA

Cuando le pedí a Rosezella Canty-Letsome que me contara la historia de su vida, empezó diciendo: «Soy hija de un minero del carbón. Pero no soy millonaria». Canty-Letsome creció en la década de los cincuenta en Connellsville, una pequeña ciudad ferroviaria del oeste de Pensilvania, a trescientos kilómetros de donde el padre de Loretta Lynn explotaba la misma veta de carbón de los Apalaches. La familia de Canty-Letsome era una de las pocas familias negras de la comunidad, que en aquella época aún estaba segregada. Su padre participó activamente en el movimiento por los derechos civiles y, de niña, acudía a las manifestaciones y hacía piquetes con él frente a las tiendas donde los negros no podían conseguir trabajo. De adolescente, formó parte del personal del todo a cien GC Murphy Company.

Canty-Letsome también creció en una familia de mujeres grandes que se sentían bien con su cuerpo. «La familia de la que procedo era corpulenta», dice, «mi madre pesaba ciento diez kilos. Mi abuela medía un metro y medio de alto y otro metro y medio de ancho. Pero ninguna se avergonzaba de ello». También les encantaba la comida. «Comíamos helado o gelatina o tarta de postre todas las noches. Éramos una gran familia heladera». Canty-Letsome era grande pero dice: «Yo era perfectamente feliz. Fui al baile de graduación. Hice todo lo que hacían los demás».

Después de graduarse como oradora del discurso de final de curso de su clase en secundaria, fue a la Universidad Howard para obtener un título en Educación Primaria mientras estudiaba simultáneamente un máster en Antioquía. Estaba preparada para una vida como profesora, pero el entorno activista en que se había criado también le hacía soñar con convertirse en abogada. Aunque «en aquella época era muy difícil para los negros conseguir trabajo como abogado», recuerda, decidió intentarlo de todos modos. Se licenció en Howard en 1969 y en 1970 empezó a estudiar Derecho en la Universidad Duquesne de Pittsburgh, donde obtuvo su título. Después de trabajar como una de las primeras abogadas negras de la Comisión Federal de Comunicaciones y de obtener un máster en textos jurídicos en Harvard, Canty-Letsome se presentó a un trabajo como profesora de Derecho en la Universidad Golden Gate de San Francisco. Llegó a la entrevista con un abrigo de visón que había comprado en una tienda de segunda mano.

Sentada frente a un grupo de administradores totalmente blancos, Canty-Letsome se dio cuenta de que no esperaban a una mujer negra corpulenta y experta vestida con un abrigo de piel, y se mostraron notablemente incómodos. Cinco personas la acribillaron a preguntas en un tono que ella encontró despectivo, y parecían sorprendidos de que pudiera responderlas con capacidad. A medida que avanzaba la entrevista, Canty-Letsome se sentía cada vez más molesta. Finalmente, el tema giró en torno a la tesis que había escrito en Harvard sobre el pensamiento puritano en el concepto de la ley de John Winthrop en la Nueva Inglaterra del siglo XVII. «¿Por qué eligió ese tema?», le preguntó uno de los entrevistadores de forma mordaz, sugiriendo, tal vez, que era extraño que una mujer negra escribiera sobre un tema tan profundamente «blanco».

«¡Porque quería ver cómo pensáis vosotros!», respondió CantyLetsome, exasperada. Consiguió el trabajo y se trasladó a Oakland para convertirse en la segunda profesora de Derecho negra de la universidad. Canty-Letsome siempre había sido una mujer corpulenta, pero por aquel entonces, sus médicos empezaron a recomendarle que adelgazara, preocupados porque estaba engordando demasiado tras dar a luz a dos hijas en dos años. Ella respondió a los consejos de su médico con su habitual seguridad en sí misma: «Hay que ser realistas. Esta soy yo. Así que tenemos que lidiar con esto tal como es». Empezó a hacer ejercicio con una amiga en un parque al aire libre, corriendo de las barras paralelas a las barras de dominadas y haciendo ejercicios en cada parada. «Siempre era divertido», recuerda, «pero vivía en Berkeley y tenía dos niños pequeños. Era un trayecto demasiado largo».

En busca de una opción un poco más cercana, pensó en probar con una cinta de ejercicios. Como millones de otras mujeres, compró *Jane Fonda's Workout* en VHS, y aunque le gustó, sintió que no estaba pensado para cuerpos como el suyo. Tuvo que modificar las actividades para ajustarlas a su limitada amplitud de movimiento y capacidad aeróbica, lo que la desanimó. Pero entonces conoció a Deb Burgard.

***

Burgard también había llegado a la zona de la bahía procedente de Cambridge. Se había licenciado en Harvard en 1980 y había participado en grupos de concienciación y organizaciones feministas que centraban su labor activista en el cuerpo de la mujer, un interés que le venía de su infancia en los suburbios de San Luis.

Allí había crecido en el seno de una familia blanca de clase media relativamente tradicional de los años sesenta: su padre era médico y su madre, maestra de escuela. Como tantas otras mujeres de la época, la madre de Burgard probó numerosas modas dietéticas para que su cuerpo se pareciera al de Twiggy o al de Jacqueline Kennedy Onassis. Su padre también estaba preocupado por su salud física y su aspecto.

Burgard se describe a sí misma como una niña rechoncha pero aclara que tenía una constitución poderosa. Era fuerte y atlética, y a menudo se burlaban de ella por ello. «Era tu peor pesadilla para jugar al Red Rover»,[10] recuerda. También le encantaba bailar. Su padre le enseñó a bailar swing de niña, y cuando sus padres daban fiestas, Burgard se escabullía de la cama escaleras abajo y bailaba en su pijama en medio de la sala delante de todos los adultos, que encontraron sus actuaciones hilarantes y adorables.

A pesar de su amor por la expresión corporal, los padres de Burgard se preocupaban por su peso. A los trece años, su madre ya la había llevado a una reunión de Weight Watchers. A lo largo de su adolescencia, estuvo a dieta una y otra vez, adelgazando y luego volviendo a engordar. Entre su primer y segundo año de universidad, perdió trece kilos. Era un objetivo por el que había estado trabajando durante años, pero cuando por fin lo consiguió, Burgard se dio cuenta de que perder peso había tenido un coste enorme. Por primera vez desde que era niña, cuando se tocaba las caderas, se notaba los huesos, consecuencia del físico que había codiciado durante tanto tiempo. Pero también se sentía disociada de su

---

10   N. del T.: Juego infantil que consiste en formar dos equipos y que cada uno de los integrantes individuales intente romper embistiendo la cadena formada por los contrarios.

cuerpo tras meses de régimen. «Empecé a pensar para mis adentros: "¿Qué coño estás haciendo? ¿Por qué haces esto?"», recuerda Burgard. Se dio cuenta de lo privilegiada que era: estudiaba en Harvard y tenía amistades y relaciones significativas. Cualquier éxito que lograra y poder que sintiera, se debería a esas cosas, no a lo que marcaba la báscula. «Fue algo enorme. Me di cuenta: "No voy a ganar este juego y quiero jugar un juego que pueda ganar"».

En 1983, Burgard se trasladó a la zona de la bahía con la misión de ayudar a las mujeres obesas a encontrar una forma de sentirse tan bien como ella cuando bailaba en el salón de casa de sus padres. Junto a otras mujeres de la región, empezó a ofrecer clases de aerobic a mujeres gordas, una idea revolucionaria que no sólo amplió las posibilidades de quién podía participar en el aerobic, sino que fundamentalmente reimaginó el propósito de este en su conjunto.

Los principios de su clase eran sencillos: «No *tiene* obligación alguna de hacer ejercicio si es una persona gorda o con sobrepeso. No *tiene* que hacer ejercicio en absoluto. Pero tiene todo el *derecho* a hacer ejercicio». La distinción entre deseo y necesidad, explica, era crucial. «Quería darle la vuelta a la percepción que la gente obesa tenía del ejercicio del castigo y la expiación a los derechos humanos básicos».

Las clases de Burgard eran una combinación cuidadosamente elaborada de ejercicios coreografiados, danza libre y movimientos de fuerza, y el público al que iban dirigidas era específico. «Publicité la clase como para mujeres de más de cien kilos porque quería dejar muy claro que no me refería a alguien que piensa que sus muslos están un poco gordos», me explicó Burgard. «Realmente intentaba que fuera un espacio para las personas que experimentan con regularidad el estigma del peso en el mundo».

En *Great Shape*, una guía de fitness para mujeres corpulentas que Burgard coescribió más tarde con Pat Lyons, las autoras explican por qué eligen utilizar las palabras *corpulenta* y *gorda* en lugar de *obesa* o *con sobrepeso*. «Nuestro uso de la palabra *gorda* es un intento de normalizar su significado, de desintoxicar la palabra utilizándola de forma descriptiva y práctica». Al igual que los activistas de otros movimientos sociales, pretendían reivindicar las palabras que les habían oprimido y aspiraban a reimaginar lo que era posible para las personas que a menudo se sentían excluidas de la cultura del fitness dominante. «Hemos descubierto que algunas de las desdichas que atribuíamos a nuestro peso eran en realidad desdichas de vidas sin movimiento, vidas sin juegos, vidas sin respiración profunda ni entusiasmo», dicen Lyons y Burgard en *Great Shape*. «Y he aquí que el movimiento, el juego, la respiración profunda y el entusiasmo podrían ser nuestros *ahora mismo*». A continuación plantean una pregunta crucial: «¿Podría la actividad física ser un fin en sí misma?».

Burgard llamó a sus clases «We Dance» («Bailamos») y las impartió en parques y centros recreativos y estudios de danza de Oakland y el norte de Berkeley a mediados de la década los ochenta. Algunas de las salas parecían gimnasios y otras tenían barras de ballet y espejos. Cualquier lugar con un suelo amplio y abierto lo suficientemente grande como para que un grupo de mujeres tuviera espacio para bailar le valía. Uno de los momentos culminantes de cada clase, dice, era cuando ponía la música a todo volumen —Earth, Wind and Fire; funk; R&B; y disco— y animaba a todas a bailar. A veces probaba los bailes de la vieja escuela de los años cincuenta, como el paseo, el pony, el *boogaloo* o el *mashed potato*, con coreografías. Luego, rompiendo con las convenciones del aerobic tradicional, animaba a su clase a inventar sus propios pasos.

Cuando Canty-Letsome probó la clase de Burgard, se entusiasmó: había encontrado un lugar donde las mujeres de talla grande podían ejercitarse sin ser juzgadas. «La clase era factible. Era de bajo impacto. Fue genial», dice. Pero, por desgracia, se enfrentó a los mismos retos que antes: tenía dos hijos y un trabajo ajetreado y no tenía tiempo para desplazarse para hacer ejercicio.

Buscando una solución, Canty-Letsome invitó a su casa a una amiga de Howard y juntas hicieron algunos de los ejercicios modificados de la clase de Burgard. Después de unas cuantas de estas clases de aerobic casero «hazlo tú misma», Canty-Letsome se dio cuenta de que quería ofrecer una clase como la de Burgard a las mujeres de Oakland y empezó a formarse como monitora de ejercicios. «Por supuesto, nadie en la clase era grande. Sólo yo», recuerda. Ser la única mujer negra en una sala no era algo nuevo, así que tampoco le molestó mucho ser la única mujer pesada en una clase de aerobic llena de mujeres delgadas. «Siempre he sabido quién soy», dice.

Una vez obtuvo el título para enseñar aerobic, Canty-Letsome contrató un seguro y encontró un espacio para dar clases dos veces por semana en el YMCA de Oakland, encajando las clases entre todas sus responsabilidades como profesora de Derecho. Lo hizo posible llevando consigo a sus hijas pequeñas a la YMCA, vestidas con leotardos y mallas.

La clase, a la que llamó Light on Your Feet: An Exercise Class for Large, Lovely Ladies («Activa tus pies: Una clase de ejercicio para damas grandes y bellas»), empezaba con un calentamiento y luego añadía ejercicios dirigidos a diferentes partes del cuerpo. Había estiramientos y trabajo de suelo, pero si una alumna no podía echarse en el suelo, Canty-Letsome le decía que hiciera sólo lo que pudiera. «Tu cuerpo te dice lo que tienes que hacer», aconsejaba, priorizando la comodidad sobre las acrobacias complejas. «Quería que sintieran que estaban en un espacio seguro», dice, «podían decir lo que quisieran. Podían gemir y quejarse».

El ambiente de aceptación e integración provocó un cambio más profundo, se percató Canty-Letsome, en la clientela racialmente diversa que acudía a los entrenamientos. Sus alumnas, recuerda, «empezaron ocultando sus cuerpos y vistiendo simples chándales», ya que gran parte de la ropa deportiva existente no se adaptaba a los cuerpos más gordos. Pero con el tiempo empezaron a confeccionar sus propios conjuntos, «apareciendo con leotardos rosas y morados, guapísimas». Su favorito eran unos leotardos de rayas rojas y blancas con un cinturón, mallas y calentadores. «Las mallas siempre iban a juego con todo», recordaba. Burgard también recuerda su estilismo con cariño. «Tenía muchos leotardos y muchos monos, y me los ponía por capas. Eran todos de diferentes colores chillones. Tenía unos pantalones que se me ceñían justo por debajo de la rodilla. Parecía un bufón».

Jenny Ellison, conservadora de deporte y ocio del Museo Canadiense de Historia, afirma que las clases de Canty-Letsome y Burgard formaban parte de un movimiento más amplio de fitness para gordas en la década de 1980 que tuvo iteraciones por toda Norteamérica, sobre todo en la costa oeste. En Vancouver, una mujer llamada Kate Partridge fundó un grupo llamado Large as Life («Grandes como la vida»), que ofrecía clases de aerobic, actividades comunitarias y salidas para ponerse en forma. Una efímera cadena de estudios de fitness llamada Women at Large («Mujeres en general»)[11] abrió por todo Estados Unidos y el suroeste de Canadá. En la contraportada de *Great Shape*, Burgard y Lyons enumeran casi cincuenta clases diferentes de fitness para mujeres gordas, muchas de ellas con nombres jocosos como Ample Opportunity («Amplia oportunidad») y Positively More («Positivamente más»).

Según Ellison, la filosofía de estas clases era dispar. Algunas, como las de Burgard, eran abiertamente feministas. Otras, como las de los estudios Women at Large, intentaban generalizar el fitness para gordas haciéndolo más femenino: «Tenían que llevar uniformes ultrafemeninos. Insistían en llamar a sus clientas señoritas esponjosas». Las mujeres acudían a las clases desde diferentes comunidades y por diferentes motivos. Algunas se sentían excluidas de la cultura del fitness y querían encontrar una forma de participar; otras querían demostrar que podían ser gordas y estar en forma al mismo tiempo. «La mayoría de las mujeres no se morían por estar delgadas», afirma Ellison, «hay personas para las que los "bollos de acero" son inalcanzables. Ese era el núcleo de su crítica: ese ideal era una mentira, y no era alcanzable para todo el mundo».

---

11   N. del T.: Hace un juego de palabras con esta frase hecha y el significado de *large* como «grande«.

En poco tiempo, tanto Light on Your Feet como We Dance atrajeron la atención de los medios de comunicación nacionales. Periodistas del *New York Times* y del *Houston Chronicle* cubrieron el fenómeno del *fat fitness* en la zona de la bahía, y Canty-Letsome incluso tuvo un espacio en *The Phil Donahue Show*. Pero la mayor parte de la cobertura situó el *fat fitness* como un fenómeno extraño más que como un correctivo necesario a la omnipresente cultura del aerobic. También evitaron en gran medida informar sobre los aspectos más radicales de lo que ofrecían Burgard, Canty-Letsome y otros activistas del aerobic para gordos: la idea de que este tipo de aerobic no consistía en perder peso, sino en disfrutar del movimiento como un fin en sí mismo.

La promesa de *Buns of Steel* era que podía ayudarle a esculpir un trasero que fuera fuerte, pero el título sugería algo más: que el vídeo podía ayudar a crear un trasero que trascendiera las limitaciones de la carne, que liberara a la persona de las ineludibles imperfecciones e indignidades del cuerpo. Un culo de acero no es un culo humano; es un culo fabricado, un culo uniforme. Es un culo esculpido y perfeccionado. Pero como hemos comprobado una y otra vez, los cuerpos no pueden uniformarse. La carne siempre se resiste.

Mujeres como Burgard y Canty-Letsome hicieron de esta resistencia un movimiento. En un mundo en el que un culo gordo connotaba pereza y falta de autocontrol, las mujeres que hacían aerobic para gordas estaban demostrando que ellas también podían estar en forma y control, contraatacando deliberadamente a los abusones que les habían dicho que levanten sus perezosos traseros: «Este culo gordo es un culo alegre, es, de hecho, un culo en forma, y este culo alegre y en forma no es asunto suyo». Estaban abrazando la realidad de un cuerpo y todo lo que los cuerpos son capaces de hacer. Burgard me lo describe de esta manera: «Mi único truco a lo largo de mi vida ha sido simplemente crear espacios de alegría y canalizar esta alegría en el mundo para que la gente lo entienda: Este es tu derecho de nacimiento. Puedes sentir alegría en tu cuerpo si quieres».

Bootylicious

KATE

Además del mío propio, probablemente el trasero en el que más pensé en la década los noventa fue en el de Kate Moss. Con un metro setenta,

Kate era consideraba baja para ser una top model, pero lo que ofrecía lo compensaba: un cuerpo delgado como un raíl, una androginia chic y un gélido aire de indiferencia. Descubierta en 1988 a los catorce años, Moss se convirtió rápidamente en una presencia icónica e implacable en la cultura visual de los noventa, a medida que la industria de la moda se alejaba de las modelos altas, bronceadas y fuertes de la década anterior. Antes del cambio de siglo, apareció seis veces en la portada de *Vogue* en EE.UU. y treinta y dos en sus ediciones internacionales, y fue el rostro de campañas para Dior, Burberry, Chanel, Versace, Dolce & Gabbana y, la más famosa, Calvin Klein. También se convirtió en una de las modelos mejor pagadas de la industria.

El físico escuálido de Moss y su aspecto huesudo y juvenil se convertirían en un arquetipo de los ideales corporales dominantes en el panorama mediático de los noventa, transmitiendo un aire de rebeldía y bohemia, una potente combinación que me hizo anhelar parecerme a ella, aunque sabía que nunca podría. Imaginaba que si tuviera un cuerpo como el suyo, podría acceder a espacios que me parecían fuera de mi alcance: lugares auténticos, de oscuro glamour y, por supuesto, rock n' roll. Fue una asociación que establecí porque Calvin Klein quiso que lo hiciera: en 1991, Moss rodó su primera campaña con la diseñadora, sentada en topless en el suelo con unos vaqueros azules holgados, tan enjuta que su columna sobresalía como las placas vertebrales puntiagudas de un estegosaurio. Su rostro era inexpresivo, su rictus enigmático y su aspecto incómodamente joven. El anuncio convirtió a Moss en la mensajera más visible del look que llegó a conocerse como «heroína chic», una versión corporativizada de un estilo que tenía sus raíces en la escena musical grunge de la época. El grunge fue una respuesta cruda, desarraigada y guitarrera al hiperconsumismo, la política conservadora y el dominio corporativo de los años ochenta de Reagan, y a la recesión resultante que había limitado drásticamente las oportunidades de la clase media y trabajadora en Estados Unidos. Pero el grunge era también un look, un repudio de los cánones de belleza convencionales que estetizaban y daban glamour a las duras realidades de la clase trabajadora con ropas de segunda mano hechas jirones, cabellos largos y sucios y cuerpos demacrados y desnutridos. El cuerpo grunge, tanto para hombres como para mujeres, era andrógino y delgado, y a menudo evocaba descaradamente el consumo de drogas intravenosas.

A pesar de que los artistas que incubaron esta estética rechazaban explícitamente los valores burgueses y corporativos (o al menos eso parecía al principio), las grandes empresas a las que condenaban se vieron tentadas por la oportunidad de pasar de la era ultraglamurosa y «construida» de Brooke Shields y Christie Brinkley a algo nuevo. «No quería a esas chicas [...] que tenían pechos grandes», explicó Calvin Klein en 2017, «aumentan sus cuerpos. Usaban implantes artificiales y cosas así. Eso me parecía ofensivo. Me pareció realmente poco atractivo, poco saludable y un mal mensaje que transmitir». Aunque la diferencia real entre los cuerpos de las modelos de los ochenta y los que interesaban a Klein en los noventa era nominal —ambas eran incuestionablemente altas y delgadas, aunque el nuevo look de los noventa era menos musculoso y menos tradicionalmente femenino—, Klein estaba a la caza de lo único que la moda siempre busca: la novedad. Y en el look grunge, y el cuerpo de Kate Moss, la encontró.

Por supuesto, no era la primera vez que la delgadez y la falta de curvas se asociaban con la rebelión estilística. A finales del siglo XIX, el cuerpo enfermizo y tuberculoso se vinculó con la bohemia y la contracultura, como tipificaron Rimbaud y Keats («Cuando era joven, como poeta no habría podido aceptar a nadie que pesara más de cuanenta y cinco kilos», dijo el poeta y crítico romántico Théophile Gautier). En los años veinte, las *flappers* habían borrado sus curvas femeninas para afirmar y representar un nuevo tipo de libertad sexual y política. Y aunque el look *flapper* nació del optimismo de los años de auge de la década de los veinte, persistió el simbolismo subyacente que equiparaba a la mujer delgada y andrógina con la rebeldía y el inconformismo, una asociación que se abriría camino a través de varias otras erupciones contraculturales del siglo XX, incluidos los beatniks, los hippies y los punks, de los que se iría apropiando inmediatamente la moda dominante.

Mientras que los diseñadores de moda de los noventa estaban entusiasmados con este nuevo look enjuto y nervudo, los padres blancos de clase media estaban preocupados: a pesar de lo que Klein afirmaba, no veían nada saludable en lo que parecía ser una apología del consumo de heroína y la anorexia. El hecho de que el aspecto demacrado proliferara rápidamente en las páginas de *Vogue* y *Seventeen* suscitó las protestas de los grupos de padres y provocó titulares como «¿Cuán delgado es demasiado delgado?», ˜Heroína: Una forma modélica de morir» y «La encarnación perfecta de la cultura pop degradada». Los temores se extendieron lo suficiente como para que, en 1997, el presidente Bill Clinton censurara públicamente la «heroína chic» porque supuestamente promovía el consumo de drogas.

Pero ese mensaje de advertencia no calaría entre sus hijos, que constituían la base de consumidores dominante de Calvin Klein y otras marcas que empleaban modelos extremadamente delgadas para vender sus productos (en mi propio instituto, los pasillos apestaban a CK One, y un vistazo al logotipo de Calvin Klein en unos calzoncillos era el epítome de lo *cool*). Cuando Moss posó con Mark Wahlberg para un anuncio de ropa interior de Calvin Klein en 1992, fue todo un fenómeno. Allí estaba él, fornido y cachas; ella, huesuda y frágil, de pie y en topless con unos «Calvins» blancos como la lejía, como se conocería la ropa interior. Su culo está hacia la cámara: está ahí, pero como el resto de ella, es esquelético.

El de Kate Moss fue quizá el trasero más habitual y más visto de la primera mitad de los noventa, pero no era gran cosa. Era un pequeño bulto en la parte baja de la espalda de una mujer blanca, por lo demás sin curvas, cuya desproporción general era una parte esencial de su atractivo. En aquella época, parecía que un trasero pequeño y plano seguiría siendo el ideal y la meta para la mayoría de las mujeres de Estados Unidos, como lo había sido durante décadas anteriores. Pocas personas (incluido yo misma) parecían darse cuenta era de que se avecinaba una especie de ajuste de cuentas, y que el dominio de los culos escurridos era, de hecho, precario. Ideas sobre la belleza, los cuerpos y la sensualidad que habían sido ignoradas durante mucho tiempo por la cultura blanca dominante estaban empezando a afianzarse, un cambio cultural que, en los treinta años siguientes, transformaría radicalmente el aspecto que mucha gente pensaba que debía tener un trasero.

MIX

«Oh... Dios... mío, Becky, mira qué culo».

Es 1992, y Becky y su amiga —dos mujeres blancas con chaquetas vaqueras y el típico acento de chicas del Valle[12]— no tienen otra cosa que hacer que escrutar con malicia a una mujer negra que lleva un vestido amarillo ajustado mientras gira lentamente sobre una plataforma elevada a través de una puerta arqueada. La mujer no parece saber que la observan mientras se agacha y se pasa las manos por el trasero y los muslos.

La amiga de Becky chasquea la lengua y continúa: «¡Es tan grande! Parece la novia de uno de esos tíos del rap. ¿De qué van esos tíos del rap? O sea, sólo hablan con ella porque parece una furcia total, ¿vale?».

Una contagiosa melodía de bajo se cuela por encima de su conversación; la plataforma bajo la mujer del vestido amarillo comienza a girar lentamente.

«Tiene el culo muy grande. No me puedo creer que sea tan redondo. Es como que "ahí está". O sea, ¡qué asco!». Las chicas simplemente no pueden comprender el tamaño del culo de esta mujer; no pueden creer que alguien pueda encontrarlo atractivo o cómo la propia mujer puede sentirse cómoda exhibiéndolo en público. Una de ellas resume su confusión y repulsión en tres simples palabras: «Es tan... negra».

De repente, aparece Sir Mix-A-Lot con una chaqueta de cuero y un sombrero de fieltro, de pie sobre un gigantesco culo incorpóreo de oro amarillento que se eleva del suelo. Sus pies descansan sobre las nalgas, sus piernas a horcajadas sobre la raja. Apenas pasa un suspiro entre la conclusión del monólogo de la amiga de Becky, que equipara los culos grandes con la prostitución y la negritud, y la réplica entusiasta y ahora icónica del hombre: «Me gustan los *culos* grandes y no puedo mentir!».

---

12   N. del T.: Se refiere a la gente adinerada de la zona de California, asociada además con una excesiva preocupación por su aspecto físico.

Durante los cuatro minutos siguientes, rapea con gusto mientras mujeres con ajustados trajes dorados menean sus culos ante la cámara, decapitadas por la parte superior del encuadre. En un momento dado, cinco de las bailarinas son filmadas desde arriba mientras meten sus culos en medio de un círculo, imitando una rutina de Busby Berkeley. Mientras tanto, un DJ escrachea un disco con un pequeño culo de plástico que cubre el eje. Plátanos, melocotones, limones, mandarinas y tomates parpadean en la pantalla, orgullosos y poco sutiles metáforas de culos, pechos y penes.

Sir Mix-A-Lot tiene algo que decir en *Baby Got Back*, y va a asegurarse de que las Beckys —como han llegado a ser conocidas—, y el mundo, lo oigan: le gustan los culos grandes, y cree que a otros hombres también. Desde luego, no va a ser deshonesto sobre este hecho. Lo que las Becky tildan de «asqueroso» sobre los cuerpos de otras mujeres, y quizá incluso sobre los suyos propios, Sir Mix-A-Lot lo celebra y objetiva con orgullo. Donde ellas se horrorizan, Sir Mix-A-Lot se excita.

A pesar de los juegos de palabras visuales del vídeo y del ritmo contagioso de la canción, Sir Mix-A-Lot siempre ha dejado claro en las entrevistas que *Baby Got Back* no es una canción innovadora ni tampoco pretende ser una burla. De hecho, la escribió con un mensaje en mente, un mensaje inspirado por la experiencia de su novia de entonces, Amylia Dorsey-Rivas, una mujer mestiza con un gran culo. «Había una cosa que me cabreaba de cojones», contó *a Vulture* para su historia oral de *Baby Got Back* en 2013. «Amy y yo estábamos en un hotel durante la gira, cuando vimos uno de los anuncios de Spuds MacKenzie para Budweiser durante la Super Bowl [...] las chicas que salían tenían un cuerpo en forma de señal de stop, con pelos cardados y patas de pájaro rectas de arriba a abajo».

Esa forma de señal de stop, una reminiscencia de los años ochenta, se le antojó como ridícula a Sir Mix-A-Lot. «A menos que estuvieras en el barrio», dice, «las mujeres que tenían curvas —y no me refiero a curvas como las mías, con barriga, sino a las que corrían ocho kilómetros al día, con un abdomen fibroso y un culo redondo, bonito y flexible— se ataban sudaderas a la cintura!». Las mujeres con el pelo cardado y patas de pájaro de la tele no le parecían sexys, y tampoco a sus amigos. Pero eran el tipo de mujeres que dominaban el panorama de la cultura pop de la época y, por ello, a Dorsey-Rivas, actriz y locutora, le costaba encontrar papeles. «Donde yo me crié, en los barrios residenciales de Seattle, si no tenías la constitución de Paris Hilton no se te apreciaba», dijo *a Vulture*. «Podías tener los pómulos más altos del mundo, pero si eras un poco más ancha de viga, te podías ir olvidando». Cuando Mix, como le llama Dorsey-Rivas, le preguntaba por qué no conseguía trabajo, ella respondía: «Mírame por detrás».

«Sabía a ciencia cierta que muchos artistas estaban convencidos de que si no utilizaban a una mujer delgada tipo modelo en su vídeo, entonces la corriente dominante de Estados Unidos rechazaría la canción», explica Mix en la historia oral *de Vulture*. Él quería cambiar eso. Quería que las mujeres de grandes culos se sintieran orgullosas de lo que tenían detrás y que se les dieran oportunidades para representarse a sí mismas en los medios de comunicación. Decidió escribir una canción que defendiera lo que él veía como los cuerpos de las mujeres negras, una canción que celebrara la parte del cuerpo de Dorsey-Rivas que más le gustaba. Para Mix, era tanto una declaración política como personal.

Desde el principio, las personas implicadas en la producción de la canción y el vídeo de *Baby Got Back* la interpretaron de forma diferente: a algunas les pareció divertidísima, a otras incómoda y cosificadora, y a otras empoderadora. Dorsey-Rivas fue reclutada para poner voz al comienzo hablado de la canción, imitando las voces de las mujeres blancas que encontraban «asquerosos» culos como el suyo. Le gustó la canción, dijo *a Vulture*, e incluso le pareció profunda, una oportunidad para hacerse ver. «La gente decía que [*Baby Got Back*] era degradante», dijo, «pero creo que no hay nada degradante en ella para cualquiera que se sintiera como yo». El director del vídeo, Adam Bernstein —más conocido por su trabajo con los Beastie Boys, los B-52 y They Might Be Giants—, al principio opinaba lo contrario: «Cuando escuché la canción por primera vez, pensé que cosificaba a las mujeres», dijo, «pero me hizo gracia».

Estas diferencias se reflejaron en el diseño del vestuario del vídeo: Mix quería que las bailarinas fueran vestidas de forma más deportiva que sexy, pero cuando llegó al plató, vio a la mujer del pedestal vestida con una peluca rubia, pantalones cortos de tigre y cadenas de oro. «Esta canción se llama «la tía tiene culo», no «la tía es una furcia», le espetó a Bernstein. Como explicó Dan Charnas, vicepresidente de A&R en Def American Recordings, «las chicas del vídeo fueron elegidas por gente que no entendía muy bien a qué se dedicaban culturalmente». Parecía que muchos de los blancos implicados no podían conciliar la idea de que las mujeres con culos grandes podían ser deseables sin ser grotescamente sexualizadas.

La producción del vídeo también se enfrentó a otro de los obstáculos inevitables cuando se habla de culos: tenían que asegurarse de que quedaba claro que hablaban de las nalgas y no del agujero. La canción no trataba de sexo anal ni de los tabúes en torno a las heces, una distinción importante. Cuando Mix llegó al plató vestido con un traje marrón y sugirió que saliera de la raja del culo de oro de quince metros, se apresuraron a disuadirlo por ambas razones.

Cuando el vídeo completo de *Baby Got Back* se presentó a la MTV, el departamento de normas y prácticas decidió no emitirlo, apelando a una nueva política de la cadena que prohibía la emisión de vídeos musicales que mostraran partes del cuerpo de las mujeres sin mostrar también sus rostros. La MTV había decidido que ya no cortaría a las mujeres en pedazos con la cámara, e impulsaba un estándar muy bajo de feminismo visual: asegurarse de que las mujeres fueran representadas como personas enteras, literalmente. No necesitaban ser representadas como personas con esperanzas, sueños y carreras. Sólo cabezas. Como explicó a *Vulture* Patti Galluzzi, vicepresidenta sénior de música y talento de MTV en aquella época, «Intentábamos alejarnos del pasado reciente de MTV, cuando se emitían las veinticuatro horas del día vídeos en los que aparecían trozos de tarta que caían en el regazo de una chica, como en *Cherry Pie* de Warrant». Esos vídeos, señaló, eran sexuales y sexistas, y tanto asociaciones conservadoras como el Parents Music Resource Center de Tipper Gore y organizaciones feministas como Women Against Pornography habían presionado a MTV para que dejara de emitir esos contenidos. Fue una ganancia nominal para cierto tipo de feminismo que MTV se mostrara proactiva en su respuesta, pero hubo algunas dudas sobre si *Baby Got Back* fue descartada para su emisión debido al sexismo y a la cosificación de la mujer, o si simplemente era demasiado de culos y de negros. Según Sir Mix-A-Lot, la canción y el vídeo hacían algo diferente de lo que Warrant hacía con *Cherry Pie*. Mix se veía a sí mismo criticando la cosificación y desafiando los estándares de belleza dominantes y blancos. La mayoría de los vídeos de rock eran descaradamente sexistas, pero *Baby Got Back* trataba, según su creador, de ese sexismo, o al menos del racismo. Celebrar la forma femenina negra con curvas, pensaba Mix, no debería meterse en el mismo saco que los peores infractores de la misoginia de la cultura pop de principios de los noventa.

A pesar del pretendido mensaje político de Mix sobre el cambio de los cánones de belleza, el vídeo demuestra que Mix no estaba ciertamente interesado en borrarlos. Las mujeres que aparecían en su vídeo no eran exclusivamente señales de stop, pero seguían siendo exclusivamente *algo*. Eran relojes de arena —«poco en medio pero tiene mucho detrás»—, mujeres a las que se animaba a mantener su cuerpo «haciendo flexiones laterales o abdominales», incluso cuando se las alababa por tener un depósito específico de grasa. En la canción, Mix sigue dictando lo que constituye un cuerpo *correcto*, aunque esté alterando ligeramente la definición, y también está reforzando el estereotipo de que las mujeres negras tienen por definición culos grandes, algo que, por supuesto, no es cierto.

Y luego está la mujer a la que Becky critica, de pie sobre un pedestal literal al principio del vídeo. Su rostro nunca se muestra claramente; su existencia física está definida por su culo. Es como si ella fuera una escultura expuesta en un museo o en una sala de exposiciones, una incómoda —y probablemente inconsciente— referencia a la exhibición de Sarah Baartman tanto en vida como en muerte. Aunque hay muchas cosas que son diferentes en esta muestra de exhibición —quizás lo más notable sea que Mix intenta desmitificar el culo grande y hacerlo aceptable y admirable en lugar de un fenómeno de feria—, sigue siendo literalmente la cosificación de una mujer negra. Y, como ocurre tan a menudo, la única forma de que el cuerpo de una mujer pueda considerarse normal, o permitido, es si primero se introduce en el ámbito del deseo masculino. Mix sexualiza agresivamente el trasero, afirmando que esta parte del cuerpo que la cultura blanca dominante ha considerado «asquerosa» es en realidad algo bueno, no porque todos los cuerpos sean bellos o incluso aceptables, sino más bien porque «cuando una chica entra y te pone delante una cintura diminuta y una cosa redonda, te pega en toda la cara». En la canción, los cuerpos de las mujeres existen para el placer visual de los hombres, y son los hombres los que declaran lo que está permitido y lo que es atractivo.

«Ese vídeo no pasa la prueba de Bechdel», me dijo sin dudarlo la etnomusicóloga Dra. Kyra D. Gaunt, profesora adjunta de Música y Teatro en la Universidad Estatal de Nueva York en Albany, en referencia a la popular métrica que examina la representación femenina en las películas. Ella considera que la canción y el vídeo juegan con estereotipos racistas y fetichistas, a pesar de la insistencia de Sir Mix-A-Lot en que la canción es empoderadora. Aunque algunas mujeres lo ven así, para Gaunt, el tipo de poder que la canción ofrece a las mujeres no es uno que valore positivamente. En el mejor de los casos, dice, *Baby Got Back* ofrece lo que ella llama *misoginia empoderada*, en la que el espectáculo y el fetiche sustituyen al poder político.

Para explicarlo, señala que el principio de los noventa fue una época terrible para las mujeres negras interesadas en conseguir un verdadero éxito político o poder económico. Tiene razón: Anita Hill testificó en el Congreso en 1991, donde fue interrogada por un grupo de hombres blancos sobre su experiencia con el acoso sexual, sus preguntas y la cobertura mediática que la acompañó a menudo jugaban con los estereotipos de la mujer negra sobreexcitada. Los políticos aquella década también se afanaban en crear políticas —como la Ley de Reforma de la Asistencia Social de 1996— que perjudicaban desproporcionadamente a las mujeres negras y traficaban con estereotipos racistas sobre las «reinas de la asistencia social». Ese mismo año, las mujeres negras cobraban de media un 34% menos que los hombres blancos y, a lo largo de la década, las mujeres negras sufrían violencia por parte de sus parejas a un ritmo un 35% superior al de las mujeres blancas. Para Gaunt, cualquier «empoderamiento» que se ofreciera en un vídeo como *Baby Got Back* servía de poco para luchar contra el racismo estructural desplegado contra las mujeres que pretendía celebrar.

Pero el etnomusicólogo Christopher Smith, autor del libro *Dancing Revolution*, sugiere que quienes lean el vídeo como exclusivamente cosificador también pueden estar pasando algo por alto. Identifica el baile en *Baby Got Back* como parte de una tradición en los vídeos de hip-hop de la época (y del crunk de la Costa Oeste en concreto) que utilizaba a las bailarinas para telegrafiar «una expresión poderosamente física, visible e independiente de la pista rítmica», a diferencia de las muñecas giratorias de ojos muertos de vídeos como *Cherry Pie*. Se les pidió que hicieran estilo libre en varios momentos de la canción, señala, ofreciendo su propia coreografía improvisada, lo que indica agencia individual. Para Smith, las bailarinas no son meros adornos, sino que están en el núcleo mismo de lo que es *Baby Got Back*. Sus traseros están desinhibidos, sin restricciones, sin polisones ni fajas a la vista para controlarlos.

En 1992, Mix mantuvo una conversación con Galluzzi en una conferencia radiofónica en Seattle, con la esperanza de convencerla de que su vídeo no debía incluirse en la prohibición de contenidos controvertidos de su cadena, diciéndole «que sentía que el mensaje de la canción es que todas las mujeres son bombardeadas constantemente con imágenes de modelos superdelgadas [...] en la televisión y en las revistas, y [...] que las mujeres y las chicas jóvenes necesitan oír que no todo el mundo se siente así». Esa idea apuntaba directamente a Galluzzi, que, aunque blanca, era ella misma una mujer con curvas. «Tenía culo y delantera, antes igual que ahora», dice. Así que fue a la MTV y expuso su caso a los de arriba. Cedieron y permitieron que el vídeo se emitiera después de las nueve de la noche.

***

Baby Got Back era (y es) muchas cosas: una canción simplona, rara, pegadiza y un poco ridícula. Es fácil de bailar e innegablemente divertida. A pesar de las protestas de Mix, la mayoría de la gente la considera una canción innovadora, probablemente porque la palabra *culo* aparece de forma tan destacada y frecuente. No es especialmente agresiva ni obscena, sino que despliega una alegría cálida y bobalicona para transmitir su mensaje. Mix grita *culo* una y otra vez, y aunque utiliza muchos otros eufemismos —el *trasero* y el *pompis* son los más destacados—, su uso de la palabra *culo* hace que la canción parezca infantil, como un chiste que contaría un niño de segundo curso. Parece invitarle a entrar en su mundo para reír, cantar y bailar con ella. En las bodas, bar mitzvahs y bailes de instituto de todo el país, los chicos blancos y las Beckys la cantaban a coro, sin darse cuenta, quizá, de que son los villanos de la canción.

Se hizo muy, muy popular. En 1992, *Baby Got Back* fue número uno de la Billboard Hot 100 durante cinco semanas, y permaneció en las listas durante siete meses. Ese año, fue el segundo disco más vendido, sólo superado por una de las canciones más vendidas de todos los tiempos, *I Will Always Love You* de Whitney Houston. Tres meses después, consiguió el doble disco de platino. Ese mismo año ganó un Grammy a la mejor interpretación de rap en solitario. Hasta la fecha, la canción ha ganado más de cien millones de dólares.

Yo todavía iba al colegio cuando salió *Baby Got Back*, lo que significa que mientras me vestía para el bailes escolar, la canción ya era un fijo de la lista del DJ en los institutos públicos del Medio Oeste. Mientras estaba de pie en el límite de la cafetería con suelo de linóleo en una sucesión de vueltas al cole y bailes de fin de curso, las luces se atenuaban y los primeros acordes me llenaban de pavor, así como esas icónicas primeras palabras: *Oh... Dios... mío, Becky, mira qué culo.* Aunque tenía un gran culo, sabía que, en cierto modo, la canción no iba sobre mí. Incluso sabía que la canción se burlaba de las mujeres blancas con culos diminutos que adornaban las portadas de mis ejemplares de las revistas *YM* y *Seventeen.* Pero seguía sintiéndome humillada porque llamaba tanto la atención sobre la diferencia entre mi aspecto y el que yo quería tener. Cualquiera que fuera el mensaje más amplio que Mix intentaba comunicar, no había penetrado de forma significativa en los muros de mi instituto. Puede que a él le gustaran los culos grandes, pero lo único que me importaba era que a mí no, y al parecer tampoco a nadie que yo conociera.

«Parece una broma sin malicia», dice Kyra Gaunt, «igual que todos los chistes de rubias tontas o de twerking también lo parecen». Y, sin embargo, son este tipo de chistes los que forman nuestros estereotipos y la idea que tenemos de nosotros mismos. Se cuelan en nuestro subconsciente, porque nunca se nos da pie a reflexionar demasiado acerca de ellos. «Todas las canciones nuevas giran en torno a este tipo de estereotipos, hasta donde yo sé. Se basan en algo que tiene una valencia seria, y entonces lo convertimos en algo liviano. Podemos engañarnos pensando que estamos pensando y hablando de algo en serio, pero no es así». Al describir las insidiosas formas en que una canción como *Baby Got Back* puede causar daño, Gaunt señala la parte más famosa de la canción: el comienzo, donde las dos Beckys llaman »asquerosa» y «furcia» a la mujer del gran culo. «Todo el mundo lo ha memorizado», dice, «pero a medida que [el oyente] repite como un loro ese posicionamiento, refuerza en su mente el hecho de tolerarlo». En el instituto, todos nos quedábamos de pie en la pista de baile, esperando a que empezara y coreando con acento de chica del Valle: «parece una furcia total, ¿vale?... O sea, ¡qué asco!... Es tan... negra». Y aunque nos estábamos burlando, aunque estábamos haciendo el tonto, aunque «es sólo una canción; es sólo una broma», mientras pronunciamos esas palabras en voz alta, las inscribimos en nuestra mente, nos contagiamos o reforzamos esos estereotipos. Gaunt lo considera un tipo de epigenética, una forma en la que codificamos inconscientemente ideas racistas sobre las mujeres negras en nuestras mentes. Lo que potencialmente lo empeora, dice, es que mientras esto sucede, la canción se posiciona como algo con un mensaje positivo, y el oyente puede creer que en realidad está haciendo algo bueno al escucharla. «Tienes la sensación de estar apoyando a un rapero negro que intenta hacer algo por las mujeres negras. Pero nadie ha preguntado nunca a las mujeres negras qué piensan».

***

Por supuesto, *Baby Got Back* no es la única canción sobre culos. Ni siquiera fue la única canción sobre culos popular en 1992. Ese mismo año, Wreckx-n-Effect lanzó *Rump Shaker*, que escaló hasta el número dos en el *Billboard Hot 100* (también se vio frustrada por el poderoso poder de *I Will Always Love You* de Whitney Houston, que permaneció en el primer puesto durante catorce semanas, un récord). El vídeo estaba integrado casi en su totalidad por mujeres negras bailando en bikini en la playa de Virginia. A veces, una de ellas tocaba un saxofón, pero el centro de atención eran los cuerpos giratorios y, como era de esperar, los culos meneándose. De nuevo, el vídeo fue prohibido por la MTV.

«Los culos no son sucios», declaró Teddy Riley, coautor y productor del single, a *Los Angeles Times* en 1992. Se quejaba de lo frustrante que resultaba que a otros artistas, como Prince, se les permitiera cantar sobre las cosas consideradas *sucias* en sus vídeos sin sufrir consecuencias por parte de la MTV, y sin embargo los vídeos relacionados con culos estaban prohibidos. «Nosotros no los convertimos en algo sucio. Sólo se menean un poco. Es diversión inofensiva, mostrar respeto a las mujeres y no burlarse de ellas», explicó, «algo pasa con los traseros que saca de quicio a la gente».

Pero el álbum que sacó *realmente* de quicio a la gente fue el de 2 Live Crew, *As Nasty as They Wanna Be*, uno de los discos más controvertidos de finales de los ochenta y principios de los noventa, y otro esfuerzo centrado en los culos: la portada presentaba a cuatro mujeres en bikini de tirantes en la playa, con sus culos mirando a cámara y sus rostros hacia el otro lado, ocultos, básicamente desnudas. A lo largo de su carrera, 2 Live Crew grabaron muchas canciones sobre culos, incluida la de 1990, *Face Down Ass Up*. Formaban parte del subgénero hip-hop del Miami bass, también llamado *booty music,* que emparejaba sonidos de bajo profundos y resonantes con platillos sibilantes y abundante contenido lírico orientado a los culos.

2 Live Crew eran orgullosamente obscenos, incluso de mal gusto. Su exitoso single de *As Nasty as They Wanna Be* fue *Me So Horny*, una canción que sampleaba una línea de diálogo pronunciada por el personaje de una trabajadora sexual vietnamita en la película *Full Metal Jacket*, convirtiéndola en un estribillo coreado y repetitivo. La canción contenía líneas como «Pon tus labios en mi polla, y chúpame el culo también/ Soy un engendro en celo, un perro que no avisa / Mi apetito es el sexo, porque estoy muy cachondo».

Tal vez no nos sorprenda el hecho que cuando el álbum salió a la venta en 1989, los grupos conservadores se pusieran como fieras. Aunque Tipper Gore y el Parents Music Resource Center habían presionado con éxito para que la industria musical pusiera pegatinas de advertencia dirigida a los padres en los álbumes con contenido lírico violento u «ofensivo», a principios de los noventa estaba claro que una simple pegatina no iba a disuadir a los jóvenes de comprar discos controvertidos. A pesar de estar prohibido por la mayoría de las emisoras de radio, *As Nasty as They Wanna Be* se vendió extraordinariamente bien, escalando hasta el número trece de las listas semanales de *Billboard*. En varios Estados, los comercios fueron procesados por vender el disco por considerarlo «obsceno», y los miembros de la banda fueron detenidos tras interpretar sus canciones en Florida.

El juicio subsiguiente fue una escenificación de la tensión existente en la década de 1990 entre la libertad de expresión y la vulgaridad, así como de la creciente ansiedad en las comunidades blancas de clase media por la popularidad de la cultura negra entre la juventud blanca. Un amplio abanico de críticos musicales testificó a favor de 2 Live Crew, y el elogiado historiador y profesor Henry Louis Gates Jr. escribió un artículo de opinión en el *New York Times* que señalaba el malentendido fundamental que habitaba en el centro de las acusaciones. «2 Live Crew se dedica a parodiar la mano dura, poniendo patas arriba los estereotipos de la cultura estadounidense blanca y negra. Estos jóvenes artistas están representando, al ritmo de animada música de baile, una exageración paródica de los viejos estereotipos de la mujer y el hombre negros sobreexcitados. Su exuberante uso de la hipérbole (órganos sexuales fantasmagóricos, por ejemplo) socava —para cualquiera que domine los códigos culturales negros— una escucha demasiado literal de las letras».

A pesar de esta defensa, Gates no justifica del todo la lascivia de la música de 2 Live Crew. «Mucho más preocupante que su supuesta obscenidad es el sexismo manifiesto del grupo», añadió, antes de pedir que el oyente ponga en contexto el sexismo de 2 Live Crew, diciendo que podría anularse porque opera en una hipérbole extrema. Pero también advirtió que «no debemos permitirnos romantizar la cultura callejera: la apreciación del virtuosismo verbal no nos exime de nuestra obligación de criticar la intolerancia en todas sus formas perniciosas».

Los himnos al culo entonados por 2 Live Crew, así como *Baby Got Back*, *Rump Shaker* e incluso *Big Ole Butt* de LL Cool J —un single anterior también sobre culos que no llegó tan alto en las listas como los anteriores— no sólo fueron experiencias musicales, sino también visuales. A finales de los ochenta, la MTV estaba en el apogeo de su influencia, y aunque la música hip-hop no había formado parte originalmente del espectro de la cadena (se autodenominaban como canal de rock), Michael Jackson y Run-DMC habían roto respectivamente la barrera del color y del hip-hop que había hecho de la MTV una emisora blanca de facto en sus primeros años. En 1988, la cadena empezó a emitir *Yo! MTV Raps*, un programa de cuenta atrás que ponía vídeos de hip-hop. Funcionó extraordinariamente bien, subiendo dos puntos Nielsen en la primera semana, y pronto el programa se emitía todas las tardes, pinchando las canciones de hip-hop más populares del país.

Yo! MTV Raps ayudó a artistas de hip-hop geográficamente desconectados a escuchar y ver el trabajo de los demás y a mantener una conversación creativa entre ellos. El programa también creó público para el hip-hop y se convirtió en un vehículo para el estilo. Como dijo Snoop Dogg en una entrevista para el libro *MTV Uncensored*, «nos puso en la misma página que el rock n' roll y la música en general [...] era un lugar donde todo el mundo podía venir, unirse, todo el mundo quería mostrar sus nuevos vídeos». El rapero y VJ Ed Lover sentenció: «*Yo! MTV Raps* fue la responsable de llevar el hip-hop al gran público. Si eras de Compton, California, podías entender lo que pasaba en Nueva York y viceversa».

Como la mayor parte de la audiencia de la MTV procedía de los barrios residenciales blancos de toda Norteamérica, cuando *Yo! MTV Raps* se convirtió en un éxito, también tuvo el efecto de mostrar al público blanco el hip-hop como no se había hecho hasta entonces, un hecho que inquietó a algunos padres y fue el germen de demandas como la interpuesta contra 2 Live Crew. Los grupos conservadores temían que la cruda sexualidad, el sexismo omnipresente y la obscenidad percibida de la música y la cultura visual del hip-hop corrompieran a la juventud blanca, preocupaciones que se basaban claramente en su lenguaje y sus imágenes sexuales pero que a menudo tenían trasfondos raciales. Temían que Sir Mix-A-Lot consiguiera exactamente lo que buscaba: que el meneo de los culos negros en los vídeos musicales se convirtiera en algo atractivo para la juventud blanca.

JENNIFER

En 1998, el público estadounidense descubrió el culo de Jennifer López. Fue como si los hombres blancos de Estados Unidos no hubieran visto nunca un culo ni se hubieran dado cuenta de que las mujeres humanas —sus esposas, tal vez, o madres, o hermanas— suelen tener protuberancias y curvas por debajo de la cintura. O quizá todos ellos habían estado reprimiendo sus pensamientos y sentimientos y por fin, por fin, sintieron que podían hablar.

Jennifer Lopez comenzó en la industria del espectáculo en 1991, haciendo *bounce grooves* y *splits*, con una voluminosa mata de pelo rizado y un marcado pintalabios malva, como bailarina en el programa de sketches cómicos *In Living Color*. Fue una gran oportunidad para la joven bailarina y actriz, pero la ambición de López era mayor. A finales de los noventa, su intención era convertirse en una figura poco común en la cultura estadounidense: la megaestrella multimedia. Quería ser la protagonista de grandes películas de Hollywood, así como en una artista discográfica con ventas de platino: Julia Roberts y Mariah Carey, ambas en una. Y podía conseguirlo —lo haría—, pero antes, tendría que responder a muchas preguntas sobre su cuerpo.

Su primera aparición sería en los medios de comunicación en español, a raíz de la interpretación que López hizo como la superestrella tejana Selena Quintanilla en la película *Selena,* de 1997. Quintanilla había sido célebre por sus curvas, su cuerpo representativo de un ideal que muchos veían como emblemático de la feminidad en Latinoamérica y Sudamérica. Se había producido cierta controversia cuando el director Gregory Nava dio el papel a López, que es de ascendencia puertorriqueña (Quintanilla era mexicano-americana, y los fans y miembros de su comunidad defendían este detalle), pero justificó la elección con un argumento basado en su cuerpo: «Si te crían en este país, desde pequeña te muestran esta imagen de la belleza», dijo, «y si eres *pocha* —mexicoamericana— tú no la representas. Así que te hacen sentir mal por tu aspecto o por cómo es tu cuerpo, por tener caderas grandes o por lo que sea, desde que eres una niña». Como explicó la estudiosa Frances Negrón-Muntaner en su artículo de 1997 «El trasero de Jennifer», López y Nava expresaban lo que creían significaba ser latina a través del cuerpo y las curvas más que por el activismo político, el idioma, la geografía o la clase social.

Cuando se estrenó *Selena,* López encajó las preguntas acerca de su cuerpo con una sonrisa, quizá en un intento por apaciguar las preocupaciones de quienes pensaban que no había sido la adecuada para el papel. A menudo contaba historias sobre cómo los diseñadores de vestuario con los que trabajó antes de *Selena* habían intentado dar con una forma de disimular su culo, cuando ella se enorgullecía de él. «¿Todo eso es tuyo?»,[13] le preguntó un entrevistador. López respondió con regocijo: «Todo eso mío». Se convertiría en un mantra a lo largo de su carrera: «¿Ese culo es de verdad?». Era una pregunta que la prensa también le había hecho a Selena. En ambos casos, el trasero de la estrella parecía estar separado de su propio cuerpo, una entidad que necesitaba una consideración especial. En 1998, López, y su trasero, alcanzaron un nuevo y amplio público cuando interpretó a Karen Sisco en la película de Steven Soderbergh *Un romance muy*

---

13   N. del T.: En español en el original.

peligroso. La película fue un gran acontecimiento: el primer taquillazo de Soderbergh en nueve años, desde que en 1989 se estrenara *Sexo, mentiras y cintas de vídeo* con gran éxito de crítica y público. En *Un romance muy peligroso*, López actuaba con George Clooney, un actor que había pasado los últimos cuatro años interpretando al rompecorazones Doug Ross en *Urgencias* y recientemente había sido nombrado el hombre vivo más sexy por la revista *People*. *Un romance muy peligroso* era una película comercial y tuvo un amplio estreno. Para promocionarla, ambas estrellas hicieron numerosas apariciones en *Late Nights* y concedieron entrevistas a las principales revistas.

Como las Becky en la introducción de *Baby Got Back*, los entrevistadores que hablaban con y sobre López parecían no poder contenerse. «¡ES TAN GRANDE!», parecían decir, tapándose la boca, entre avergonzados y emocionados. Pero la prensa de 1997 no repitió como un loro las otras frases de los Becky de *Baby Got Back*: cuando se refería o interrogaba el trasero de Jennifer Lopez, no había la sensación de que se considerara asqueroso u ofensivo. En cambio, cuando hablaba con hombres, había una sensación de sorprendente aceptación y de deseo apenas disimulado. *Premiere* declaró que «el culo de Jennifer López» era el «activo femenino» que actualmente estaba «de moda» en Hollywood, en sustitución de «la entrepierna de Sharon Stone». *Saturday Night Live* hizo que la estrella invitada Lucy Lawless se pusiera un enorme culo postizo e imitara a López en un sketch. Jay Leno la hizo girar en el escenario y animó al público a ojear su trasero. La revista *Time* publicó una entrevista con López que empezaba con la pregunta: «¿Qué le pasa a su trasero?». «Que es grande», respondió ella.

¿Qué más podría decir? La pregunta es extraña y no exige tanto una respuesta como que revela algo sobre la persona que la formula. «¿Qué pasa con su culo?» parece pedir la gritos la réplica: «¿Qué pasa con tu interés por su culo? ¿Por qué estás tan obsesionado?».

Durante los siguientes veinticinco años, López se vería sometida a un sinfín de preguntas e insinuaciones sobre su trasero. Las revistas anunciaban en sus portadas que conocían los secretos de su rutina de ejercicios, y los paparazzi se apresuraban a conseguir fotos tanto casuales como de la alfombra roja que captaran la mayor parte posible de su culo. En el año 2000, cuando visitó aquel revelador vestido verde con estampado de jungla en los Grammy, los programadores de Google, Huican Zhu y Susan Wojcicki, acabarían por inventar la búsqueda de imágenes en esta web para dar respuesta al repentino aumento de usuarios que trataban de localizar fotografías del vestido, y del cuerpo que llevaba dentro. Durante años, se rumoreó que había asegurado su trasero (27 millones de dólares es la cifra citada con más frecuencia) y que el suyo era el «culo» del que hablaba el himno de Sir Mix-A-Lot. En un segmento de *Carpool Karaoke* de 2016, finalmente aclararía a James Corden que lo primero era falso y que ni siquiera sabría cómo funcionaría ese seguro. Al principio, López se rió de las preguntas, negándose a sentirse humillada por ellas. Su culo, aclaró, era una parte natural de su cuerpo, un atributo que la hacía distinta. En su vídeo *Jenny from the Block*, hizo que su novio de entonces, Ben Affleck, le besara literalmente el culo, en una irónica referencia a la obsesión del mundo por él. Aun así, la narrativa rápidamente se había vuelto repetitiva y acotada, sobre todo cuando López empezó a alcanzar ese nivel de megaestrella multimedia que había ansiado. Para cuando apareció en *Carpool Karaoke*, parecía más exasperada que divertida. «¿De verdad seguimos hablando de esto?».

***

La obsesión por sy culo que acompañó a López en su ascenso a la fama fue la punta de lanza de una importante transición de una década en la cultura estadounidense dominante. Aunque el culo se había «abierto paso» hasta cierto punto hacia una atención y un discurso más amplios a través del hiphop y las pautas de ejercicio orientados a los glúteos, a principios de los noventa, los medios de comunicación impresos y electrónicos rara vez se ocupaban de él de forma directa. A menudo recurrían a eufemismos como *derrière* y, en general, sólo hablaban del trasero como algo que había que ocultar, entrenar, controlar.

Pero a finales de los noventa, a raíz del ascenso a la fama de Jennifer López, los culos femeninos se habían convertido en tema habitual en revistas como *Cosmopolitan* y *Seventeen*, publicaciones cuyo negocio era dictar a las mujeres lo que era normal y lo que era bello. A principios de los años ochenta, publicaban artículos en los que se preguntaban «¿Son los culos las nuevas tetas?» y otros con títulos como «*Bootylicious*: El tema que trae de culo a los chicos», que intentaron dar sentido a un aparente cambio en el ideal corporal de las mujeres. En los años inmediatamente posteriores al paso de Jennifer López de *Selena* a Soderbergh y más allá, habría una nueva y abundante cosecha de canciones populares sobre culos (con menos rechazo por parte del público), como *Thong Song* de Sisqó y *My Humps* de los Black Eyed Peas. Las grandes superficies incluso empezaron a valerse de maniquíes con culos más grandes.

No es casualidad que, mientras se producía este fenómeno, Estados Unidos estuviera inmerso en un importante cambio demográfico: el país estaba en proceso de ser menos blanco. En la década de 1990, la población de raza negra aumentó en EE.UU. un 15,6%, la de asiáticos e isleños del Pacífico un 46,3% y la de hispanos (la denominación utilizada por el censo estadounidense) un 57,9%. Aunque los blancos seguían superando en número a todas las demás categorías raciales por un margen significativo, el porcentaje de personas de color iba en aumento, una tendencia que se mantendría hasta 2010 y que se prevé que continúe al menos hasta 2050, cuando las estadísticas predicen que la población hispana constituirá el 30% de la población de Estados Unidos y los blancos dejarán de conformar la mayoría. Como consecuencia de estos cambios, la propia definición de la cultura estadounidense dominante había quedado en entredicho.

Mainstream («Corriente dominante») siempre ha sido un concepto esquivo. Ser *mainstream* es *no* ser alternativo, excéntrico, contracultural, desviado o un *outsider*. Es un concepto definido por su contexto, un término que parece claro pero que en realidad no lo es en absoluto. A veces *mainstream* es un eufemismo de *blanco*, a veces un sinónimo de *popular* o *cuadriculado* o de *comercial*. A menudo, es todo ello a la vez. La evolución demográfica de Estados Unidos realmente no condujo a una aceptación generalizada de todas las facetas de la cultura no blanca, pero sí significó que la América de las grandes corporaciones se interesara cada vez más por dirigirse a la creciente población de consumidores no blancos. En Hollywood, los éxitos financieros de películas como *House Party*, *Los chicos del barrio* y, más tarde, *Esperando un respiro* demostraron a los ejecutivos del mundo del espectáculo que el público negro podía acudir en masa a ver historias que representaran a gente como ellos, y así lo hicieron. «La población negra es más joven y crece más deprisa que otros segmentos de la población estadounidense, aparte de los latinos», declaró al *New York* Times en 1991 Ken Smikle, editor de *Target Market News*, una publicación con sede en Chicago que hacía un seguimiento de los patrones de consumo de los negros. «Así que nuestras cifras futuras parecen aún mejores para los estudios, porque los jóvenes compran la mayor parte de las entradas de cine». Los personajes negros en televisión también se multiplicaron en los años noventa —alcanzando casi el 17%—, sobre todo en los primeros años de la década, cuando se emitieron en horario de máxima audiencia programas como *El príncipe de Bel-Air* y *Vivir con Mr. Cooper* (aunque, como han demostrado los estudios, los personajes femeninos negros y latinos a menudo jugaban con estereotipos largamente arraigados de hipersexualidad y bajo rendimiento). A medida que avanzaba la década, esa cifra disminuyó, rondando entre el 10 y el 14 por ciento durante la última mitad de los noventa, aunque seguía siendo un porcentaje significativo y paralelo al de la población negra real de Estados Unidos. Hollywood tuvo más dificultades para dirigirse al público latino, un grupo étnico tremendamente diverso que, según los estudios de mercado, tenía menos probabilidades que el público negro de interesarse por una película motivados por la identidad racial de una estrella. En la década de los 2000, después de que el censo revelara cuánto estaba creciendo la población latina en EE.UU., las grandes empresas incrementaron sus esfuerzos para dirigirse a este grupo demográfico, así como a otras minorías étnicas. General Mills, Tide y Honda produjeron anuncios dirigidos a los latinos, y McDonald's y Adidas crearon campañas publicitarias dirigidas al público negro, así como al creciente número de blancos interesados en la cultura hip-hop.

Aunque estos cambios demográficos estaban cambiando el rostro de la corriente dominante estadounidense, se estaba produciendo simultáneamente otro cambio que tendría un profundo efecto en los ideales sobre el cuerpo durante los siguientes treinta años: el público blanco consumía vorazmente música, moda y cultura hip-hop. Las investigaciones del año 2000 sugieren que hasta el 70% de los consumidores de discos de rap y hip-hop a finales de los noventa eran blancos. Algunos estudiosos, entre ellos la célebre feminista del hip-hop Tricia Rose, han argumentado que esas cifras no tienen en cuenta la música pirata y la que se comparte entre amigos, modelos de consumo que eran populares en las comunidades negras, un hecho que podría sesgar las cifras. Pero es indudablemente cierto que el público blanco fue un componente esencial del ascenso del hip-hop a la categoría de música popular, y que era cada vez más importante e interesante para los hombres jóvenes blancos en particular.

Pero, ¿por qué los jóvenes blancos estaban tan interesados en comprometerse con una cultura que aparentemente tenía tan poco que ver con su estilo de vida? El hip-hop tuvo sus orígenes en el Bronx y se extendió por todo Estados Unidos como una forma cultural que expresaba la angustia, la rabia, la alegría y la política de la experiencia de los negros y los latinos en un país que había oprimido sistemáticamente a estos grupos durante siglos. Se trataba de una historia y una experiencia de la que los blancos que compraban hasta el 70% de los discos de hip-hop no solían formar parte.

En el año 2000, el corresponsal de *MTV News* Chris Connelly ofreció una sucinta explicación: «Cuando se escriba la historia de la cultura popular del siglo XX, podrá resumirse en una frase: "Chicos blancos queriendo ser tan *cool* como los chicos negros"». En 2019, Wesley Morris lo expresó de otra forma al escribir sobre el interés de los blancos por la música negra: «Esta es la música de un pueblo que ha sobrevivido, que no sólo no se detendrá sino que no puede ser detenido [...] una música cuyas promesas y posibilidades, cuya crudeza, humor y carnalidad atraen a todo el mundo; a otros negros, a los niños de la clase obrera inglesa y a los de clase media Indonesia. Si suena la libertad, ¿quién en la Tierra no querría también mecer la campana?».

***

Desde la Era del Jazz, el fenómeno de jóvenes blancos atraídos en masa por los productos culturales negros, en particular su música, así como la pátina de frescura y autenticidad que esos productos parecían proporcionar, había sido una constante en la vida estadounidense. En los años ochenta y noventa, el hip-hop tomó el relevo como la última de una serie de formas musicales populares —tras el jazz, el blues, el rock n' roll, el soul y el funk de generaciones anteriores— que se originaron en las comunidades negras y que luego fueron acogidas con gran y a menudo depredador entusiasmo por los ansiosos blancos. Por supuesto, no sólo la cultura negra es objeto de apropiación rutinaria por parte de los grupos dominantes en Estados Unidos, aunque la apropiación de la cultura negra por parte de los blancos ha sido fundamental para la cultura y la música populares estadounidenses. Este mismo fenómeno de apropiación —tomar aquellos elementos de una cultura que nos parecen emocionantes, subversivos o sexuales sin ningún reconocimiento del contexto cultural, político o sociológico al que se adscriben— ocurre con casi todas las culturas no blancas, incluidas la indígena, la japonesa, la india y muchas, muchas otras.

Pero, ¿qué es lo que buscan los blancos cuando «juegan en la oscuridad», como Toni Morrison definió en una ocasión este tipo de idolatría y mimetismo? Quizá la respuesta más directa y comúnmente dada a esa pregunta sea que los blancos desean un sentimiento de identidad cultural. Para muchos blancos, la blancura en sí misma no proporciona una fuerza estructuradora de la mismidad, porque la mayoría de los blancos generalmente no ven la blancura como nada en absoluto. Es la norma, el medio, aquello contra lo que se forma todo lo demás: la corriente dominante. La blancura es neutra, tan aburrida y tan normal que no puede ser una cualidad que genere identidad, y no puede ofrecer el tipo de distinción, individuación o rebeldía que muchos jóvenes buscan al diferenciarse de sus familias y padres durante la adolescencia y juventud.

Y para los que sí conciben la blancura como una identidad, suele ser una identidad incómoda. Es la identidad del opresor. La blancura parece, por su historia y quizá por su propia naturaleza, cruel. Dado que la blancura, al igual que la negritud, es una categoría engañosa —construida sin otra razón que la de crear y mantener una jerarquía racial— identificarse como blanco es admitir la complicidad en esa construcción. Por eso, para quienes se sienten incómodos con su blancura, resulta tentador buscar en otras culturas un sentimiento de identidad y pertenencia.

En su libro crucial sobre el tema de la apropiación cultural, *Love and Theft*, el erudito Eric Lott investiga este comportamiento a través de un análisis de los espectáculos de juglares, representaciones inmensamente populares entre el siglo XIX y principios del XX en las que los blancos representaban estereotipos de la negritud caracterizados como negros. Los espectáculos juglarescos se han considerado durante mucho tiempo como uno de los fenómenos primordiales —y a menudo la representación más vívida—

de la conducta apropiativa que ha demostrado ser tan duradera de la cultura popular estadounidense. Según Lott, en el público que acudía a estos espectáculos —en su mayoría blancos de clase trabajadora de los grandes centros urbanos como Nueva York— se producían dos fenómenos: la identificación con un estereotipo rebelde y libidinoso de la negritud y el sentimiento de superioridad, de complacencia y tranquilidad a causa de los odiosos estereotipos que presentaban a los negros como estúpidos e infantiles. Los espectáculos eran una forma de que los blancos se vieran a sí mismos como adyacentes a las partes de la negritud que consideraban excitantes y liberadoras, al tiempo que reforzaban su propia blancura. Podían, como dice Morrison, «jugar en la oscuridad», pero nunca permanecerían allí. Siempre volverían a su propia posición como personas segregadas, y superiores, a los negros.

Para Lott y muchos otros historiadores de la cultura, esta duplicidad siempre está presente cuando los blancos se interesan por adoptar e interpretar formas culturales negras. Cuando Elvis cantaba *That's All Right*, una canción escrita por el cantante de blues negro Arthur «Big Boy» Crudup, el público blanco lo veía como rebelde, libre y sexy. Pero nunca como negro. No sólo jamás se cuestionó su blancura, sino que esta se vio reforzada por la forma en que se situaba en relación con la negritud. Introdujo de contrabando la excitación, el peligro y el erotismo comúnmente asociados a la negritud, pero los mantuvo empaquetados de forma segura en una blancura familiar y no amenazadora: sus fans podían tener su parte del pastel y comérselo también. Las «emociones» de la negritud, sin el miedo ni la culpa.

Sin embargo, la apropiación del hip-hop por parte de los blancos en los noventa pareció funcionar de forma diferente a como lo había hecho el rock n' roll (o el blues, o el jazz, etc.). Aunque los Beastie Boys tuvieron un gran éxito, la mayoría de los raperos blancos, como Vanilla Ice y Marky Mark, apenas aguantarían el tirón frente a artistas negros como Jay-Z y el Wu-Tang Clan. A diferencia de las generaciones anteriores, los adolescentes blancos de los noventa dirigieron su interés y sus dólares hacia los intérpretes negros que destilaban (o parecían destilar) autenticidad, lo que dio lugar a un patrón de consumo cultural que Cornel West denominó «la afroamericanización de la juventud blanca». Más allá de limitarse a asimilar la música, los chicos blancos se moldearon a sí mismos para parecerse y sonar como las estrellas del hip-hop que idolatraban en la MTV, adoptando modismos y códigos visuales afroamericanos claramente urbanos en un esfuerzo por ser *cool*, crear identidad y, como sugiere Wesley Morris, abrazar el sentimiento de libertad, alegría, crudeza y humor que siempre había formado parte de la música negra. Y para los hombres blancos, en concreto, el hip-hop ofrecía una forma de lidiar con la masculinidad. Como dijo el crítico cultural Greg Tate en su libro de 2003 *Everything but the Burden*, «[las formas musicales afroamericanas] se han convertido en las músicas temáticas de una mayoría masculina joven, blanca y de clase media, debido en gran medida a la inversión de ese grupo demográfico en las muestras trágico-mágicas de virilidad exhibidas por el último *outsider* de Estados Unidos: el varón negro».

Junto a esta creciente adopción de la cultura hip-hop, explica la historiadora cultural Janell Hobson, llegó un profundo aprecio y atención por los culos de las mujeres. Los culos, según Hobson, siempre han sido un elemento importante de la danza vernácula afroamericana, y esta es una de las principales razones por las que se han convertido en un foco de los ideales de belleza afroamericanos y ocupan un lugar destacado en la estética del hip-hop. «En las culturas negras, en cuanto a nuestras expresiones de baile», explica, «tendemos a hacer más bailes basados en mover las caderas, agitar el trasero, y eso definitivamente centra las miradas». Aunque Hobson aprecia vestigios de la exhibición de Sarah Baartman y de la obsesión de los blancos por su cuerpo, apunta a una diferencia crucial entre el interés por Baartman en el Londres victoriano y el de los blancos por el hip-hop y los culos en la década de los noventa. «Lo que se aprecia en cuanto a la preferencia por los culos grandes», dice, «procede del deseo de los hombres negros. Directamente, sin medias tintas. Es sólo a través de los hombres negros y su forma de apreciarlos que los hombres blancos están empezando a darse cuenta». Pero, ¿qué se puede hacer entonces con el obsesivo foco de atención sobre el trasero de Jennifer López? No es una mujer negra, sino una puertorriqueña que, en el momento de mayor éxito, interpretaba papeles racialmente ambiguos (su raza no se menciona en *Un romance muy peligroso,* y el actor italoamericano Dennis Farina interpreta a su padre). No hay duda de que la prensa la percibió como latina: había saltado a la fama bailando en un programa de televisión de hip-hop y había interpretado a un icono de la música tejana, y muchos periodistas que escribieron sobre *Un romance muy peligroso* reconocieron su etnia. Su identidad étnica se ofrecía a menudo como una explicación práctica de por qué tenía, y disfrutaba teniendo, un trasero grande. Pero algunos, como la periodista Teresa Wiltz, se preguntaron si el hecho de que fuera de piel clara era una parte esencial de la aceptación generalizada de su cuerpo, algo que había permitido a los blancos sentirse lo suficientemente cómodos como para expresar su deseo. «Quizá», postulaba en un artículo de 1998, «sus rasgos racialmente nebulosos, su tez de café con leche con una ración extra de nata, la hacen atractiva para el gran público».

El deseo es, por supuesto, complejo, y quizá sea demasiado simple decir que los hombres blancos en general empezaron a desear a las mujeres con culos grandes —o a admitir abiertamente ese deseo— porque consumían y asimilaban la cultura hip-hop. El deseo es tanto una fuerza social como una experiencia individual, algo que está moldeado por el mundo que nos rodea e idiosincrásico en el interior de cada uno de nosotros. Pero es indudablemente cierto que la cultura que consumimos puede formar lo que vemos como deseable, y también concedernos permiso para acceder y expresar deseos que antes habían pasado desapercibidos o inexplorados. Tanto si este consumo a gran escala del hip-hop a finales de los noventa y principios de los 2000 creó el deseo como si lo potenció, la forma en que se situaban los traseros de las mujeres con respecto al deseo masculino blanco estaba experimentando una gran transformación.

KIM

La historia que Beyoncé Knowles cuenta a menudo sobre el éxito de Destiny's Child de 2001 *Bootylicious* es que, cuando escribió la letra, la prensa se había cebado con ella por su reciente aumento de peso, y ella quería contraatacar. «Escribí esa canción porque cada vez estaba más voluminosa y simplemente quería hablar de ello», declaró Knowles *a Newsweek* en 2002. «Me gusta comer y eso es un problema en esta industria. Sigo siendo probablemente el doble de grande que cualquiera de las otras actrices que hay por ahí, y eso es una preocupación constante que realmente odio verme obligada a tener en cuenta».

La idea de que Beyoncé era, en algún sentido, «grande» es ilustrativa de las contradicciones en torno a la imagen corporal a finales de los noventa y en la década de 2000. Aunque en los años que siguieron al ascenso a la fama de Jennifer López hubo un creciente entusiasmo por las «curvas» en los medios de comunicación, este cambio no supuso tanto una aceptación total del vasto espectro de la morfología humana como una nueva forma de escrutar los cuerpos de las mujeres. Al igual que los corsés habían sido sustituidos por las dietas de la col en los años veinte, el recién descubierto entusiasmo por los culos más grandes y torneados de finales de los noventa no significó en absoluto que las mujeres se vieran libres de repente de las presiones en torno a la dieta, el peso o la forma física. Por el contrario, las revistas de cotilleos siguieron haciéndole pasar un mal rato a Beyoncé —una mujer indiscutiblemente delgada— por comer demasiadas patatas fritas.

Bootylicious fue el segundo single del tercer álbum de Destiny's Child, *Survivor,* y alcanzó el número uno en el *Billboard Hot 100.* En general, el álbum recibió buenas críticas y el beneplácito del público, en parte por su celebración de las formas y tallas más curvilíneas. Pero también fue criticado por mezclar lo que en los artículos se denominó «diversión para adultos» con una sexualidad que podría influir negativamente en los fans más jóvenes. Esta queja pasó por alto la determinación del álbum de mostrar a mujeres que eran a la vez sexys y tenían el control, invocando una nueva marca de feminismo de los primeros tiempos.

Bootylicious fue un buen ejemplo: la canción está escrita desde la perspectiva de una mujer en un club, en el proceso de seducir (presumiblemente) a un hombre. La mujer duda de que él pueda manejar lo sexy y segura de sí misma que es ella, y es su *booty,* su *jelly,* la fuente (o al menos una fuente) de su poder. *I don't think you're ready for this jelly* («No creo que estés preparado para esta gelatina»), canta ella, *'cause my body too bootylicious for ya babe* («porque mi cuerpo es demasiado "culicioso" para ti, cariño»). Hará falta todo un hombre para manejar lo asombroso de lo que ella tiene que ofrecer, y el contendiente de esta noche podría no estar a la altura.

En los años transcurridos desde el lanzamiento de *Bootylicious,* muchos la han alabado como un himno feminista *body-positive.* Parece decir: «Me quiero y me respeto tal y como soy, y no me cabe duda de que tú también deberías apreciarme y respetarme, o al menos encontrarme sexy. Lo que algunos podrían considerar vergonzoso —mi gelatina, mi culo— yo proclamo abiertamente que es mi activo más significativo y una fuente de orgullo».

Y sin embargo, en realidad no había tanta gelatina en el vídeo, o eso señalaron algunos críticos. Hay algunas bailarinas más grandes en la introducción y luego apareciendo a lo largo del vídeo, pero las Destiny's Child son delgadas, aunque tengan y llamen claramente la atención sus torneados traseros. Pero, hasta cierto punto, esa puede ser la cuestión. Incluso Beyoncé, cuyo cuerpo no se desviaba radicalmente de los ideales de la época, fue ridiculizada por la prensa. Tan estrictas y estrechas eran las expectativas que parecía haber que no hay forma de que una mujer humana pueda librarse de las críticas sobre su cuerpo. Así que Beyoncé ofreció una respuesta novedosa y exuberante: celebra esas partes de ella que han sido consideradas incorrectas y rebeldes, y las declara sexys.

Pero que abrazaran sus propias curvas no era lo único que se comunicaba a las mujeres negras sobre sus cuerpos en el vídeo. Parte del vestuario hacía referencia al atuendo de los proxenetas y las trabajadoras del sexo de los años setenta, lo que, como señala la estudiosa Aisha Durham, es un patrón en muchas de las otras canciones y vídeos de Destiny's Child: *Nasty Girl*, por ejemplo, trafica con la idea de que las mujeres negras de grandes traseros son típicamente de clase baja y sexualmente promiscuas. No todos los culos, al parecer, tienen poder.

Durante los últimos veinte años, académicos y periodistas han debatido si Beyoncé es o no realmente feminista y, en caso afirmativo, de qué tipo. ¿Es cómplice de la cosificación de la mujer o está complicando esa cosificación? ¿Afirma su poder sobre su sexualidad y celebra su cuerpo u «ofrece su cuerpo como una mercancía fetiche», como dijo un experto? ¿Está subvirtiendo el patriarcado o, como sugirió Bell Hooks en 2016, se mantiene «dentro de un marco estereotipado convencional» de feminidad negra? En 2001, este debate estaba en su fase incipiente, y *Bootylicious* y su vídeo ocupaban un lugar central en él. Al igual que Sir Mix-A-Lot, Destiny's Child celebraban los culos y las curvas, pero *Bootylicious*, a diferencia de *Baby Got Back*, fue interpretada y creada por las poseedoras de los culos en cuestión: un grupo de mujeres negras que escribían la música, eran propietarias de las canciones y tenían el control sobre su imagen, incluida la ropa que llevaban, diseñada principalmente por la madre de Beyoncé, Tina Lawson. Al igual que Jennifer López, estaban orgullosas de sus cuerpos, pero alimentaban activamente el debate en torno a ellos, en lugar de someterse a interminables preguntas de periodistas excitados y escandalizados. De acuerdo, quizá sea un tipo de feminismo anémico que se sitúa sobre todo en el ámbito de la belleza y el sexo; desplazar el foco a cuánta grasa es aceptable y atractiva en el cuerpo de una mujer no es exactamente poner patas arriba el patriarcado, pero ya es algo.

Gran parte de la atención mediática en torno a la canción se centró en la propia palabra *bootylicious*. ¿Qué significaba exactamente? El término *bootylicious* apareció por primera vez en una canción en 1992, cuando Snoop Dogg lo utilizó de forma peyorativa, pero se disparó tras el lanzamiento del single de Destiny's Child. No era necesariamente, ni exclusivamente, una referencia al trasero, sino algo más amplio y vagamente empoderador. Después de todo, *booty* significa tanto el culo específicamente como el sexo en general, por lo que la palabra podía referirse tanto *al* culo como a la capacidad de una persona para *conseguirlo*. En 2003, cuando Oprah le pidió que la definiera, Beyoncé dijo que creía que significaba «hermosa, abundante y rebotona», una definición agradablemente aliterada pero que hacía poco por aclarar la cuestión. Al año siguiente, se añadió a *The Oxford English Dictionary*, definiéndose como «esp. de una mujer, a menudo con referencia a las nalgas: sexualmente atractiva, sexy; bien formada». Gracias a esta designación «oficial», se documentó un significado positivo en torno al trasero para el público presente y futuro: era algo deseable tener unas nalgas bien formadas. La palabra sonaba mucho más divertida, y mucho menos pretenciosa, que su homóloga más antigua *callipygian*, y el hecho de que la palabra se hubiera popularizado lo suficiente como para encontrar su lugar en el augusto y apenas vanguardista *Oxford English Dictionary* sugería un cambio significativo: *bootylicious* —la canción, la palabra y el concepto— se estaba convirtiendo en un motor cultural.

***

Aunque el *bootyliciousness* inició una especie de progreso, la década de los 2000 continuó siendo en general un periodo de extrema ansiedad por la gordura en los medios de comunicación populares. Los mismos programas y revistas que celebraban las curvas y ofrecían nuevas formas de enseñar la cantidad justa de trasero con vaqueros de tiro bajo, fomentaban al mismo tiempo la liposucción e imprimían sin cesar imágenes retocadas de famosas imposiblemente delgadas. Alicia Silverstone y Drew Barrymore —así como Beyoncé— fueron ridiculizadas constantemente por estar gordas, a pesar de que eran más delgadas, con diferencia, que la mayoría de las mujeres estadounidenses, y al mismo tiempo las fotos de los paparazzi ganaban sumas considerables al captarlas (y a muchas otras) en momentos en que parecían menos que presentables para la alfombra roja. La industria de la moda había dejado atrás el look casi bohemio y exiguo popularizado por Kate Moss, pero seguía glorificando los cuerpos extremadamente delgados, incluidos los de Calista Flockhart, Jennifer Aniston, Jennifer Love Hewitt y el reparto de *Sexo en Nueva York*. Las modelos de pasarela se volvieron tan constante e inquietantemente delgadas en la década del 2000 que varios países europeos aprobaron leyes que prohibían la contratación de modelos por debajo de cierto peso. Pero el mundo de la moda adoptó tecnologías digitales de edición fotográfica como Photoshop para asegurarse de que sus modelos aparecieran adecuadamente demacradas en las imágenes impresas, ya que no podían estarlo en la realidad. Fue una práctica casi generalizada que llegaría a definir a los medios de comunicación y los cánones de belleza durante los años venideros.

Aunque no era modelo (o al menos no era *sólo* modelo), la heredera Paris Hilton, delgada de cuerpo pero voraz en su deseo de llamar la atención, llegó a tipificar esta otra tendencia, nada *bootylicious*, de la sensualidad de principios de los ochenta. Nacida en el seno de la fortuna de los hoteles Hilton, era blanca y descarada, y tenía unos huesos de la cadera incipientes; una voz de bebé performativa, aguda y sexy; y una imagen agresivamente convencional, rubia californiana, que parecía un retroceso al estilo ochentero, pregrunge. El ascenso a la fama de Hilton se debió en parte a amigos famosos y a una grabación casera sexual gráfica que un exnovio filtró a los medios de comunicación y luego lanzó a vídeo, y que rápidamente se convirtió en una sensación mediática y se vendió extremadamente bien. Era, como se decía a menudo en aquellos años, «famosa por ser famosa», el prototipo de un nuevo tipo de celebridad, ampliamente fotografiada por los tabloides mientras iba de compras por Rodeo Drive y disfrutaba del servicio de bebidas en el Viper Room. En 2003, llevó su marca personal de falsa ingenuidad a las salas de estar de todo Estados Unidos con el reality show *The Simple Life*, que documentaba las aventuras de Hilton y su compañera Nicole Richie, hija de famosos, mientras abandonaban sus doradas existencias para vivir y trabajar con familias de la América rural. Era ridícula en muchos sentidos —de algún modo consiguió ser la marca registrada de la frase «Eso es sexy»—, pero también vivía una vida ansiada por muchos, y lo hacía en un cuerpo envidiado por no pocas mujeres. Si Moss estetizaba la pobreza y la adicción, el look de Hilton fisicalizaba la riqueza sin límite y no merecida.

Irónicamente, fue a través del ascenso de Paris Hilton —y de su círculo íntimo— como surgió uno de los traseros más famosos y culturalmente influyentes de la era moderna de las celebridades. Kim Kardashian fue, al principio, un miembro menor del séquito de mujeres ricas y caóticas de Paris Hilton, que también incluía a Britney Spears y Lindsay Lohan. Al igual que Hilton, procedía de una familia privilegiada: creció calle abajo del hotel Beverly Hills, en una mansión con un Bentley en la entrada. Su decimocuarta fiesta de cumpleaños fue organizada por Michael Jackson en el rancho Neverland.

El padre de Kardashian, Robert, era un exitoso abogado y hombre de negocios, ahora quizá más conocido por ser uno de los amigos más íntimos de O. J. Simpson y miembro de su equipo legal durante su infame juicio por asesinato en

1995. También era armenio, una categoría étnica que había sido declarada legalmente blanca por el Tribunal Supremo a raíz de un caso de inmigración de 1925. Sin embargo, debido a una larga historia de discriminación, tanto en el extranjero como dentro de Estados Unidos, muchos armenios estadounidenses no se identifican como blancos en la actualidad. A lo largo de su carrera, Kardashian utilizaría su identidad mestiza (la madre de Kim, Kris Jenner, es blanca) para situarse como blanca y no blanca al mismo tiempo, disfrutando de los privilegios de la blancura y posicionándose estratégicamente a sí misma fuera de ella cuando le convenía, apelando a su ascendencia armenia como la razón de su supuesto aspecto exótico o de devora-hombres: su pelo oscuro, su piel aceitunada y, por supuesto, su gran culo.

En la década de los noventa, Robert Kardashian y Kris Jenner se divorciaron después de haber tenido cuatro hijos: Kim, sus hermanas Kourtney y Khloe, y su hermano, Robert Jr. Kris Jenner se casó entonces con la campeona olímpica de decatlón Caitlyn Jenner, que también tenía cuatro hijos de matrimonios anteriores. La pareja pasó a tener dos hijos propios y a criar juntos a toda la prole en una enorme mansión de Calabasas, un acomodado barrio residencial de Los Ángeles.

Kim Kardashian y Paris Hilton eran amigas desde niñas. A principios de la década de los 2000, Kardashian empezó a trabajar como estilista personal de Hilton, vistiéndola con chándales de terciopelo morado y bolsos de Louis Vuitton. Pero Kardashian era más la hermana de la hermandad de Hilton que su empleada, y pasaron gran parte de los primeros años de la década posando juntas para los fotógrafos de los tabloides en las playas australianas y a la salida de los clubes nocturnos de Los Ángeles, creando un atractivo contraste visual: la superestrella delgada como un palo y rubia decolorada, y su curvilínea compañera de pelo oscuro.

Sin embargo, la propia Kardashian no tardaría en empezar a aparecer en los titulares. En marzo de 2007 (en lo que muchos especularon que era un juego de poder al estilo de *Eva al desnudo*), Vivid Entertainment publicó un vídeo casero de cuarenta minutos en el que aparecía Kardashian practicando sexo y «tonteando» (como dijo Page Six más tarde) con su exnovio Ray J, el cantante, actor y hermano menor de la estrella del R&B Brandy. Al igual que Hilton antes que ella, las escapadas eróticas privadas de Kardashian dieron pie a un sinfín de tabloides, y su recién descubierta celebridad, claramente accidental, ayudó a impulsar a casi toda su familia al centro del foco de atención mediática.

En la primera escena de Kim del primer episodio de *Keeping Up with the Kardashians*, el reality show de E! que se estrenó hace apenas unos pocos meses tras la publicación del vídeo sexual de Kim y Ray J, Kris Jenner se burla de su hija por el tamaño de su trasero. «Tiene un poco de basura en el maletero», comenta Jenner con sorna mientras Kim se dirige a la nevera a por un tentempié. «¡Le vendría bien un poco de cardio!». Fue una forma fatídica de inaugurar lo que se convertiría en uno de los reality shows más populares de la televisión. En la primera temporada, la familia pasa la mayoría del tiempo lidiando con la publicación y las consecuencias del vídeo sexual de Kim, que su madre/gerente (*momager* era el título preferido de Kris Jenner) considera tanto una decepción personal como una oportunidad profesional. Tras muchas vacilaciones, Kim accede finalmente a aprovechar el momento y posar desnuda para un reportaje fotográfico en *Playboy*.

El programa fue inmediatamente renovado para una segunda temporada (llegaría a emitir un total de veinte) y se convirtió en número uno en su franja horaria entre las mujeres de 18 a 34 años, un grupo demográfico codiciado por los anunciantes. Kardashian se vio impulsada a un nuevo nivel de fama: fue la persona más «googleada» en 2008 y se convirtió en un fijo de la prensa sensacionalista, en la que casi siempre se mencionaba su culo. Cuando se unió al elenco de *Bailando con las estrellas* en 2008, la revista *OK!* aseguró a sus lectores que su entrenamiento no afectaría a su figura. «Tranquilizad vuestros culos», informó el tabloide, «Kim planea mantener esas curvas». *Cosmopolitan* la describió como una empresaria y se preguntó: «¿Y qué si ha hecho fortuna con su culo?». Ella solía desmentir los constantes rumores acerca de que se rellenaba el trasero o se ponía implantes (finalmente llegaría a hacerse una radiografía en un episodio de *KUWTK* para demostrar que no lo había hecho). En general, los reportajes de los medios sobre Kardashian parecían sugerir que su gran trasero era algo bueno, algo deseable, aunque algunos no estaban tan seguros; «¡Es una anti-culo!», publicó *Us Weekly* en 2008. En abril de 2008, Paris Hilton intervino, llamando a un programa matinal de radio de Las Vegas y dejando claro que no le gustaría tener un trasero como el de Kim. Para ella, parecía «requesón metido en una bolsa de basura». En 2009, Kardashian habló con *News of the World* sobre su exposición pública y el debate que se había generado, parafraseando (intencionadamente o no) a la Jennifer Lopez de una década antes: «¡Hay un interés continuo por mi trasero! Los paparazzi siempre quieren foto-culos; las chicas se me acercan y me lo agarran y la gente me pide que se lo restriegue. A veces pienso: "Todo el mundo tiene culo, ¿por qué se preocupan por el mío?"».

Era una pregunta legítima, con más de una respuesta. En cierta medida, el cuerpo de Kardashian acaparaba la atención debido a un contexto cultural más amplio, marcado por un creciente y largamente merecido llamamiento a la positividad corporal tras décadas de *body-shaming* en los medios de comunicación de masas. El impulso a favor de representaciones más realistas y saludables de los cuerpos de las mujeres adoptó diversas formas, incluida una campaña de grupos comerciales en el Reino Unido y Estados Unidos para limitar hasta qué punto las revistas podían alterar digitalmente el aspecto de una modelo, así como un esfuerzo de la Asamblea Nacional de Francia para criminalizar la apología de la «delgadez excesiva». En 2006, la modelo y presentadora de programas de entrevistas Tyra Banks, harta de leer titulares crueles y burlones sobre su cuerpo —como *Thigh-ra*

Banks («Muslona Banks«), *America's Next Top Waddle*[14] y *Tyra Porkchops* («Tyra Chuletas de cerdo»)—, dedicó un episodio de su popular programa diurno a desafiar a sus críticos: «Tengo algo que deciros a todos los que tenéis algo desagradable que opinar sobre mí o sobre otras mujeres como yo. Mujeres cuyos nombres conocéis, mujeres cuyos nombres no conocéis, mujeres a las que han incordiado, mujeres cuyos maridos las menosprecian, mujeres en el trabajo o niñas en la escuela. Tengo una cosa que decirles: Bésenme mi gordo culo». Tyra Banks aparecería en la portada de la revista *People* al mes siguiente bajo el desafiante titular «¿Crees que esto es estar gorda?».

Las Kardashian fueron inteligentes en la forma en que capearon este creciente debate cultural. No eran exactamente radicales en su positividad corporal —había un énfasis casi constante en mantener o modificar su aspecto en el programa—, pero tampoco eran delgadas como un palo, a menudo se retrataban a sí mismas luchando con su peso y sus cuerpos de maneras relatables, o tan relatables como pueden serlo las personas increíblemente ricas y famosas. Kim hablaba a menudo en *KUWTK* de que quería cambiar el aspecto de su cuerpo, pero también de que disfrutaba con los dulces y odiaba el ejercicio. Incluso cuando se mostraba a las hermanas Kardashian comiendo ensaladas constantemente —hasta el punto de que su consumo de ensaladas se convirtió en un popular meme—, también exhibían claramente galletas en tarros de cristal en las encimeras de sus cocinas, lo que implicaba su voluntad de darse un capricho. En un perfil de *Cosmopolitan* de 2009 sobre Kim, su autora dijo que Kim estaba sin aliento después de una larga caminata y la describió «escarbando en un postre: crepes con fresas, plátanos y nata montada». Estos comportamientos, según el artículo, contribuyeron a su atractivo: «Claro que los hombres piensan que está buena. Pero las mujeres piensan

---

14 N. del T.: Es un juego de palabras fonético entre *model* (en referencia al popular reality show) y *waddle*, «anadeo», en referencia a la forma de caminar de ciertos animales con las piernas cortas.

en ella como una refrescante alternativa real a las esqueléticas robo-famosas».

Otra razón por la que todo el mundo parecía preocuparse tanto por el trasero de Kim era que *nunca* dejaba de hablar de él, de exhibirlo y de capitalizarlo. Toda la familia Kardashian, pero sobre todo Kim, creó una industria a partir de la promoción de sus formas. En el tráiler de dos minutos de su serie de vídeos de ejercicios *Fit in Your Jeans by Friday,* de 2009, menciona su trasero o sus curvas diez veces (no importa que su trasero, seguía afirmando, fuera producto de la naturaleza, no de la cirugía ni del ejercicio). La familia hablaba de culos y cuerpos constantemente en su reality show, y cuando, en 2010, Kim lanzó su primer perfume —con un nombre tan ocurrente como «Kim Kardashian»— su eslogan era «una nueva y voluptuosa fragancia».

Y entonces, en 2012, Kim anrió su cuenta en Instagram, una red en el que encontró rápidamente una gran audiencia que no ha dejado de aumentar: en 2021, era la sexta persona con más seguidores, por delante de Beyoncé y Jennifer López (tres de sus hermanas ocupan puestos entre las doce primeras). La plataforma de redes sociales, lanzada en 2010, ofrecía un simulacro de realidad similar al del reality show, así como un espacio digital para que Kardashian interactuara directamente con sus seguidores, invitando a una intimidad casi participativa en una vida que muchos ya conocían bien por las cinco temporadas de *KUWTK.* Instagram resultó ser el lugar ideal para que Kardashian mostrara —y monetizara— la parte de su cuerpo por la que se había hecho tan conocida. Las directrices comunitarias de Instagram prohibían los desnudos en las fotos publicadas en la aplicación, pero, hasta 2015, las referentes a las nalgas eran difusas. Esto proporcionaba a los usuarios cierta libertad para publicar imágenes de culos desnudos o casi desnudos y significaba que las imágenes más explícitas que podían encontrarse en Instagram eran precisamente fotos de culos. Aunque Kardashian no publicaba imágenes de su trasero completamente desnudo, a menudo subía reveladoras fotos con un bikini escaso o un vestido ajustado, adoptando una pose que se convertiría en una de sus firmas: con el culo y la espalda hacia la cámara mientras nos observa por encima de su hombro, una postura que recuerda a la *Venus Calipigia*. Esas publicaciones recibieron decenas de miles de *likes* (un buen resultado para 2012), lo que a su vez hizo que aparecieran más a menudo en los *feeds* de los usuarios, gracias a un algoritmo diseñado para promover las publicaciones populares y potenciar las imágenes con contenido similar. Era un bucle de retroalimentación: la popularidad de su trasero hizo que su culo —y los culos en general— fueran más populares en esta red. Y, como Kardashian utilizaba Instagram como plataforma para promocionar su marca, la popularidad de su culo hizo que tanto ella como Instagram ganaran una fortuna.

A mediados de la década de 2010, las hermanas Kardashian recurrieron a métodos cada vez más extremos para modelar y moldear su aspecto, incluido el relleno de labios y moldeadores de cintura, y se sospechaba que utilizaban mejoras quirúrgicas para mantener y crear la tipo de figuras voluptuosas que ellas mismas contribuyeron a popularizar (algo que negaban regularmente). Después de promocionar cierto *look* —ya fuera una cintura diminuta o unos labios de besugo—, introducían productos de la marca Kardashian que prometían ayudar a las mujeres a conseguir un resultado similar a través del maquillaje, el cuidado corporal y la ropa moldeadora. Las Kardashian marcaron tendencia e inundaron el mercado, utilizando sus rostros y cuerpos como sus mejores anuncios.

La obsesión por el culo de Kim Kardashian no hizo más que aumentar en los años posteriores, alcanzando un nuevo pico en noviembre de 2014, cuando apareció en la portada de la revista *Paper*. Las imágenes de la portada y del interior fueron tomadas por el fotógrafo francés Jean-Paul Goude, que había trabajado con la modelo, música y actriz jamaicana Grace Jones en los setenta, y que solía ser criticado por cosificar y reforzar los estereotipos sobre el cuerpo de las mujeres negras. La revista, así como el artículo *online* que la acompañaba, prometían «romper Internet» mediante imágenes provocativas de Kardashian y su culo: en una de ellas, Kardashian aparece vestida, de perfil con una copa en equilibrio sobre su trasero y un arco iris de champán cayendo en cascada sobre su cabeza para llenarla. En otra, Kardashian aparece desnuda, con el culo hacia la cámara, la piel embadurnada en un lustroso esmalte, mientras nos mira por encima del hombro.

Paper consiguió lo que se proponía: al día siguiente de la publicación, el artículo acaparó el 1% de todo el tráfico web en Estados Unidos, y las imágenes suscitaron una enorme polémica. La imagen de Karadashian de perfil, en particular, recordó a muchos comentaristas los carteles y el legado de Sarah Baartman de 1810. Era, en cierto modo, una comparación extraña: aunque la silueta de grandes pechos de Kardashian recordaba a la de Baartman, sus circunstancias y su historia personal no podían ser más diferentes. Fue esta distinción la que hizo que la imagen resultara incómoda: aparecía una mujer privilegiada no negra utilizando su trasero para jugar con la negritud, rompiendo Internet (y la banca) en el proceso.

No fue la única vez que Kim tomó decisiones estéticas que olían a apropiación, o algo peor: en 2018, y de nuevo en 2020, llevó trenzas fulani, llamándolas trenzas «Bo Derek». En 2017, fue acusada de oscurecer su rostro utilizando un maquillaje especial. En 2019, llamó Kimono a su línea de ropa moldeadora (sin aparente consideración por el hecho de que un *kimono* es una prenda tradicional japonesa) antes de cambiarla a Skims dado el fuerte rechazo. Parecía que una parte de la marca de Kardashian era una acción racial provocativa, y aunque a menudo se le llamó la atención al respecto, y en alguna ocasión haría algunos cambios para «no ofender a nadie», nunca ofreció una disculpa explícita ni su carrera profesional se vio afectada. En su lugar, las Kardashian justificaron implícita y explícitamente su uso constante de la estética negra para crear y mantener su marca. Algunos incluso han sugerido que las amistades de las hermanas Kardashian con mujeres negras y sus relaciones con hombres negros (e hijos interraciales) proporcionaron útilmente lo que la crítica Allison P. Davis denominó una «salvaguarda cultural para su apropiación».

En cierto modo, veinte años después del lanzamiento de *Baby Got Back*, el sueño de Sir Mix-A-Lot se había hecho realidad: los culos grandes eran más visibles y abiertamente deseados que nunca. Pero Kim Kardashian demostró que cualquier progreso era extremadamente limitado: un mundo en el que las *sex-symbols* son conocidas principalmente por sus grandes culos no demostró ser un lugar en el que todos los cuerpos fueran aceptados, y desde luego no era un espacio en el que las mujeres negras pudieran encontrar un mayor poder o aceptación, o incluso la oportunidad de convertirse ellas mismas en iconos de belleza. En su lugar, la mujer con el culo grande más famosa del mundo era una mujer extremadamente rica que no era del todo blanca pero tampoco era en gran medida negra, un conjunto de hechos que utilizaría en su beneficio. Durante los diez años siguientes, Kardashian seguiría utilizando su culo para apropiarse regularmente, y sin pudor, de elementos de la cultura negra, y seguiría ganando una enorme cantidad de dinero mientras lo hacía. Y no sería la única.

Movimiento

TWERK

Si busca tutoriales en YouTube sobre cómo hacer *twerking*, encontrará millones de resultados: hay rutinas grabadas por aficionados con smartphones en las habitaciones y pasillos de sus casas; hay vídeos con una producción decente y bailarines de apoyo publicados por estudios de danza; hay varios en ruso y otros idiomas de Europa del Este; y hay uno en el que tres bailarinas profesionales aprenden los movimientos («empiece en segunda posición», comienza su instructor). Algunos de los mejores tutoriales, sin embargo, son obra de Big Freedia, una artista y autodenominada reina- diva que ha ocupado un lugar central en el mundo del *twerk* y el *bounce* (el género musical más asociada al *twerking*) durante más de dos décadas. En *How to Bounce Like the Queen of New Orleans*, que promete la enseñanza del *twerk* a principiantes, Freedia aparece erguida, con una larga melena negra y su rostro maquillado con buen gusto, vestida con unos pantalones verdes elásticos, una camiseta de rayas de colores y zapatillas negras. Dos alumnas se sitúan justo detrás de ella, vestidas con pantalones negros largos y camisetas negras, listas para aprender algunos de los movimientos esenciales: «ejercicio», «balanceo» y «mezcla». Comienza con un sencillo consejo para las principiantes: «¡Si su trasero no se mueve, no lo estás haciendo bien!».

Una vez las alumnas se manejan con las dos primeras técnicas —que requieren colocar los pies en un ángulo de cuarenta y cinco grados, agacharse y balancear las caderas de un lado a otro a una velocidad cada vez mayor— Freedia pasa a la mezcla, que describe como moverse «batiendo en un bol: tu culo gira y gira». El secreto está en las caderas y la espalda; los pies no se mueven en absoluto. Freedia enseña a sus alumnos cómo realizar cada una de las técnicas agachados, con las manos contra la pared o con los brazos en alto. Aunque estos gestos tienen connotaciones indudablemente sensuales, en el vídeo se perciben más como alegres que como seductores. Mientras las balancean se agitan de lado a lado y los culos empiezan a rebotar, una sonrisa se dibuja en el rostro de las alumnas.

Freedia, que se identifica como gay y utiliza todos los pronombres, lleva haciendo *twerking* y actuando y bailando al ritmo de la música *bounce* desde los noventa, y ha contribuido a popularizar el baile durante la última década a través de «tiendas-twerk«, un programa de televisión y vídeos como *How to bounce like the Queen* («Cómo hacerlo rebotar como la Reina»). Pero Big Freedia no es sólo una sacerdotisa del *twerk*, también es una educadora, que transmite la historia del *bounce* y las raíces del *twerk* como parte de un objetivo que pretende corregir las tergiversaciones e interpretaciones erróneas que han surgido en la última década sobre qué es el *twerk*, qué significa y de dónde procede. La labor de Freedia deja claro que la versión popular del *twerk* a menudo descuida la propia historia del baile, que siempre ha estado asociado a la resistencia, la alegría y, sí, al sexo, pero que a menudo se presenta como una simple moda, más abiertamente sexual y menos complejo.

***

Para entender el *twerk* hay que conocer Congo Square. Situada en una zona abierta y acogedora del barrio Tremé de Nueva Orleans, Congo Square es un gran espacio arbolado pavimentado con adoquines dispuestos en círculos concéntricos y salpicado de estatuas de bronce. Las estatuas —que representan desfiles de *second line*,[15] indios de Mardi Gras y mujeres bailando— son monumentos a lo que quizá sea la hectárea más importante de la historia cultural de Estados Unidos.

Incluso antes de la llegada de los europeos, la tierra que se convertiría en Congo Square era un terreno ceremonial para los muscogee, un lugar donde los indígenas se reunían para bailar y cantar. Para el siglo XVIII, Nueva Orleans ya se había convertido en una ciudad portuaria, una puerta de entrada al Caribe y un ancla geográfica crucial en el comercio transatlántico de esclavos. Los franceses habían colonizado Luisiana e importaron la institución de la esclavitud. También trajeron un conjunto de leyes llamado *Code Noir* que regulaba a las personas esclavizadas, y que constaba de cincuenta y cinco artículos, que hacían obligatorio el catolicismo romano, regulaban el matrimonio y la propiedad de los hijos y registraban los castigos permitidos. Precisamente a causa del requisito del catolicismo romano, el *Code Noir* también obligaba a los propietarios de esclavos a otorgar a las personas esclavizadas un día de descanso los domingos. En consecuencia, era este día cuando Congo Square se convertía en un epicentro para la creación, celebración y mezcla de formas culturales negras, caribeñas e indígenas. Fue el lugar donde se montó la primera batería y donde la música y la danza de toda la diáspora africana tuvieron el espacio para prosperar y evolucionar hacia formas nuevas y únicas como el jazz, el *second line* y, finalmente, el *twerk*. Wynton Marsalis declaró una vez que «cada hebra de la música americana viene directamente de Congo Square».

---

15   N. del T.: En la tradición del Mardi Gras, se refiere al grupo de personas que sigue a las bandas que desfilan, bailando y disfrutando de la música.

En el siglo XVIII, la plaza era festiva, vibrante y ruidosa. Los bailarines llevaban plumas, cascabeles, conchas y pieles y se movían al son de marimbas, flautas, banjos y violines. Las mujeres miraban de espaldas al público y movían el trasero de lado a lado, con una baile probablemente inspirado en la *mapouka*, una danza festiva de celebración de Costa de Marfil que se conocía coloquialmente como *la danse du fessier*: «la danza del trasero». Esta danza formaba parte de una práctica espiritual, una forma de encontrar y celebrar a Dios. También bailaban la *bamboula*, una frenética proeza de resistencia acompañada de banjos y tambores; la *calinda*, una combinación de danza y arte marcial que se valía con habilidad de un palo largo; y una forma híbrida de llamada-respuesta llamada *Congo*, inspiración de muchas formas contemporáneas.

Estas reuniones, como era de esperar, pronto se convirtieron en una preocupación para la población blanca que gobernaba la ciudad. Congo Square representaba no sólo la continuación de unas identidades culturales que el colonialismo había intentado suprimir, sino también el poder de una estructura y unos lazos comunitarios. Si las personas esclavizadas podían reunirse para bailar, también podían reunirse para rebelarse, incluso más allá de Nueva Orleans. Este tipo de bailes y celebraciones, después de todo, no sólo tenían lugar en Congo Square: formaban parte de una resistencia artística en todas las colonias, que se oponía a las nociones europeas de moderación y recato. Según la investigadora Elizabeth Pérez, «las autoridades intuyeron lo que muchos estudiosos sostienen ahora: que los cuerpos recuerdan». Tanto por su manifiesta identidad africana como por su manifiesta sensualidad, los bailes con los culos como protagonistas eran una forma de desafío a los propietarios de esclavos y a la cultura que representaban, un desafío que seguiría formando parte de esos bailes a lo largo de los siglos.

En 1817, el gobierno de la ciudad de Nueva Orleans —que para entonces ya había pasado a formar parte de Estados

Unidos— impuso nuevas restricciones que obligaban a que las reuniones de personas esclavizadas sólo pudieran celebrarse en la plaza, y únicamente los domingos por la tarde. A medida que las leyes esclavistas de Estados Unidos se volvían más estrictas y draconianas, las reuniones en Congo Square se fueron marchitando hasta desaparecer, sólo para resucitar gradualmente más de un siglo después, en las décadas de 1910 y 1920.

A principios del siglo XX, el Mardi Gras era el día más importante del año en Nueva Orleans, marcado por estridentes desfiles a los que asistían juerguistas disfrazados y que deambulaban por toda la ciudad. Según Kim Marie Vaz, profesora de Educación de la Universidad Xavier de Luisiana, esta tradición de disfrazarse, o enmascararse, ofrecía a los negros de Nueva Orleans una forma de transgredir el orden social, forjarse una identidad colectiva y afirmar su humanidad frente a la persecución y marginación constantes y la pobreza persistente y extrema.

Sin embargo, la mayoría de los que se disfrazaban eran hombres, sobre todo los indios negros de Nueva Orleans que llevaban tocados de plumas y otras prendas indígenas. Las mujeres, y en concreto las que trabajaban en burdeles y salones de baile, sin embargo, estaban excluidas del enmascaramiento, debido a su género y ocupación. Cansadas de ser dejadas de lado, en la década de 1910 un grupo de estas mujeres, que se hacían llamar las Baby Dolls, decidieron unirse a los desfiles de *second line*, llevando vestidos y pantalones cortos con volantes, bonetes, bombachos y sombrillas. Era una imagen a la vez infantil y sensual, y quizá la inspiración para las actuaciones de Josephine Baker en París, coetáneas a este fenómeno. Las Baby Dolls llevaban vestidos mucho más cortos de lo que se consideraba aceptable para la época, y en los desfiles bailaban danzas populares y provocativas, como el *shimmy*, el *shake* y el *bucking*, todas las cuales ponían sus culos en el centro de la acción. Merline Kimble, nieta de una Baby Doll, confirmó más tarde que el baile «era una cosa activista», describiendo las elecciones de ropa y la insistencia en «divertirse» como una rebelión contra «lo que se imponía a las mujeres en aquella época».

Otra posible influencia en la evolución del twerk procede de Jamaica en los años posteriores a la Segunda Guerra Mundial, cuando el reggae empezó a evolucionar rápidamente, brotando finalmente nuevas formas como el *dub*, y de este, el *dancehall*. Estos géneros se valdrían de enormes equipos de sonido montados por DJ en las improvisadas salas de baile de Kingston, donde los jamaicanos pobres y de clase trabajadora que no eran bienvenidos en los clubes nocturnos más formales de la ciudad podían bailar con libertad. El *dancehall* era una combinación de reggae, *dub* y música electrónica, y era también un reflejo de lo que significaba ser jamaicano: las letras eran cantadas habitualmente en *patois* local y hablaban de injusticia. Esta música, y los movimientos de baile centrados en los glúteos que inspiraba, viajarían a Estados Unidos junto con una oleada de inmigrantes jamaicanos en los años sesenta y setenta, donde se convertiría en un ingrediente fundamental en la creación del hip-hop. En los años ochenta, el hip-hop se había extendido por todo Estados Unidos, incluida Nueva Orleans, donde los músicos y bailarines locales, profundamente influidos por la historia cultural de la ciudad, crearían a su vez el *bounce*, una música de alta energía, basada en la llamada y la respuesta, con graves pesados y un ritmo rápido.

Aunque sin duda se usó coloquialmente desde algún tiempo antes, el primer uso «oficial» conocido de la palabra *twerk* como verbo aparece en la letra del primer éxito de *bounce*, *Do the Jubilee All*, lanzado por el rapero de Nueva Orleans DJ Jubilee en 1993. El vídeo musical tiene un aire casero, y en él aparecen hombres y mujeres normales y corrientes haciendo *twerking* junto a una banda de música. Hay momentos en los que DJ Jubilee señala con aprobación un trasero tembloroso, pero el vídeo no sexualiza el culo hasta el extremo de otros vídeos de culos de la época, como los de Sir Mix-A-Lot o 2 Live Crew. En lugar de eso, vemos icónicos balcones metálicos de Nueva Orleans, músicos con tubas en un campo de fútbol y a Jubilee luciendo su estilo característico: una camiseta blanca y pantalones cortos caqui. En este primigenio vídeo de *twerking*, el movimiento del baile tiene menos que ver con el sexo y mucho más con la ciudad en la que se originó.

Después de Jubilee, el término *twerk* comenzó a aparecer en las letras de los éxitos del pop comercial, como *Whistle While You Twurk* y *Jumpin', Jumpin'* de Destiny's Child. Aun así, siguió siendo sobre todo un fenómeno ligado a Nueva Orleans, que evolucionó y se expandió rápidamente a través de las numerosas subculturas y comunidades de la ciudad. La comunidad *queer*, en particular, llegó a adoptar el estilo después de que una drag queen llamada Katey Red realizara un set de *bounce* en un club local en 1998. A principios de la década de los 2000, ella y Big Freedia se volvieron muy populares en la escena de Nueva Orleans por sus letras picantes y afiladas que abordaban abiertamente temas *queer*, y por el uso entusiasta del *twerk* en sus espectáculos, lo que dio lugar a la formación de un subgénero del *bounce* llamado *sissy bounce*. «Mucha gente piensa que el *bounce* es simplemente un baile del gueto para menear el culo», afirma Big Freedia, «pero el *bounce* es tan superficial o profundo como lo quieras hacer. La zona inguinal tiene un poder extraordinario. Moverla a la velocidad del rayo es más que sexual; también es profundamente íntimo y transformador. Para nosotros, los maricas, que vivimos bajo una opresión tan constante —la violencia, la pobreza y la homofobia—, el *bounce* es nuestra forma de transmutar ese dolor en alegría».

No fue hasta 2005, tras el paso del huracán Katrina, que el *bounce* saldría de la región. La devastación del huracán y sus secuelas fue brutal y cruel, dejando más de 1.800 muertos, el 80% de la ciudad bajo el agua y 1,2 millones de desplazados. La diáspora masiva que se produjo llevó las subculturas de la ciudad a nuevas partes del país y, de repente, Katey Red, Big Freedia y otros artistas del bounce se encontraron actuando en clubes de Houston, Nashville y Atlanta. Un nuevo público contemplaba el *bounce* y al *twerk* por primera vez, y el auge de los vídeos compartidos en sitios como YouTube hizo que se hicieran aún más populares. Un grupo de bailarinas de Atlanta llamado Twerk Team alcanzó una gran fama en la web, lo que animaría a chicas y mujeres de color a subir sus propios clips haciendo *twerking* alegremente en sus dormitorios y salones.

El *twerk* había alcanzado a toda la nación, pero aún no había alcanzado su punto álgido de popularidad. Ese momento llegaría casi una década después, casi tres siglos desde de que los franceses trajeran por primera vez a personas esclavizadas a Nueva Orleans, en un frenesí de la cultura pop instigado por una joven blanca que intentaba demostrar al mundo que ya no era una niña.

MILEY

Destiny Hope Cyrus nació en 1992 en Franklin (Tennessee). Aunque afirmaría que sus orígenes fueron como los de cualquier otra persona, si no humildes, desde el principio hubo algo más que un tufillo a fama de Nashville a su alrededor, y un buen puñado de dinero y oportunidades: su padre era un exitoso cantante de country con un reciente éxito en *Billboard, Achy Breaky Heart*. Siendo una bebé, cuenta la historia, Destiny Hope sonreía tan a menudo que sus padres la apodaron «*Smiley*» («Sonriente»). Con el tiempo, lo acortaron a Miley. El nombre que permanecería.

Mientras crecía, Miley Cyrus era, al menos según su imagen pública, una buena chica americana. Estaba bautizada e iba a la iglesia los domingos. Llevaba un anillo de pureza. Dolly Parton fue su madrina. Y cuando tenía doce años, consiguió un trabajo interpretando a una buena chica americana en televisión.

Hannah Montana se estrenó en Disney Channel en 2006 y seguía a Miley Stewart, una «típica» chica de instituto de día que, por las noches y los fines de semana, se transforma en la famosa cantante de pop Hannah Montana (el simple hecho de ponerse una peluca rubia la hacía irreconocible para su familia y amigos). Por muy absurda que fuera la premisa, la mayor parte de la serie se centraba en los típicos problemas de hacerse mayor —los enamoramientos, los deberes, la identidad y las vergüenzas cotidianas de ser preadolescente— y presentaba una compleja mezcla de ficción y realidad. La Miley Cyrus de la vida real y sus alter egos televisivos fueron presentados como cristianos, inocentes, sanos y desde luego nada amenazadores para los padres de Estados Unidos. Tanto Miley Cyrus como Miley Stewart tienen un padre cantante de música country que la ayuda a escribir sus canciones y a dirigir su carrera, y ambos resultan ser Billy Ray Cyrus, que también interpretaba a Robby Ray Stewart en la serie. Las canciones que Miley-como-Miley-como-Hannah interpretaba en el programa se convirtieron en éxitos pop y dieron lugar a un álbum que, en 2007, llevó a Miley-como-Miley-como-Hannah de gira promocional, y en 2009 Disney lanzó *Hannah Montana: La película*. Como marca comercial, fue una genialidad, una simbiosis casi perfecta que invirtió a los jóvenes fans en dos personajes por el precio de uno y les motivó a dedicar tiempo y dinero a través de numerosas plataformas. El problema, por supuesto, era que una de las personas era real y, con el tiempo, llegaría a querer lo que todas las anteriores estrellas preadolescentes de Disney querían: crecer.

La última temporada de *Hannah Montana* se emitió en 2011, con Miley tomando la decisión de irse a la universidad con su mejor amiga en lugar de rodar una película como Hannah. La Cyrus de la vida real tenía dieciocho años, venía de un éxito masivo con su propio nombre, *Party in the USA*, y no estaba claro qué podía o debía hacer a continuación. Lanzó más música, pero los álbumes no se vendieron bien, al menos para sus estándares. Actuó en varias películas, pero constantemente recibió críticas terribles, y algunas fueron fracasos de taquilla (la adaptación de Nicholas Sparks *La última canción*, estrenada en medio de la cobertura de los tabloides sobre su romance con su coprotagonista Liam Hemsworth, fue una notable excepción). En 2010, fue sorprendida por las cámaras fumando salvia con una cachimba, un comportamiento esperable de una adolescente, pero también una clara afrenta a su imagen de mujer recta. Si quería dejar atrás definitivamente a su personaje de Hannah Montana y establecerse como un tipo diferente de intérprete y estrella, parecía que Cyrus necesitaba hacer algo audaz. Y rápido. Ahí fue donde las cosas se complicaron.

En un documental realizado por la MTV sobre el lanzamiento de su álbum *Bangerz* en 2013, Cyrus describe ese año de su vida como «no una transición» sino un «movimiento», un calificativo con el que estaba tan comprometida que el propio documental se titula *Miley: The Movement*. La palabra es una clara referencia al paso de un estado (la infancia) a otro (la edad adulta), pero quizá sea también un intento de posicionarse como líder e inspiración para sus legiones de fans, que estaban a punto de pasar por el mismo cambio. Su álbum contenía canciones con temas más adultos y había sido creado en colaboración con productores muy respetados como Pharrell y Mike Willy en lugar de la maquinaria Disney.

En la publicidad, los vídeos musicales, las letras y la estética general de su nuevo álbum, Cyrus había dejado claro que su imagen más madura no sólo se percibiría «urbana», sino que también entretejería formas y sonidos culturales negros. Las letras estereotipadas de Hannah Montana de su pasado («La vida es lo que tú haces de ella, así que hagámosla rock») se convirtieron en declaraciones de desafío que evocaban la jerga del hip-hop («No estás con ello, podría haberlo dicho / Por qué tropiezas, déjame darle»), y su *look* se transformó de vaqueros y camisetas de tirantes brillantes a rejillas doradas y prendas que la dejaban casi desnuda. Parecía que se estaba abriendo una brecha entre su anterior inocencia puritana y su nueva y descarada rebeldía e incursión en la cultura no blanca. Este cambio radical se puso claramente de manifiesto para millones de personas en los

MTV Vídeo Music Awards de 2013, en una de las actuaciones en directo más controvertidas de la década de 2010.

Empezó con un oso de peluche espacial gigante sentado en el escenario del Barclays Center de Brooklyn. Un oso marrón, de varios metros cuya cara parecía diseñada por los ingenieros de la nave estelar *Enterprise*, compuesta enteramente por luces parpadeantes. El torso del oso se abrió y de él salió Cyrus, vestida con un mono plateado adornado con la cara de otro oso de peluche (unas orejas magenta cubrían sus pechos). Dos moñitos rubios brillantes brotaban de su cabeza, que hacía girar en círculos. Se agarró a un lado del torso abierto del oso y sacó la lengua. Una voz masculina, distorsionada para que sonara espacial, empezó a corear: «*Twerk twerk twerk twerk it out*», mientras Cyrus descendía del oso. A continuación, una larga fila de bailarines ataviados con disfraces de osos de peluche rosas pobló el escenario, comenzando a bailar alrededor de Cyrus mientras esta cantaba la primera letra de su nuevo sencillo, *We Can't Stop*, con su propio cuerpo siguiendo suavemente el ritmo de la música. Y entonces, un grupo de cuatro mujeres negras —las únicas mujeres negras de toda la velada, y las únicas mujeres no delgadas como modelos de moda— aparecieron en el escenario con pantalones elásticos ajustados y enormes osos de peluche cargados a la espalda. Empezaron a mover el culo, sus accesorios de gran tamaño rebotaban al ritmo. La propia Cyrus era esbelta y enjuta, tanto su trasero como sus pechos eran pequeños. Y, sin embargo, ella también sacudió el trasero con determinación (estaba, diría más tarde, haciendo *twerking*). En un esfuerzo quizá por remachar el sentido de todo el ejercicio, Cyrus agarró con avidez el trasero de una de las bailarinas negras de grandes pechos cargados de osos mientras entonaba la letra *Doing whatever we want* («Haciendo lo que queremos»).

Poco después de, *We Can't Stop* dio paso a los acordes iniciales de un hit del verano, *Blurred Lines* de Robin Thicke (una canción también producida por Pharrell, que pronto se vería envuelta en la polémica por su aparente apología de la violación y el posible plagio de algunas partes de *Got to Give It Up* de Marvin Gaye). Mientras Cyrus se arrancaba el mono plateado de osito de peluche para revelar un bikini de látex color carne y empezaba a hacer piruetas, apareció el propio Thicke, vestido con un traje a rayas de árbitro. Cyrus estaba casi desnuda salvo,por un accesorio: un dedo de gomaespuma blanca, de los que se usan en los partidos de fútbol para decir «¡Somos los número uno!». Durante los tres minutos siguientes, Cyrus bailó de forma atlética y provocativa: agachándose y meneando el trasero (más a la manera de un animal sacudiéndose el agua de la bañera que de una *twerker* experta), pavoneándose de un lado a otro y pasándose repetidamente el dedo de espuma por la entrepierna. En su conjunto, fue un show extraño. Cyrus no parece muy cómoda, como si estuviera improvisando muchos de los movimientos de baile sobre la marcha. Se muestra bobalicona y torpe en su esfuerzos por decir, «ya no soy una niña, ya no soy Hannah Montana». Incluso ella misma parece no estar convencida al cien por cien.

Aquella noche fue probablemente la primera vez que muchos telespectadores en casa —sobre todo blancos— escucharon la palabra *twerk* o visto el movimiento en sí, pero la actuación sugirió poco de su rica historia o de su fuerza técnica. El baile de Cyrus fue una interpretación anémica, y las *twerkers* contratadas como bailarinas de apoyo no pudieron mostrar toda su destreza a causa de los osos de peluche que llevaban unidos a sus espaldas.

Cyrus diría más tarde que la actuación pretendía ser «obviamente divertida», pero las semanas siguientes a los VMA, los medios de comunicación ardieron con comentarios de horror y una cantidad desproporcionada de indignación. *Los Angeles Times* informó de que las reacciones a la nueva trayectoria de Cyrus oscilaban entre el «asco y la tristeza», mientras que la cantante Kelly Clarkson tuiteó en respuesta a la actuación: «2 palabras. #pitchystrippers».[16] La copresentadora de *The View*,

---

16 N. del T.: El *hashtag* podría traducirse como «strippers ridículas».

Sherri Shepherd, dijo a Jay Leno que Cyrus «iba camino del infierno en una cesto de *twerking*», y la copresentadora de *Morning Joe*, Mika Brzezinski, calificó todo el asunto de «muy, muy perturbador». El hombre que inventó el dedo de gomaespuma expresó su indignación y vergüenza, y el director del Parents Television and Media Council declaró: «La MTV ha conseguido una vez más comercializar mensajes con carga sexual entre los niños utilizando a antiguas estrellas infantiles y anuncios de preservativos, mientras califica falsamente este programa como apropiado para niños de tan sólo catorce años. Es algo inaceptable».

De cuantos críticos surgieron tras la actuación, Brooke Shields, que había interpretado a la difunta madre de Hannah Montana en la serie, tenía quizá la palabra más adecuada para describirla: «desesperada». Cyrus intentaba demostrar que era adulta, pero parecía estar interpretando el papel más que viviéndolo. Si la actuación era perjudicial para las niñas preadolescentes, era porque se trataba de una representación de la sexualidad tan extraña e incómoda que cualquier intento de reproducirla probablemente acabaría en humillación.

La reacción de los medios fue justo la que Cyrus probablemente pretendía. En cuestión de minutos, se había desprendido para siempre de su alter ego de Hannah Montana y anunciado a sí misma como un ser sexual sin complejos. Su trasero, y los traseros de las mujeres que contrató para bailar con ella, eran aparentemente una parte crucial de «el movimiento», y Cyrus subiría la apuesta más tarde, durante su gira, cuando se ataba un gran culo protésico a la cintura y lo utilizaba como parte de su coreografía. La tosca almohadilla esculpida hacía que su pequeño *derrière* pareciera enorme y cómico, rebosando a través de un tanga plateado. El culo era de quita y pon, lo que constituía otra forma de afirmar su blancura y su status privilegiado: al igual que las mujeres que llevaban polisones en el siglo XIX, Cyrus podía elegir alinearse o no con la negritud en cualquier momento. Utilizaba un accesorio para «jugar» con la negritud, manipulándola para sus propios fines. Cyrus estaba adoptando y explotando una forma de danza que había sido popular durante mucho tiempo en las comunidades negras pobres y de clase trabajadora y, al mismo tiempo, coqueteaba con el estereotipo de la mujer negra hipersexual, todo ello en un esfuerzo por declarar al mundo que ya no era una niña.

Durante las semanas posteriores a los *VMA*, la respuesta de Cyrus a todas las acusaciones vertidas contra ella fue esencialmente: «Soy joven, me divierto. Dejad de tomároslo todo tan en serio»; rechazando la creencia de que tenía una responsabilidad como figura pública y modelo a seguir, mientras animaba a sus fans a formar parte de «el movimiento». En el documental, ofrece una justificación a su comportamiento durante la época de *Bangerz*: «Vivo en Estados Unidos. La tierra de la libertad. Pero creo si no puedes expresarte, no eres muy libre». No está del todo claro a qué se refiere con estas palabras, porque es evidente que Cyrus *podía* expresarse. Hizo lo que quiso (como sugiere la letra de *We Can't Stop*) en uno de los mayores escenarios del mundo. Soportó las críticas, pero ciertamente parecía que suscitar controversia era lo que ella había estado esperando. Unos años más tarde, en un perfil de la revista *Billboard* de 2017, ofreció otra respuesta: «Me alucina que incluso hubiera controversia acerca de que yo tuviera bailarinas negras [...]. La gente decía que me estaba aprovechando de la cultura negra. Eso no es cierto. Eran las bailarinas que me gustaban». En otras palabras: no pudo haber hecho algo racista, dice, porque en realidad *le gustaban* sus bailarinas negras.

Poco después de la debacle del *twerking* de Cyrus, los medios culturales más dominantes y blancos —publicaciones como *Vogue* y el *New York Times*— se abalanzaron sobre el asunto del trasero, publicando artículos como «Empezando desde abajo: La opinión de los expertos sobre la obsesión cultural por el trasero» y «Por los culos benditos»,[17] que esbozaban e

---

17   N. del T.: *For Posteriors' Sake* en el original. Es un juego de palabras de difícil traducción, ya que parte de la expresión *For God's Sake!*, (que podría equipararse a «¡Por Dios Bendito!»), sustituyendo el sustantivo por «posterior», en clara referencia al trasero.

intentaban explicar lo que describían como un nuevo interés por los culos en la cultura estadounidense. Los culos se habían vuelto tan omnipresentes, tan visibles y tan interesantes para los blancos que ya no podían ser ignorados como fenómeno cultural, o económico. La cuestión, como señalaron muchos escritores de color, era que ya lo eran desde hacía bastante tiempo, sólo que no se habían tratado con asiduidad en las páginas de *Vogue*. Como señalaron escritoras como Allison P. Davis, el «descubrimiento» del culo no era tan diferente del «descubrimiento» de América por Colón. El culo siempre había estado ahí, aunque los blancos no se hubieran dado cuenta durante décadas.

EL AÑO DEL CULO

La actuación de Cyrus fue uno de los momentos más importantes relacionados con los culos que condujeron al muy trasero año 2014, que muchos medios de comunicación de la cultura pop llegaron a llamar «El Año del Culo». Fue un periodo en el que el interés por los traseros parecía estar de repente en todas partes: en las revistas (como la ya legendaria portada de *Paper* de Kardashian), en Instagram, en las listas *Billboard* y en las consultas y quirófanos de los cirujanos plásticos del país, donde la frecuencia del procedimiento de cirugía estética conocido como lifting brasileño de glúteos había experimentado un repunte masivo. Para casi todos los principales procedimientos de cirugía plástica, la American Society of Plastic Surgeons hace públicos datos tanto recientes como históricos, pero la organización no empezó a registrar estadísticas sobre el aumento de glúteos hasta 2012. Ese año se realizaron 8.654 procedimientos de aumento de glúteos; en 2014 la cifra alcanzó los 11.505, un incremento del 33% en sólo dos años. El lifting brasileño de glúteos —o BBL, como se denomina más comúnmente— se desarrolló en la década de 1990 como alternativa a los implantes de silicona, hasta entonces la única opción para el aumento de glúteos.

Durante la intervención, un cirujano utiliza la liposucción para extraer grasa del estómago, la parte baja de la espalda y los muslos de la paciente y la inyecta en los glúteos. Aunque la BBL crea un aspecto más «natural», puede ser un método peligroso, sobre todo si lo realiza un cirujano inexperto, por lo fácil que es inyectar accidentalmente grasa en los principales vasos sanguíneos que van de las piernas al torso y los pulmones, lo que puede provocar una embolia mortal. La American Society of Plastic Surgeons emitió una advertencia en 2018 sobre los peligros de las BBL, citando una tasa de mortalidad de una entre tres mil —una tasa «mucho mayor que cualquier otra cirugía estética»—, pero aun así el número de BBL realizadas ha seguido aumentando de forma constante: en 2019 se realizaron más de 28.000, un 16,5% más que el año anterior.

Puede que la BBL sea la forma más extrema que tienen las mujeres de modificar sus traseros, pero no es la única. En 2014, muchos de los movimientos del vídeo *Buns of Steel* se habían colado en revistas femeninas que ofrecían consejos para tonificar, endurecer y levantar el trasero. Algunas revistas prometían las claves para conseguir el aspecto bulboso y redondo del trasero de Kim Kardashian, mientras que otras ofrecían ejercicios para esculpir el trasero menudo y musculoso de una bailarina de ballet, y las demás instruían a las lectoras sobre cómo lograr algo parecido a la silueta ligera pero muy codiciada que Pippa Middleton había mostrado al mundo en la boda real de su hermana con el príncipe Guillermo.

Es probable que esta variedad de opciones se debiera a un enigma mayor al que se enfrentaban las revistas femeninas de gran tirada: durante décadas habían cultivado la gordofobia, y se habían beneficiado de ella, pero ahora tenían que enfrentarse a la aparición de un nuevo ideal corporal más carnoso. Después de tantos años y tanta tinta dedicada al «deshielo» de la grasa, la única forma que los editores conocían para comprometerse con el deseo de un trasero grande era convertirlo en algo ganado a base de interminables ejercicios y regímenes dietéticos, una mezcla de carne y músculo que sólo podía conseguirse mediante el trabajo duro, el autosacrificio y una saludable dosis de vergüenza.

Los culos también se habían convertido en una mercancía compartible gracias a las redes sociales, que ayudaron a amplificar drásticamente todos los demás cambios que estaban en marcha. En 2013, una habitante de Long Island llamada Jen Selter acuñó por primera vez el término *belfie*, un híbrido de *butt* («culo») y *selfie* que, a pesar de su nombre, tenía menos que ver con la documentación por parte de un individuo de su propio trasero —muchos *belfies* tenían que ser tomados por otras personas, debido a la difícil contorsión necesaria para fotografiar el propio trasero— y más con una pose muy específica que centraba el trasero en una imagen «instagrammable» acompañada de una tímida mirada por encima del hombro. Es una pose que Kim Kardashian había estado modelando y perfeccionando durante años (la imagen promocional de la primera temporada de *KUWTK* es un excelente ejemplo), y un *look* que es a la vez dulce y sexy. También pone cara al trasero, rompiendo el anonimato que tan a menudo forma parte de la apreciación de la retaguardia. Cuando acuñó el término, Selter era una estrella en ascenso del fitness que presumía de un culo blanco y bien formado, aunque pequeño; y de contar con una columna el *New York Post* titulada «Pateando traseros», en la que prometía ayudar a las mujeres a ejercitarse para conseguir un trasero atractivo. Pero, para Selter, surgió otra vía más directa para monetizar su compromiso con un culo de calidad: empezó a publicar sus *belfies* en Instagram, lo que rápidamente resultó lucrativo: según Selter, cada *belfie* que publicaba atraía a cinco mil nuevos seguidores, lo que luego se traducía en importantes ingresos en promociones y clientes de fitness. «Cualquiera que trabaje duro podría estar donde estoy yo», declaró a la revista *Elle* en 2013. Las palabras de Selter podría interpretarse de dos maneras: el trabajo duro puede hacerte ganar un buen trasero, pero también puede convertirte en millonario.

La industria musical también sacó provecho del Año del Culo gracias a una serie de éxitos. Jennifer López lanzó el himno *Booty*, una colaboración con la también estrella del pop Iggy Azalea, orgullosamente *callipygiana*. Beyoncé, la mujer que había introducido al mundo la palabra *bootylicious* una década antes, lanzó su álbum homónimo, cuyos vídeos musicales mostraban de forma prominente su trasero apenas desnudo, acompañado de una serie actuaciones televisadas con bailes cuyos protagonistas eran los culos y sus poses. Y la cantautora blanca Meghan Trainor ofreció *All About That Bass*, una referencia a su propio gran culo, con letras claramente positivas para el cuerpo, como «No seré una muñeca Barbie de silicona y figura de palo» y «Cada centímetro de ti es perfecto de abajo a arriba».

En agosto de ese mismo año, Nicki Minaj lanzó *Anaconda*, una canción que hacía referencia directa y sampleaba *Baby Got Back*, y situaba en primer plano el trasero de Minaj tanto en el vídeo como en la letra («Dice que no le gustan huesudos, quiere algo que pueda agarrar»). Al samplear *Baby Got Back*, Minaj hacía un guiño al linaje de los culos en el hip-hop dominante, pero también estaba afirmando su control sobre la narrativa de la mujer negra de gran culo. No era un cuerpo giratorio sin cabeza, como las mujeres de *Baby Got Back*, sino la creadora de la música, la que controlaba la imagen y la que hacía el dinero. Si había explotación, era autoexplotación, y una elección que la propia Minaj estaba tomando.

Las canciones sobre culos era un subgénero lucrativo a explotar, pero para los intérpretes originales del *bounce* de Nueva Orleans, Katey Red y Big Freedia —quienes en muchos sentidos harían del *twerk* algo que Miley Cyrus y otros más tarde comercializarían—, el éxito financiero y el reconocimiento llegaron más lentamente, y sin tanta repercusión. Katey Red empezó a grabar un álbum en 1998, pero no fue hasta 2011 cuando se publicó finalmente y se estrenó el vídeo musical; nunca ha alcanzado una fama generalizada ni el reconocimiento de su nombre, a pesar de su papel crucial en la historia del *bounce* y el *twerk*. A Big Freedia le fue mejor. En 2013, protagonizó su propio reality show en la cadena Fuse, *Big Freedia: Queen of Bounce*. También se convirtió en embajadora de la historia y el significado cultural del *twerk*, en una portavoz que imparte talleres de *twerks* en universidades y publicó unas memorias. Pero Freedia siempre sería encasillada como la persona que corrige la narrativa popular en lugar de como la que la impulsó. Como dijo Nicki Minaj en septiembre de 2013, en medio del revuelo tras la actuación de Cyrus en los *VMA*, «Si una chica blanca hace algo que parece ser de negros, la gente negra piensa, "Oh, está abrazando nuestra cultura", así que como que les parece bien. Entonces los blancos piensan: "¡Oh, debe de ser *cool*! Está haciendo algo de negros». Es raro. ¿Pero si una persona negra hace algo de negros? No tiene tanto impacto».

RECLAMACIÓN

Kelechi Okafor, una de las instructoras de *twerk* más populares del Reino Unido, nació en Nigeria en 1986. Se trasladó a Londres cuando tenía cinco años, instalándose en un barrio en el sureste de Londres llamado Peckham, hogar de una creciente comunidad de inmigrantes nigerianos en la década de los noventa, a la que ella se refería entonces como Little Lagos. «Era casi como si nunca hubiéramos salido realmente de Nigeria», dice, «íbamos a los mismos mercados. Oía hablar yoruba por todas partes». Cuando hablé con Okafor, me explicó que la danza era una parte esencial de su educación. «Bailaba de forma natural en todas las fiestas a las que iba. Siempre, siempre bailaba».

A los dieciséis años, Okafor comenzó a estudiar teatro musical en una escuela de artes escénicas. Fue allí donde asistió a sus primeras clases formales de ballet, claqué y jazz, y donde empezó a reconocer que algo en su aspecto y en su aptitud para el baile la distinguía.

Okafor se sentía desanimada a cada paso: su profesora de ballet le dijo que se comprara medias rosas para ballet, ignorando el hecho de que no combinaban con su tono de piel. Un asesor profesional le dijo que, como negra, lo máximo a lo que podía aspirar profesionalmente en el teatro musical era a «un bonito papel de mejor amiga». Cuando añadía florituras vocales a una canción en clase, la reprendían y le decían: «Cántala tal y como la hemos dado». Cuando una mujer blanca hacía lo mismo, Okafor se dio cuenta de que la elogiaban por añadir algo creativo y extravagante. «Empecé a entender que lo que no me estaba permitido a mí sí que tenía sentido si lo hacían otras personas que no eran negras».

Después del instituto, fue a la Liverpool Hope University para estudiar Arte Dramático y Derecho. Era la primera vez que estaba lejos de casa y la primera vez que tenía el espacio y la libertad para explorar lo que la danza significaba para ella. «Durante los tres años que estuve en Liverpool», dice, «me convertí en una experta en todo lo que se refiere a la vida nocturna». Era muy conocida en los clubes y se convirtió en lo que ella llama una «mini-celebridad» por lo que era capaz de hacer en la pista de baile. «Era tan libre», dice cuando le pregunto cómo eran sus movimientos. «Me concentraba en los glúteos y las caderas. Fui capaz de involucrar realmente la región sacra».

Después de la universidad, en 2008, Okafor se trasladó a Atlanta, una ciudad en la que no conocía a nadie, pero sí sabía que era el hogar de su artista favorita, Ciara. «Sabía que estábamos destinadas a ser mejores amigas», dice riendo. Nunca conoció a Ciara, pero acabó trabajando en gestión de artistas durante seis meses, sobre todo con raperos. Muchos de esos artistas actuaban en clubes de striptease, o iban después de sus actuaciones, y a menudo llevaban a Okafor con ellos. Fue allí donde conoció por primera vez el *pole dance*, y se enamoró inmediatamente de él. «La política de respetabilidad envuelve el trabajo sexual y el *pole dance*, pero todo lo que vi fue un poder realmente crudo y sin adulterar» afirma.

En 2009, Okafor regresó al Reino Unido y trabajó en un *call center* mientras buscaba trabajo como actriz y estudiaba para convertirse en entrenadora personal. Unos años más tarde, decidió tomar clases de *pole dance*, y en pocos meses se había abierto camino a través de todos los niveles disponibles en un estudio de baile local. Al poco tiempo, le pidieron que impartiera ella misma las clases, que rápidamente se hicieron populares en parte porque traía consigo unos conocimientos de fisiología y anatomía y ayudaba a sus alumnas a entender cómo funcionaban los bailes con sus cuerpos. En 2014, los propietarios blancos del estudio le preguntaron si podía enseñar *twerk*. «Pensé: "¿Por qué? ¿Es una cosa [que creen] que hacen los negros?"«. Ella les dijo que no estaba segura de si sus movimientos eran *twerking*, per se, pero accedió a hacer una demostración de cómo bailaba en los clubes de Liverpool. Impresionados, le preguntaron inmediatamente si enseñaría sus movimientos en una clase, tan pronto como asistiera a una de sus clases de *twerking* ya existentes. «Fui a esa clase», recuerda, «y me quedé horrorizada». Sólo había dos personas presentes, aparte de la instructora y Okafor, y la profesora estaba demostrando movimientos básicos —aislamientos del trasero y contoneos— sin enseñar a las alumnas cómo ensamblarlos en un todo unificado. «Yo podía oír el ritmo, pero no sé si ella podía oírlo», dice Okafor, «nada casaba». Decidió que adoptaría un enfoque diferente. A las pocas semanas de su primera clase, las plazas de su Twerking para Principiantes se habían agotado por completo, y el estudio añadió más sesiones de clase para dar cabida al aumento de la demanda. Okafor estaba feliz. «Me encantaba el hecho de poder enseñar a la gente la mecánica de lo que ocurre cuando bailo, y desglosarlo para ellos y desmenuzar el lenguaje y la relación entre la música y la sensualidad y mostrarles cómo expresarlo físicamente».

La popularidad de las clases y el creciente número de seguidores de Okafor en las redes sociales entusiasmaron a los propietarios del estudio —al igual que el dinero que sus clases estaban aportándoles—, pero también querían gestionar la definición de *twerk* en su espacio y asegurarse de que se ajustaba a lo que pensaban que querían sus clientes. Preguntaron a Okafor si podían cambiar el nombre de su clase a Tribal Twerk, para señalar que enseñaba movimientos que creían que el alumno blanco medio no podría ejecutar.

Okafor se enfrentó a problemas similares en otros estudios. En un esfuerzo por ampliar su alcance, se puso en contacto con un estudio de Manchester para ver si podía impartir un taller. Se dio cuenta de que habían acreditado a Miley Cyrus como creadora del *twerk*, un error que le pareció preocupante y que estaba deseosa de ayudar a corregir. «No me gusta su estilo de *twerk*», dijo en respuesta la dueña blanca del estudio, «me parece básico. Cuando mis chicas y yo hacemos *twerking*, nos ponemos las rodilleras y nos tiramos al suelo».

Okafor publicó la respuesta del dueño del estudio en Twitter, y el tuit se hizo viral, sobre todo en Estados Unidos. «Las mujeres negras estadounidenses estaban furiosas», recordó Okafor, «decían: "Esto es lo que nos ha estado pasando durante siglos. Somos las creadoras de algo, luego se lo apropian los blancos, lo reempaquetan para que la gente obtenga beneficios de ello, y nos denigran en el proceso"».

***

El interés de las mujeres blancas por el *twerk* en la década de 2010, y por los culos grandes en general, es en cierto modo algo curioso. Aunque ha habido ejemplos en las altas esferas de mujeres blancas que se han adentrado en la moda y la cultura popular negras con anterioridad —ya sea a través de las trenzas de Bo Derek, el «vogueo» de Madonna o incluso el *bustle*—, las mujeres blancas han optado a menudo por la segregación en lugar de la apropiación, dejando esta última en gran medida en manos de sus homólogos masculinos. Pero en la década de 2010, esto empezó a cambiar, y el centro de ese cambio fue un compromiso profundo y sin precedentes con los culos grandes y el *twerking*.

Cuando le pregunté a Okafor por qué cree que tantas mujeres blancas acuden a sus clases de *twerk*, me explicó: «Tiene que ver con la feminidad occidental. Cuando la supremacía blanca estaba evolucionando, tenía que haber algo por lo que luchar, y el ser mujer, la feminidad y la pureza femenina blanca se convirtieron en esa cosa. Y así las mujeres blancas quedaron atrapadas dentro de esa narrativa». Okafor señaló además que los hombres blancos a menudo ven como su deber proteger a esta mitológica mujer blanca inocente, en particular de la percibida amenaza física y sexual de los hombres no blancos. «Y creo que por eso las mujeres blancas se sienten llamadas a hacer *twerking*: porque todavía existe esa batalla interna y externa, para romper las cadenas de la pureza femenina blanca».

«También tenemos que abordar los celos intergeneracionales por el hecho de que los cuerpos de las mujeres negras fueran deseados por los hombres blancos en la época de la esclavitud», continúa Okafor. Explica que hay una pregunta que debió de atormentar a las mujeres blancas cuando los hombres blancos miraban y deseaban a las mujeres negras: «¿Por qué la desean mis hombres? Si puedo emularla de algún modo, esa deseabilidad [puede volver a] mí». Estos celos de la supuesta capacidad y potencia sexual de las mujeres negras, por supuesto, vienen de muy atrás, al menos desde la época de Sarah Baartman, el polisón y la «Venus hotentote»; o, *El odio de las francesas*, de 1814.

Para sacudirse el gran mito de la pureza, las mujeres blancas suelen imitar a las negras, creyéndose los estereotipos de la hipersexualidad. Esta es la historia de muchas jóvenes estrellas, como Christina Aguilera, Britney Spears y, por supuesto, Miley Cyrus. «Tienen que pasar por una fase sucia, que es su forma de entrar en un aspecto más autónomo de la feminidad», dice Okafor, pero para ello «emulan una versión casi bastardizada de la feminidad negra. Y una vez que han conseguido su libertad, la tiran por la borda». Para Okafor, la negritud se construyó para «dar cabida a todos los que han sido condenados al ostracismo de cualquier modo, forma o manera», incluidas las mujeres blancas, «pero eso no es justo», dice, «porque normalmente [esas personas] pueden abandonarla de una forma que las mujeres negras no pueden».

En 2016, Okafor abrió su propio estudio en Londres, donde imparte clases de *twerk* y *pole dance* desde entonces, ofreciendo a sus alumnas tanto una enseñanza académica de la historia de la danza y la biomecánica, como una relación intuitiva con el movimiento y su experiencia vivida como superviviente de abusos sexuales. Durante años, Okafor no habló de su propia historia de abuso, pero ahora ve el *twerk* como una forma de anular ese silencio y conectar con su cuerpo y adueñarse de él. «Estoy reclamando mi cuerpo a través de la danza», dice, «soy capaz de ofrecérselo a la gente con transparencia y vulnerabilidad. Siempre ha habido tanta violencia y trauma en torno a la zona de [las caderas y el trasero] cuando se trata de la mujer».

Okafor enseña que el *twerk* no empieza por el trasero y que no hace falta tenerlo grande para bailar bien el *twerk*. «Empieza desde los pies y va hacia arriba. Proviene del lo arraigo de la cultura de África Occidental y de su danza. Cuando miramos a Senegal, cuando miramos a Nigeria, hay mucho movimiento de pies». Cuando ve a otras europeas hacer *twerking* —hay una población sorprendentemente grande de profesoras de *twerking* rusas y de Europa del Este en Internet— piensa que sobreutilizan las vértebras torácicas. «Abusan de las convulsiones fuertes», dice.

Okafor quiere que las alumnas salgan de sus clases con una comprensión de las formas en que se han utilizado los diferentes movimientos en la historia de la danza de la diáspora africana. «Espero que adquieran una comprensión muy profunda del *twerk* y de su historia. Les hablo de dónde se originan los movimientos. De cómo un movimiento de pies pudo cambiar de forma y viajar hasta Nueva Orleans». También se ha labrado una importante presencia en los medios sociales, así como una sólida carrera como escritora, podcaster y actriz, con la esperanza de que la información y el contexto que proporciona se extiendan más allá de la comunidad de su estudio. «¿Por qué no utilizar el espacio y las comunidades de las que dispongo para educarlas, de modo que cuando salgan, esa educación pueda transmitirse?».

***

La cultura global se rige en muchos sentidos por el préstamo, la mezcla y la remezcla: toda la música, la danza, el arte y la moda se nutren, en cierta medida, de tradiciones y experiencias más allá de la identidad y la cultura del creador. Sin este mestizaje cultural, no sólo no tendríamos rock n' roll, sino que tampoco tendríamos *twerk*. Y sin embargo, el préstamo puede convertirse fácilmente en algo perjudicial cuando se produce de forma inconsciente, sin atribución o sin tener en cuenta la historia. Miley Cyrus es un ejemplo casi caricaturesco de apropiación cultural: fue franca, y extrema, en su explotación del *twerk* para alejarse de su imagen infantil, y se deshizo fácilmente de su personaje sexy y de falso trasero grande cuando ya no le convenía, optando en su lugar por replantear la nueva fase de su carrera y su imagen en torno a heroínas clásicas del rock como Joan Jett y Stevie Nicks. Ganó enormes cantidades de dinero con sus actuaciones y, al parecer, nunca hizo ninguna mención pública a los orígenes del *twerk* en las comunidades negra y *queer*. Y también se deshizo fácilmente de ella después de *Bangerz*.

Pero la lección de Cyrus no es sólo una lección acerca del mal comportamiento de una celebridad. Es una lección sobre la comprensión de nuestros motivos y el intento de descubrir los deseos que se cuecen a fuego lento bajo nuestras intenciones iniciales y conscientes. No me pasé la década de 2010 tomando clases de *twerk* o haciéndome *belfies* para Instagram. Pero sí disfruté, si es que esa es la palabra correcta, de los frutos de los cambios en los estándares de belleza que evolucionaron en los últimos treinta años, y de cómo el significado y la apreciación de los culos grandes habían cambiado en la cultura dominante. Los hombres, y las mujeres, parecían ver mi cuerpo de forma diferente a como lo habían hecho a finales de los años noventa. Después de una reunión en el museo donde trabajaba a principios de la década de 2010, subí las escaleras unos metros por delante de un compañero de trabajo y él me gritó: «¡Vaya culo!». Me incomodó y no debería haberlo dicho. Pero también es cierto que una parte de mí se sentía un tanto encantada: encantada de que se diera cuenta, encantada de que me percibiera como sexy. Para cuando llegó el Año del Culo, a los tres whiskys de la mayoría de mis citas, la persona con la que estaba —independientemente del sexo o la raza— solía agarrarme el culo y susurrarme algo al respecto. Todas parecían haber desatado la parte de sí mismas a la que le gustaban los culos grandes, y mi cuerpo se había vuelto más codiciado como resultado. Y yo lo disfrutaba. Cuando me ponía vestidos ajustados que mostraban mi trasero, sentía parte de su poder.

Pero también sentí sus límites. De adolescente, sólo sabía que mi trasero era grande y asqueroso. De repente, me pareció grande y sexy. Y aunque esto puede haber constituido una mejora, mi trasero seguía estando obstinadamente *presente*. A veces quería esconderlo, hacerlo desaparecer. Quería que no significara nada, que fuera invisible para la gente que me rodeaba. Quería poder subir a un podio para dar una charla y no pensar en lo que la gente miraba mientras me acercaba al micrófono. Pero mi cuerpo siempre estaba ahí, diciendo algo, significando algo, me gustara o no.

¿Qué buscan las mujeres blancas cuando se adentran en la cultura negra? La respuesta puede ser diferente para cada una de nosotras, pero para mí Kelechi Okafor ofrece un buen punto de partida: acceso a la sensualidad, una oportunidad para rebelarse, una forma de ir más allá de la rigidez de la feminidad blanca. Pero esas necesidades no siempre son las que podemos articular fácilmente, o a fondo, y por eso las resolvemos irreflexivamente.

Al recurrir a la negritud en un intento de resolver estos problemas de la blancura, las mujeres blancas nos alejamos de los orígenes de la vergüenza que sentimos por nuestros cuerpos, una vergüenza que procede de la propia construcción de la blancura, una vergüenza que existe para imponer la idea de que unos cuerpos son inocentes y otros sexuales, que unos cuerpos son mejores y otros peores. En el proceso, no sólo dañamos a los demás, sino que nos dañamos a nosotras mismas al no comprender nunca realmente de dónde procede nuestra vergüenza.

Conclusión

El otoño pasado tiré el único par de vaqueros azules que me quedaba. Mis muslos se rozaban a cada paso, y el material entre mis piernas se había apelmazado y luego deshilachado, convirtiéndose finalmente en todo trama y nada de urdimbre. Por último, me senté en una banqueta y me recibió un desgarrón satisfactorio y desmoralizador: los vaqueros se habían rasgado por completo a lo largo de la parte inferior de mi nalga izquierda.

Tardé muchos meses en reunir el valor para comprarme un par nuevo. Desde los días en que veía a mi madre probarse ropa en Hudson's, había estado en cientos de probadores, y casi todos parecían haber sido diseñados para fomentar la vergüenza de bajo nivel. En algunos, la iluminación proporcionaba una visión de alto contraste de la escarpada celulitis de mis caderas; en otros, un espejo estaba estratégicamente inclinado para que mis muslos parecieran enormes. A veces, una joven y alegre vendedora me animaba desde el otro lado de una fina cortina, convencida de que podría apretujarme en una talla inferior a la que había elegido. Metía la barriga y embutía el trasero en unos pantalones que no tenían ninguna esperanza de contenerlo, intentando inexplicablemente apaciguar a una desconocida para que ella a su vez me tranquilizara diciéndome que era lo bastante buena.

Finalmente, tras varios meses aplazando un viaje de compras, me arrastré hasta el bajo Manhattan a la caza del esquivo par de repuesto. Allí me aventuré en una tienda con toda la fachada de cristal, un pórtico blanco brillante y una pared entera de pantalones pulcramente apilados en añil, aciano y negro descolorido. Miré arriba y abajo, insegura de si mi talla era más parecida a un raro bourbon de primera o a un vino barato con una magdalena en la etiqueta escondido cerca del suelo. Rebusqué en un montón y luego en otro, viendo sólo tallas 27 y 28, antes de encontrar por fin un par que podría quedarme bien en el fondo de una pila. Eran de talle alto y lavados al ácido, una versión actualizada de los vaqueros de madre que juré de adolescente que nunca me pondría.

Corrí la cortina del vestidor, me estudié en el gran espejo apoyado en la pared en un ángulo poco favorable y me desvestí. Mientras me abrochaba el botón, sentí la intimidad del momento. Sólo estaba yo en aquella habitación, viviendo una experiencia ordinaria. Estaba haciendo un recado, tachando una tarea que llevaba demasiado tiempo en mi lista.

Por un momento, un resplandor de esperanza me animó, pero cuando me estudié más detenidamente en el espejo, estaba claro que los pantalones no estaban bien. Incluso en esta época en la que los fabricantes de ropa prometen diversidad de tallas y formas, esta tienda sólo tenía un par de pantalones de mi talla, y me quedaban extrañamente holgados en las piernas, tensos en el trasero y abiertos en la cintura. Se veían grandes y holgados en el espejo, y cuando me di la vuelta para echar un vistazo a mi trasero, sentí una familiar punzada de decepción.

Me di cuenta de que ese sentimiento era uno de los que más me interesaban cuando empecé a escribir este libro. Es un sentimiento común, cotidiano, experimentado en una circunstancia mundana, que corroe la imagen que uno tiene de sí mismo. Pero también es tan familiar y banal que resulta demasiado fácil ignorarlo.

Me interesaba esta angustia de probador porque parecía muy personal, pero sabía que estaba profundamente interconectada con siglos de historia, cultura y política. A menudo había descartado la ansiedad por mi cuerpo como algo trivial o superficial. Pero la política de raza y género es la política de los cuerpos, e investigar los pensamientos y presunciones que arrastramos sobre nuestros cuerpos y los cuerpos de quienes nos rodean es crucial y profundo. Pensamientos como «¡Qué grande tengo el culo!», «¿Me está saliendo barriga?» y «¿No se supone que los vaqueros de madre son buenos para la gente con mi forma corporal?», surgen no sólo de las nociones de los cuerpos que absorbemos a través de Instagram o de los anuncios en vallas publicitarias o en el metro, sino de fuentes profundas de nuestro pasado colectivo.

Tras años de investigar los culos y llegar a comprender mejor la doctrina aparentemente siempre cambiante, pero de algún modo siempre filosóficamente coherente, de los cánones de belleza dominantes, sé que lo que siento por mi trasero forma parte de un linaje, conformado con el informe de la autopsia de Sarah Baartman realizado por Georges Cuvier, el tesoro de datos recopilados —y desechados— por los escuadrones de medición de Ruth O'Brien, los dibujos de Gordon Conway de *flappers* desenfrenadas y la cinta VHS de Greg Smithey que prometía a las mujeres una forma de trascender sus formas carnosas e imperfectas. Estos sentimientos provienen de la forma en que los culos grandes se equipararon con la hipersexualidad y la negritud, la forma en que los culos pequeños llegaron a simbolizar la moda y la libertad, la forma en que los culos fuertes eran sinónimo de disciplina, autocontrol y amor propio. Y provienen de la forma en que hablar de los culos de las mujeres ha sido, durante al menos dos siglos, una forma de hablar de, y en torno a, cuestiones de raza, género y lo que significan los cuerpos. Es como vestirse en un frío día de invierno, ponerse dos o tres pares de calcetines, llevar ropa interior larga debajo de pantalones de chándal y pantalones de esquí por encima de todo. Hay un cuerpo ahí dentro en alguna parte —un hecho científico, biológico—, pero uno que está tapado, hecho invisible, por las capas amontonadas sobre él. En nuestros cuerpos y sobre ellos llevamos historias, las que se describen en este libro y muchas más. Historias de nuestras familias, de nuestras vidas y del mundo. Nuestros sentimientos sobre nuestros cuerpos son el legado de personas e historias de hace mucho tiempo.

Me gustaría decir que aprender algo de estas historias me liberó de los sentimientos negativos hacia mi cuerpo, pero este tipo de conocimiento no es la panacea. Al otro lado de mi investigación, sigo sintiéndome incómoda en el probador, sigo sintiendo que no encajo cuando me pruebo ropa. Las ideas y los prejuicios sobre los cuerpos se imprimen temprana y profundamente, por lo que la primera sensación que tengo cuando me subo los vaqueros sigue conteniendo una saludable dosis de vergüenza, y probablemente siempre será así. Pero lo que esta investigación me ha ofrecido es una forma de entender y contextualizar esa vergüenza, y me ha ayudado a cuestionar mi forma de pensar y las suposiciones que hago. Ha hecho que estas grandes fuerzas estructurales parezcan menos vagas. Me ha ayudado a articular, y a comprender, la forma en que me siento con respecto a los cuerpos. Y me ha dado esperanza. Después de la voz en mi cabeza que susurra «tu culo es demasiado grande», hay otra que pregunta «¿Demasiado grande para qué? ¿Demasiado grande según quién? ¿Por qué es tan malo ser grande?». A menudo he pensado en cómo, a pesar de que este libro trata mucho de culos, podría haber tratado de casi cualquier cosa. Y esto también me da esperanza. Un examen minucioso de las partes de nosotros mismos que percibimos insoportables —ya sean partes del cuerpo, emociones o deseos— puede ser transformador. Al sentir curiosidad por las fuentes de la vergüenza y al poner esa vergüenza en contexto, no nos excusamos, ni siquiera la superamos. En su lugar, nos volvemos hacia ella en lugar de alejarnos, un gesto que permite nuevas posibilidades y conocimientos.

Comprender la forma en que las personas del pasado dieron forma al presente es también un medio para descubrir mecanismos sobre cómo todos nosotros podríamos dar forma a un futuro. El hecho de que los seres humanos del pasado crearan los significados que tienen nuestros diferentes cuerpos nos muestra que las personas de hoy pueden recrear, o descartar, esos significados. Uno de los grandes regalos de observar de cerca el pasado es que las cosas que antes parecían inevitables e inmutables empiezan a parecer superables, cambiantes, transitorias. Las personas crean los significados que son fuente de vergüenza, lo que significa que otras personas —como Rosezella Canty-Letsome, Deb Burgard, Kelechi Okafor, Vinnie Cuccia y Alex Bartlett— pueden cambiarlas una vez más.

Nuestros cuerpos, por su propia naturaleza, se resisten al control, un hecho que siempre me ha parecido paradójicamente triunfante cuando me encuentro con él. Inventamos polisones y fajas y vídeos de ejercicios y dietas de la col y esquemas de tallas, pero nuestros cuerpos tienen su propia agenda, por lo que rara vez nos obedecen. Algunas personas quieren que su culo sea grande, otras quieren que sea pequeño. Pero un culo, en su mayor parte, siempre seguirá siendo lo que es. Mientras la mente humana intenta martillear un cuerpo hasta la sumisión —pretende crearle un significado, intenta cambiar su forma y apariencia, convertirlo en algo que no es y no puede ser—, este se niega obstinadamente a obedecer.

Quizá por este motivo decidí comprar los vaqueros azules que no me quedaban del todo bien. Elegí vivir con que fueran lo suficientemente buenos. A veces, ahora, cuando me los pongo, me siento angustiada por cómo me quedan: apretados en el trasero y flojos en la cintura. Y a veces, por supuesto, siento la familiar punzada de fastidio de que sea tan difícil encontrar un par de pantalones que realmente me queden bien. Pero en última instancia, siento un recordatorio físico de ese tira y afloja entre el cuerpo y la mente, entre el deseo de arrebatar el control y la realidad de que los cuerpos siempre insistirán en ser exactamente lo que son.

Han pasado treinta años desde que me sentaba en la cubierta afelpada del retrete del cuarto de baño de mis padres, viendo a mi madre vestirse, tranquilizada por el calor y la seguridad que asociaba a su cuerpo y la previsibilidad de su ritual matutino, imaginando que mi cuerpo crecería hasta convertirse en uno como el suyo. Mis mañanas de adulta son diferentes de aquellas: en gran parte trabajo desde casa y nunca he sido muy hábil con los rulos y las lociones y el rímel y el perfume y todas las demás abluciones de *high-femme*. Pero a veces, cuando me preparo para dar una clase o ir a una fiesta, me inclino sobre el lavabo con la cara cerca del espejo para rizarme las pestañas, con mi culo sobresaliendo. Sacaré un bote de laca para el pelo y abriré la ventana para que no apeste el cuarto de baño. Y me miraré en el espejo, intentando vislumbrar mi culo. Mi cuerpo se parece un poco al de mi madre, con su gran trasero y sus anchas caderas. Y a veces, cuando estoy allí de pie en ropa interior, antes de haberme puesto los pantalones o haber salido al mundo, mi culo no me parece ni un problema ni una bendición. Es simplemente un hecho.

Agradecimientos

Si algo he aprendido en mi vida, es que el trabajo creativo se realiza dentro de una comunidad de apoyo. Estoy muy agradecida a todos los amigos, pensadores, artistas y escritores que han contribuido y han sido cruciales para este proyecto.

La idea de este libro comenzó como una pequeña broma con Damon Locks, a quien tengo la suerte de llamar amigo, y cuya obra y vida como artista son una inspiración constante. Damon fue uno de los muchos artistas que conocí durante mi estancia en el Museo Jane Addams Hull-House a principios de la década de 2010, donde algunas de las personas más brillantes, cariñosas, divertidas y creativas que he conocido trabajaron juntas para hacer algo muy especial. Fue de estas personas —incluidas Isis Ferguson, Lisa Junkin López, Tara Lane, Jen Ash y la incomparable Lisa Yun Lee— de quienes absorbí y formé tantas de mis ideas sobre política, historia, arte y las posibilidades de alegría en los movimientos sociales. Este libro no podría existir sin ellas y todo lo que me enseñaron.

Estoy extraordinariamente agradecida a quienes creyeron que era capaz de ser escritora antes de que yo pudiera. A Shannon Heffernan, cuya amistad, humor y cariño me han hecho compañía tanto en los días más oscuros como en los más alegres. A Lulu Miller, que me ha mostrado lo grande y hermosa que puede ser una vida. A Michelle Boyd, que me animó en el momento en que más lo necesitaba y me enseñó a cuidar de mí misma en los momentos de dolor.

Gracias a los profesores que encontré en el programa MFA de Columbia, entre ellos Leslie Jamison, Hilton Als, Margo Jefferson, Philip Lopate y Eliza Griswold, cuyas lecciones y apoyo han contribuido a formarme como escritora. A Sam Freedman, que aceptó este proyecto que sonaba tan peculiar en su clase de propuestas de libros y nos dio forma tanto a mí como al libro a lo largo de un semestre. A los muchos amigos que conocí durante mi estancia en Columbia y que se convirtieron en colegas de profesión, como Noah Shannon, Dan Lefferts, Moeko Fujii, Sasha Bonet, Lisa Factora-Borchers, Harrison Hill, Synne Borgen, Robyn Price, Ari Braverman, Kay Zhang, Maud Doyle, Jonathan Fetter-Vorn y Jordan Kisner.

Gracias a mi agente, Matt McGowen, que tuvo fe en mí desde el principio y que siempre creyó que un libro sobre culos podía ser una obra seria de no ficción. A mi editora, Julianna Haubner, cuyas notas mejoraron el libro de innumerables maneras, y a todas las personas de Avid Reader que apoyaron este proyecto entre bastidores.

En los primeros días de trabajo en la propuesta del libro, recibí una beca de la Columbia School of the Arts que me permitió viajar a Londres y París, donde investigué la vida de Sarah Baartman y la historia del bullicio. Estoy muy agradecida por haber podido realizar ese viaje y por las oportunidades de investigación que me brindó. También estoy en deuda con el Programa de Prácticas Metcalf de la Universidad de Chicago, que pagó a Audrey Fromson, Faryn Thomas, Kitty Luo, Maggie Riviera, Cait Lozado y Bella Costantino para que trabajaran conmigo como ayudantes de investigación. Agradecí cada día la diligencia, inteligencia y creatividad de estas jóvenes que contribuyeron a que el libro fuera notablemente mejor y a que el proceso de escritura fuera significativamente menos solitario.

Como parte de mi investigación, entrevisté a muchas personas sobre sus cuerpos y sus traseros. Estoy agradecida de que estas amigas, amigas de amigas y desconocidas estuvieran dispuestas a mostrarse vulnerables y abiertas a la hora de hablar de sus cuerpos. Esas entrevistas me ayudaron a tomar decisiones sobre lo que sería este libro y me ayudaron a concretar más allá de mi propia experiencia vivida. Gracias también a los muchos eruditos que me dedicaron parte de su tiempo y en cuyo trabajo me basé para este libro. Un proyecto como este se levanta sobre los hombros de décadas de importante pensamiento e investigación, y estoy agradecida a todas las personas citadas en el cuerpo del texto y referenciadas en las notas finales. Gracias también a Joe Tait, archivero del Museo de Historia Natural de Cleveland, por ayudarme a encontrar material sobre Norma y Normman; a Sarah Witte, bibliotecaria de estudios sobre la mujer y el género de la Universidad de Columbia, que me ayudó a localizar fuentes primarias; y a los bibliotecarios que están detrás del programa Pregunte a un Bibliotecario de Columbia, que realizaron muchas consultas extrañas en mi nombre.

En otoño de 2019, Matt Kielty me recogió en Phoenix y me llevó al monte Mingus, cerca de Prescott, donde pasamos dos días juntos viendo cómo un grupo de humanos intentaba dejar atrás a un grupo de caballos. Desde entonces somos amigos y colegas. Estoy muy agradecida a Matt por su interés en esa historia y a los genios de *Radiolab* por invitarme a su asombroso mundo. Trabajar con el equipo de *Radiolab* me ha ayudado a pensar de nuevas maneras sobre la narrativa, los personajes, el sonido y la no ficción, y estoy en deuda con cada uno de ellos por aportar asombro y curiosidad a mi vida cotidiana.

Gracias a las personas que leyeron los primeros borradores y secciones de este libro y nos ofrecieron sus brillantes reflexiones y sugerencias: Andrew Semans, Leslie Jamison, Lulu Miller, Robyn Price, Sasha Bonet, Dan Lefferts, Synne Borgen, Emilie Rex, Noah Shannon, Erin Williams, Jonathan Fetter-Vorn, Shannon Heffernan, Lisa Lee, Moeko Fujii, Harrison Hill, Matt Kielty, Becca Bresler, Sasha von Oldershausen, Michelle Boyd, Kathryn Tabb, Marissa

Berwald, Julia Hyland Bruno y Nicole Boettcher. Un agradecimiento especial a Graham Mason, que contribuyó con el subtítulo; a Jane Fletcher, que tradujo del francés al inglés (y pasó una semana encantadora conmigo en París); a Avery Trufelman, que siempre estaba dispuesta a hablar sobre cuestiones de moda; y a Leslie Jamison por la enorme amistad y el constante apoyo moral durante todo el proceso de escritura de este libro.

Gracias a mi familia, que siempre me ha ofrecido su amor y su aliento: mi madre y mi padre; Mike, Kristi, Ellis y Ayda; y Ashley Christensen, mi primera y mejor amiga. Y gracias a todos mis amigos de todos los ámbitos de mi vida que me apoyaron mientras trabajaba en este proyecto. Es gracias a vuestra generosidad emocional, artística e intelectual que soy capaz de hacer cualquier cosa. Es un privilegio contar con una comunidad tan sólida y cariñosa.

Sobre todo, gracias a Andrew Semans, que leyó este libro el primero, el último y el que más; que me ha proporcionado una alegría y un amor incomparables; que no le importa que nunca me acuerde de ponerle el tapón al aceite de oliva (ni a ninguna otra cosa). Poder pasar mi vida contigo es lo mejor que me ha pasado nunca.

Notas

INTRODUCCIÓN

Sander Gilman: «Black Bodies, White Bodies: Toward an Iconography of Female Sexuality in Late Nineteenth-Century Art, Medicine, and Literature», *Critical Inquiry 12*, nº 1 (1985).

«Personalmente no encuentro sexy mi trasero»: Realicé entrevistas con mujeres y personas no binarias como investigación de base para este libro. Estas entrevistas fueron largas y amplias y abarcaron una gran variedad de material sobre los sentimientos y experiencias de cada persona acerca de sus culos y cuerpos. Las citas que aparecen aquí son extractos de esas entrevistas, que se realizaron entre 2017 y 2021.

MÚSCULO

M. D. Rose, «A Hominine Hip Bone, KNM-ER 3228, from East Lake Turkana, Kenya», *American Journal of Physical Anthropology 63*, no. 4 (1984): 371-78.

Jonathan B. Losos y Daniel E. Lieberman,«Four Legs Good, Two Legs Fortuitous: Brains, Brawn, and the Evolution of Human Bipedalism», *In the Light of Evolution: Essays from the Laboratory and Field* (Greenwood Village, CO: Roberts and Company, 2011).

La zona en la que vivía: *Ibid.*

Los antepasados del *Homo erectus*: Rose, «A Hominine Hip Bone».

Varios milenios después: *Ibid.*

Estuvo allí como miembro: Carol Broderick,«Fossil Finders: The Hominid Gang». Leakey Foundation *31 de mayo de 2019, https://leakey foundation.org/fossil-finders-hominid-gang/.*

Ngeneo entrenó su aguda mirada: R. E. Leakey, «New Hominid Fossils from the Koobi Fora Formation in Northern Kenya», *Nature 261*, no. 5561 (17 de julio de 1976): 574-76.

Fue el Dr. Daniel Lieberman: originalmente informé de esta sección sobre la biología de la carrera humana, el propósito de los músculos del trasero y la Carrera del Hombre contra el Caballo para *Radiolab* de WNYC. Una versión de esta sección puede escucharse en el programa «El hombre contra el caballo», emitido el 27 de diciembre de 2019. Para el programa, Matt Kielty y yo entrevistamos a Daniel Lieberman y Dennis Bramble y asistimos a la carrera.

También he utilizado esas entrevistas y experiencias como fuentes para esta sección. También entrevistamos a varios de los corredores y corredoras, incluido Nick Coury.

En cambio, era una pregunta: Daniel E. Lieberman et al., «The Human Gluteus Maximus and Its Role in Running», *Journal of Experimental Biology 209*, n° 11 (1 de abril de 2006): 2143-55.

Los biólogos entendieron la carrera humana: Dennis M. Bramble y Daniel E. Lieberman, «Endurance Running and the Evolution of Homo». *Nature 432*, n° 7015 (18 de noviembre de 2004): 345-52.

Porque es imposible: *Ibid.*

Usain Bolt: N. C. Sharp, «Animal Athletes: A Performance Review», *Veterinary Record 171*, no. 4 (2012): 87–94.

Un antílope o un caballo: *Ibid.*

Ambos habían leído David R. Carrier et al.,«The Energetic Paradox of Human Running and Hominid Evolution» (incluidos los comentarios y la respuesta), *Current Anthropology 25*, no. 4 (1984): 483-95.

Bramble y Lieberman: La recolección y el almacenamiento de restos humanos tiene una larga y perturbadora historia que está profundamente ligada a los legados del colonialismo y el racismo científico, como se analizará detenidamente en el próximo capítulo. Aunque los huesos que Lieberman y Bramble estaban observando eran paleolíticos y, en muchos sentidos, pertenecen a una categoría de coleccionismo diferente a la de los restos humanos de Sarah Baartman, las colecciones de historia natural suelen albergarse en instituciones occidentales como Harvard y se coleccionan como parte de un proyecto colonial más amplio en, como en este caso, África.

El *Homo erectus* fue el primero: William J. Cromie, William J. Cromie, «Running Paced Human Evolution: Anthropologists Conclude Running May Have Helped Build a Bigger Brain», *Harvard Gazette*, 18 de noviembre de 2004, https://news.harvard.edu/gazette/story/2004/11/running-paced-human-evolution/.

También: Bramble y Lieberman, «Endurance Running and the Evolution of Homo».

Examinó de cerca: Lieberman et al., «Human Gluteus Maximus».

Si observas el culo: Daniel Lieberman apareció en un episodio de *The Colbert Report* que se emitió en Comedy Central el 28 de mayo de 2013.

Nuestro glúteo mayor es el músculo más grande: *Andreu Llamas, Muscles and Bones (Human Body)* (Milwaukee: Gareth Stevens Publications, 1998).

Como el blanco de nuestros ojos: Hiromi Kobayashi y Shiro Kohshima, «Unique Morphology of the Human Eye», *Nature 387*, n° 6635 (19 de junio de 1997): 767–768, https://doi.org/10.1038/42842.

¿Lo siente?: Daniel Lieberman en *The Colbert Report*.

Los corredores ascenderían 1.700: Ron Barrett me proporcionó mapas de elevación y del recorrido, y también están disponibles en la página web del Hombre contra el Caballo: https://managainsthorse.net/.

Nunca ha sido un corredor humano: La información sobre la resistencia y la carrera humanas procede de mis entrevistas con Lieberman y Bramble, así como de los siguientes trabajos científicos: Bramble y Lieberman, «Endurance

Running and the Evolution of Homo»; Losos y Lieberman, «Four Legs Good»; Lieberman et al., «Human Gluteus Maximus»; y Dennis Bramble, «How Running Made Us Human: Endurance Running Let Us Evolve to Look the Way We Do», *Nature, 432*, n° 7015, 18 de noviembre de 2004.

Los músculos glúteos humanos: La información de este párrafo y del párrafo anterior procede específicamente de Lieberman et al., "Human Gluteus Maximus".

Que tendría una madre lactante: Losos y Lieberman, «Four Legs Good», 15.

Dennis Bramble Esta información procede de mi entrevista con Dennis Bramble y de su artículo «How Running Made Us Human».

Otro grupo de científicos: La información de esta sección procede de mis entrevistas con Jamie L. Bartlett, así como de Jamie L. Bartlett et al., «Activity and Functions of the Human Gluteal Muscles in Walking, Running, Sprinting, and Climbing», *American Journal of Physical Anthropology 153*, n° 1 (12 de noviembre de 2013): 124-31.

Hace 1,9 millones de años: La información de este párrafo procede de Losos y Lieberman, «Four Legs Good».

Se siente eufórico: Esta información procede de mi entrevista con Daniel E. Lieberman y también está disponible en el artículo de Gretchen Reynolds, «The Evolution of the Runner's High», *New York Times*, 25 de abril de 2012, https://well.blogs.nytimes.com/2012/04/25/the-evolution-of-the-runners-high/.

El primer humano en Hombre contra el Caballo: Los resultados de todas las carreras de Hombre contra el Caballo están disponibles en https://managainsthorse.net/result.html. La carrera del hombre contra el caballo, como todas las carreras de resistencia oficiales, incluye controles veterinarios para los caballos en los que éstos se detienen, descansan y son revisados por veterinarios. Estos tiempos se restan del tiempo final del caballo. Nick Coury fue el primer humano en vencer a todos los caballos con las retenciones de los controles veterinarios restadas de sus tiempos.

GRASA

Un tejido blando: Esta información procede de mi entrevista con Daniel E. Lieberman.

Sin embargo, sí lo sabemos: La información de este párrafo procede de mi entrevista con Devjanee Swain-Lenz, asociada postdoctoral de Duke, así como de Devjanee Swain-Lenz et al., «Comparative Analyses of Chromatin Landscape in White Adipose Tissue Suggest Humans May Have Less Beigeing Potential Than Other Primates», *Genome Biology and Evolution 11*, n° 7 (24 de junio de 2019): 1997-2008.

Según Morgan Hoke: La información de este párrafo procede principalmente de mi entrevista con el profesor adjunto de Antropología de la Universidad de Pensilvania Morgan Hoke.

Esto era necesario: Losos y Lieberman, «Four Legs Good».

Aunque todas las personas necesitan grasa: La información de esta sección procede de mi entrevista con Morgan Hoke.

Los estudios dicen que la más baja: George A. Bray y Claude Bouchard, eds., *Handbook of Obesity, vol. 1, Epidemiology, Etiology, and Physiopathology* (Boca Ratón, FL: CRC Press, 2014).

Para los hombres, esa cifra es: Devi Swain-Lenz también habló de ello conmigo durante nuestra entrevista.

El embarazo requiere: La información aquí expuesta procede también de mi entrevista con Morgan Hoke.

La más directa: Esta información procede de mi entrevista con Daniel E. Lieberman.

También existe un corpus de investigación: La información de este párrafo procede de mi entrevista con Morgan Hoke.

PLUMAS

La cita procede de una carta que Charles Darwin escribió a Asa Gray el 3 de abril de 1860. Esta carta puede encontrarse en *Charles Darwin, The Correspondence of Charles Darwin,* eds. Frederick Burkhardt et al. (Cambridge, Reino Unido: Cambridge University Press, 1985).

La teoría de la selección natural de Darwin: El Dr. Chris Haufe me explicó las teorías de este párrafo en una serie de entrevistas que realicé en otoño de 2021. Sin embargo, las teorías y cuestiones en torno a la selección natural, la selección sexual y la ornamentación se exponen en muchas de las obras de Darwin, en particular en *La descendencia del hombre y La selección en relación con el sexo.* Me basé en el libro de Richard Prum *The Evolution of Beauty: How Darwin's Forgotten Theory of Mate Choice Shapes the Animal World-and Us* (Nueva York: Anchor Books, 2017) para comprender mejor estas teorías, así como en conversaciones con Prum, Lieberman y Kathryn Tabb, profesora adjunta de filosofía en el Bard College.

Pero también las encontrará referenciadas: Por supuesto, hay muchas publicaciones que utilizan la Psicología Evolutiva para explicar los fenómenos de la cultura pop, pero he aquí algunos ejemplos de psicología evolutiva en *Maxim* y *Cosmopolitan:* Zeynep Yenisey, «New Study Claims to Show Why "Gentlemen

Prefer Blondes"», *Maxim*, 7 de enero de 2019, https:// www. maxim.com/news/men-prefer-blonde-women-study-2019-1/; Zeynep Yenisey, «Why We Love to Hate Villains, According to Science», *Maxim*, 2 de diciembre de 2015, https://www.maxim. com/entertainment/why-we-love-to-hate-villains-2015-12/; Ali Drucker, «What Do Men and Women Each Regret Most about Sex?», *Maxim*, 10 de septiembre de 2015, https://www. maxim.com/maxim-man/what-do-men-and-women-each-regret-most-about-sex-study-2015-9/; Meehika Barua, «The Scientific Reason Why Men Ghost You *Exactly* After Three Months», *Cosmopolitan*, 11 de mayo de 2021, https:// www. cosmopolitan.com/sex-love/a36395867/why-men-ghost-after-three-months/; Zoe Ruderman, «The Move That Makes You Guy-Hot», *Cosmopolitan*, 29 de noviembre de 2010, https://www. cosmo politan.com/sex-love/news/a8944/tilted-head-makes-women -attractive-study/. Algunos de los estudios citados por *Maxim, Cosmopolitan* y Reddit incluyen: Jens Kjeldgaard-Christiansen, «Evil Origins: A Darwinian Genealogy of the Popcultural Villain, Evolutionary» *Behavioral Sciences 10*, n° 2 (2016): 109-22; Andrew Galperin y otros, «Sexual Regret: Evidence for Evolved Sex Differences», *Archives of Sexual Behavior 42*, n° 7 (12 de noviembre de 2012): 1145-61; David C. Matz y Verlin B. Hinsz, «Women's Hair as a Cue to Desired Relationship and Parenting Characteristics», *Journal of Social Psychology 158*, no. 5 (2018): 558-73; Peter Marshall, Amy Bartolacci y Darren Burke, «Human Face Tilt Is a Dynamic Social Signal That Affects Perceptions of Dimorphism, Attractiveness, and Dominance», *Evolutionary Psychology 18*, n° 1 (1 de enero de 2020).

Largos hilos de Reddit: De nuevo, hay muchos ejemplos de Psicología Evolutiva en Reddit, pero un hilo donde se encuentra fácilmente es «Evolutionary Psychology/Sociobiology», https:// www.reddit.com/r/evopsych/. Un estudio citado en este hilo es el de Rafael Wlodarski y Robin I. Dunbar, «What's in a Kiss? The Effect of Romantic Kissing on Mate Desirability», *Evolutionary Psychology 12*, n° 1 (1 de enero de 2014).

Thomas Anderson, «High Heels Do Have Power over Men, Study Finds», *Boston Globe*, 8 de diciembre de 2014, https://www.bostonglobe.com/news/world/2014/12/08/high-heels-have-power-over-men-study-finds/GaOqm3zuAgyrKGcZYZdTSM/stor y.html?event=event25.

University of Stirling, «How Make-up Makes Men Admire but Other Women Jealous», ScienceDaily, www .sciencedaily.com/releases/2016/06/160624155151.htm.

Farid Pazhoohi et al., «Arching the Back (Lumbar Curvature) as a Female Sexual Proceptivity Signal: An Eye-Tracking Study», *Evolutionary Psychological Science 4*, n° 2 (25 de octubre de 2017): 158-65.

Ali Eaves, «The Science of Why You're an Ass Man», *Men's Health*, 10 de septiembre de 2014, https://www.menshealth.com/sex-women/a19533624/why-youre-an-ass-man/.

Olga Khazan, «How the Gluteus Became Maximus», *Atlantic*, 2 de abril de 2015, https://www.theatlan tic.com/health/archive/2015/04/how-the-gluteus-became-maximus/389216/.

Alanna Núñez, «Science Has Finally Figured Out Why Men Like Big Butts», Cosmopolitan, 6 de marzo de 2015, https://www.cosmopolitan.com/entertainment/celebs/news/a37405/science-big-butts/.

El experimento se llevó a cabo: David M. G. Lewis et al., «Lumbar Curvature: A Previously Undiscovered Standard of Attractiveness», *Evolution and Human Behavior 36*, no. 5 (septiembre de 2015): 345-50.

Stephen Jay Gould, *«The Return of Hopeful Monsters»*, *Natural History 86* (1 de junio de 1977): 22.

Tanto Richard Prum como Chris Haufe me ayudaron a comprender las críticas a la psicología evolutiva, que están muy arraigadas entre los biólogos evolutivos.

Otro problema de la psicología evolutiva: Amotz Zahavi, «Mate Selection-a Selection for a Handicap», *Journal of Theoretical Biology 53*, n° 1 (1975): pp. 205-214, https://doi.org/10.1016/0022-5193(75)90111-3.

Esto puede sonar contraintuitivo: Esta información procede de mi entrevista con Chris Haufe.

Stephen J. Gould y Richard C. Lewontin, «The Spandrels of San Marco and the Panglossian Paradigm: A Cri- tique of the Adaptationist Programmee», *Proceedings of the Royal Society of London 205*, n° 1161 (21 de septiembre de 1979): 581-98.

En una visita al Museo Peabody: Visité al Dr. Prum en Yale en mayo de 2019, así como en febrero de 2018, y allí me entrevisté con él. La información aquí expuesta procede también de su libro *The Evolution of Beauty: How Darwin's Forgotten Theory of Mate Choice Shapes the Animal World-and Us* (Nueva York: Anchor Books, 2017).

Sobre la pigmentación de las plumas: La información de esta sección procede de mis entrevistas con el Dr. Prum y de su libro *The Evolution of Beauty*.

De hecho, Haufe toma la idea de Prum: Esta información procede de mi entrevista con Chris Haufe.

SARAH

VIDA

La reconstrucción de la vida de Sarah Baartman en este capítulo se ha basado en gran medida en el trabajo de Clifton Crais y Pamela Scully, autores del excelente *Sarah Baartman and the Hottentot Venus* (Princeton, NJ: Princeton University Press, 2011), una obra ampliamente citada por los estudiosos de Baartman. Además de Crais y Scully, también he consultado los siguientes textos para obtener información general sobre la vida y el legado de Baartman: Anne Fausto-Sterling, «Gender, Race, and Nation: The Comparative Anatomy of 'Hottentot' Women in Europe, 1815-1817», *Deviant Bodies: Critical Perspectives on Difference in Science and Popular Culture*, eds. Jennifer Terry y Jacqueline Urla (Bloomington: Indiana University Press, 1999), 19-48; Natasha Gordon-Chipembere, *Representation and Black Womanhood: The Legacy of Sarah Baartman* (Nueva York: Palgrave Macmillan, 2016); Janell Hobson, *Venus in the Dark: Blackness and Beauty in Popular Culture* (Oxfordshire: Routledge, 2018); Rachel Holmes, *The Hottentot Venus: The Life and Death of Sarah Baartman* (Londres: Bloomsbury, 2020); *The Life and Times of Sarah Baartman*, dirigida por Zola Maseko, Icarus Films, 1998; T. Denean Sharpley-Whiting, *Black Venus: Sexualized Savages, Primal Fears, and Primitive Narratives in French* (Durham, NC: Duke University Press, 1999); y Deborah Willis, ed., *Black Venus 2010: They Called Her «Hottentot»* (Filadelfia: Temple University Press, 2010).

Georges Cuvier fue, entre otras cosas: Aunque la mayoría de las biografías de Cuvier están en francés, los detalles biográficos de Cuvier están se recogen en enciclopedias e historias científicas del siglo XIX. Me basé en las enciclopedias científicas de la Universidad de Arizona y de la Universidad de California en Berkeley, así como en la información de la biografía de Baartman de Crais y Scully. También mantuve conversaciones con los filósofos de la ciencia Chris Haufe y Kathryn Tabb que me ayudaron a entender a Cuvier en su contexto.

Se llamaba Sarah Baartman: Saartjie es un nombre afrikáans y el que muchos utilizaron para Baartman durante su vida. No llegaría a llamarse Sarah hasta que fue bautizada en Manchester varios años después de llegar a Inglaterra. Aunque es casi imposible saber hasta qué punto alguna parte de su vida fue elección y no coacción, parece que en ese momento eligió el nombre de Sarah para sí misma. Así que es ese nombre el que muchos estudiosos eligen para llamarla hoy. El sufijo -*tjie* es un diminutivo con dos significados. Es utilizado entre amigos y sugiere afecto. Pero también minimiza la importancia de lo que nombra y sugiere esclavitud, servidumbre, subordinación. A lo largo de la historia de Sudáfrica, se ha utilizado como una forma racista de hablar, una manera de los blancos de indicar su autoridad sobre los negros. En el caso de Baartman, probablemente también subyacía la burla en el diminutivo: una mujer que era conocida sobre todo por su corpulencia era llamada pequeña cada vez que alguien decía su nombre.

Eran los khoe: En algunas fuentes, este grupo indígena se denomina *Khoekhoe*, pero en conversaciones con gente khoe contemporánea, me dijeron que esta es la grafía preferida y que la pronunciación es «Quay».

Que estaba fascinado con los culos en general: Esta idea procede de la biografía de Rachel Holmes sobre Sarah Baartman, *The Hottentot Venus: The Life and Death de Sarah Baartman*.

La pintura europea del Renacimiento también había representado habitualmente los traseros de las mujeres: *Sabrina*

Strings, Fearing the Black Body: The Racial Origins of Fat Phobia (Nueva York: New York University Press, 2019).

Sobre los clubes de pedos: Edward Ward, *A Compleat and Humorous Account of All the Remarkable Clubs and Societies in the Cities of London and Westminster* (Londres: 1756), 31-32.

Una mujer de grandes nalgas se baña alegremente: James Gillray, «Sir Richard Worse-than-sly, exposing his wife's bottom;-o fye!», aguafuerte coloreado a mano, 14 de marzo de 1782, National Portrait Gallery, Londres.

Sobre Baartman llevando la misma ropa: Holmes, *Hottentot Venus*, 33.

Al final del verano: *Crais y Scully, Sara Baartman and the Hottentot Venus*.

La Venus hotentote acaba de llegar del interior de África: *Holmes, Hottentot Venus*, 33.

Sobre las exposiciones con niños albinos y los llamados gemelos siameses y gigantes: Para más información sobre el papel de los espectáculos de fenómenos y los zoológicos humanos en Europa y Estados Unidos, véase Bernth Lindfors, *Early African Entertainments Abroad: From the Hottentot Venus to Africa's First Olympians* (Madison: The University of Wisconsin Press, 2014).

No llevaba corsé ni ropa interior: *Lindfors, Early African Entertainments Abroad*, 14.

Vestida de un color lo más parecido a su piel: «The Hottentot Venus», *Times* (Londres), 26 de noviembre de 1810, 3.

Muy a menudo la hacían fumar en pipa: Esto era tanto un guiño al estereotipo tan arraigado de las mujeres khoe como fumadoras de pipa como una forma de diferenciar aún más a Baartman de las mujeres de la sociedad. En aquella época era raro que las mujeres inglesas fumaran en pipa, por lo que esto la «distinguía» tanto en términos de género como de raza.

Caesars llevando a Baartman por el escenario: «The Hottentot Venus», *Times,*

Sobre sus suspuros y quejas en el escenario: *Ibid.*

El público estaba encantado de creer a César: Holmes, *Hottentot Venus,* 48.

Cuando los grupos abolicionistas se enteraron de la situación: Macaulay trabajó como capataz en una plantación de azúcar en Jamaica antes de acercarse a la causa de la abolición. En su libro sobre la abolición británica, *Bury the Chains: Prophets and Rebels in the Fight to Free an Empire's Slaves* (Boston: Mariner Books, 2006), Adam Hoschfield lo describe como un evangélico mojigato y sombrío. Junto con muchos otros, luchó activamente por la abolición del comercio de esclavos, que finalmente se aprobó en 1807.

Una extranjera, y además mujer, en una esclavitud peor que la egipcia: Holmes, *Hottentot Venus,* 59.

Sobre los calificativos con los que se describió a Baartman como una «bestia salvaje»: «The Hottentot Venus», *Times.*

Los defensores de Baartman eran una organización abolicionista llamada African Institution: *Hottentot Venus,* 62.

Sara temblaba en el escenario: Harvey Blume, *Africans on Stage: Studies in Ethnological Show Business* (Bloomington: Indiana University Press, 1999).

Sobre la testificación: La transcripción del juicio está disponible como apéndice en Martin J. S. Rudwick, *Georges Cuvier, Fossil Bones, and Geological Catastrophes: New Translations and Interpretations of the Primary Texts* (Chicago: University of Chicago Press, 1998).

Si prefería o no volver: Crais y Scully, *Sara Baartman and the Hottentot Venus, 100.*

Acerca de las personas dispuestas a llevársela: Holmes, *Hottentot Venus*, 62.

No tenía impedimentos y era feliz en Inglaterra: «The Hottentot Venus Hotentote«, *Examiner*, 2 de diciembre de 1810, 768.

La Venus Hotentote ha cambiado de propietario: *Crais y Scully, Sara Baartman y the Hottentot Venus*, 127.

Cuvier y sus colegas argumentaron: Holmes, *Hottentot Venus*, 85.

Pidieron ver los «órganos de generación» de Baartman: Sadiah Qureshi, «D*isplaying Sara Baartman, the «Hottentot Venus"»*, *History of Science 42*, 42 (1 de junio de 2004): 237-57.

«Mantuvo oculto su delantal": Rudwick, *Georges Cuvier, Fossil Bones and Geological Catastrophes..*

Un pariente más cercano de los grandes simios: Crais y Scully, *Sara Baartman y the Hottentot Venus.*

La concepción blanca y occidental de los culos de las mujeres: Esta información procede de mi entrevista con Janell Hobson, profesora de estudios sobre la mujer, el género y la sexualidad en la Universidad de Albany.

Janell Hobson, profesora de estudios sobre la mujer, el género y la sexualidad: Hobson es una estudiosa de Baartman cuyo libro *Venus in the Dark* y artículos «The "Batty" Politic: Toward an Aesthetic of the Black Female Body», *Hypatia 18*, no. 4 (2003): 87-105, y «Remnants of Venus: Signifying Black Beauty and Sexuality», *WSQ: Women's Studies Quarterly 46*, n° 1-2 (2018): 105-20, fueron esenciales para mi comprensión del legado de Baartman. Hablé con Hobson en dos ocasiones en la primavera de 2021.

La ley básicamente legitimó la violación»: Muchos estudiosos han escrito sobre esta idea, entre ellos Jennifer L. Morgan, «Partus Sequitur Ventrem: Law, Race, and Reproduction in Colonial Slavery», *Small Axe: A Caribbean Journal of Criticism 22*, n° 1 (marzo de 2018): 1-17, y Alys Eve Weinbaum, *Wayward Reproductions: Genealogies of Race and Nation in Transatlantic Modern Thought* (Durham, NC: Duke University Press, 2004).

Apareció su imagen: Willis, *Black Venus*, 2010.

Fue satirizada en pantomima: Artículo sin título, *Times* (Londres), 10 de enero de 1811, 2.

Como historiadora, Sander Gilman: El artículo de Sander Gilman «Black Bodies, White Bodies: Toward an Iconography of Female Sexuality in Late Nineteenth-Century Art, Medicine, and Literature», *Critical Inquiry 12*, n° 1 (1985), es una obra fundamental sobre Baartman y el modo en que los científicos del siglo XIX racializaron y sexualizaron el trasero.

Sobre la sexualidad femenina siendo vinculada a la imagen de las nalgas: Gilman, «Black Bodies, White Bodies», 219.

Baartman no era la única mujer khoe de grandes pechos: Lindfors, *Early African Entertainments Abroad*.

LEGADO

En su libro de 1853: Francis Galton, *Narrative of an Explorer in Tropical South Africa: Being an Account of a Visit to Damaraland in 1851*, 4ª ed. (Londres: Ward, Lock & Co., 1891), 54.

Girando sobre sí misma hacia todos los puntos cardinales: *Ibid.*

Aunque se trataba sobre todo de los traseros de las mujeres khoe: Toda la información sobre eugenesia de este capítulo procede de las siguientes fuentes: Entrevisté a Alexandra Minna Stern, profesora de Historia, Cultura Americana y Estudios sobre la Mujer y el Género, y decana asociada de Humanidades de la Universidad de Michigan, sobre la historia de la eugenesia y su libro Eugenic Nation: Fallas y fronteras de la mejora genética en la América moderna (Oakland: Universidad de California Press, 2016). También hablé con Kate O'Connor, estudiante de doctorado en Cultura Estadounidense en la Universidad de Michigan, que estudia la historia y el legado de la esterilización eugenésica. Además, me basé en el libro de Adam Cohen *Imbeciles: The Supreme Court, American Eugenics, and the Sterilization of Carrie Buck* (Nueva York: Penguin Press, 2017), y de la obra de Lulu Miller *Why Fish Don't Exist: A Story of Loss, Love, and the Hidden Order of Life* (Nueva York: Simon & Schuster, 2021).

Que los blancos de ascendencia europea eran la especie más evolucionada: La información de estas páginas sobre la clasificación de la blancura procede de *The History of White People*, de Nell Painter (Nueva York: W. W. Norton, 2011), una obra que fue fundamental para mi forma de pensar sobre la blancura y la raza en este libro.

En 1836, Godey's contrató a una editora: Sabrina Strings, *Fearing the Black Body: The Racial Origins of Fat Phobia* (Nueva York: New York University Press, 2019).

El trasero se había convertido en un empoderador: Gilman, «Black Bodies, White Bodies», 219.

Sobre la asociación entre vulva y trasero: Hay formas en las que el trasero y los labios siguen vinculados hoy en día. Quizá el mejor ejemplo sea con el *emoji* del melocotón, que puede ser una forma de representar tanto el culo como los labios, aunque se asocia más comúnmente con el primero.

El antropólogo Abele de Blasio avanzó esta asociación: *Ibídem*, 229.

Sobre el médico y reformador Havelock Ellis: La información y las citas de estos párrafos proceden de Havelock Ellis, *Studies in the Psychology of Sex, vol. 4* (Filadelfia: Butterworth-Heinemann, 1942). Sander Gilman también señala a Ellis en su análisis en «Black Bodies, White Bodies».

La histórica decisión del Tribunal Supremo de 1927 en el caso Buck contra Bell: En 1927, en una decisión de ocho contra uno, el Tribunal Supremo de EE.UU. ordenó que Carrie Buck, a la que calificó de débil mental, fuera esterilizada en virtud de la Ley de Esterilización Eugénica de Virginia de 1924. Buck contra Bell sentó el precedente legal de que los estados podían esterilizar a los internos de instituciones públicas. El tribunal argumentó que la imbecilidad, la epilepsia y la debilidad mental son hereditarias y que debía impedirse que los reclusos transmitieran estos defectos a sus hijos. En Imbéciles, de Adam Cohen, se analiza más a fondo este caso.

Lo referente a la repatriación de los restos de Sarah Baartman procede del Crais y la biografía de Scully, así como Hershini Bhana Young, «Returning to Hankey: Sarah Baartman and Endless Repatriations», *Illegible Will: Coercive Spectacles of Labor in South Africa and the Diaspora* (Durham, NC: Duke University Press, 2017), 29-72. También me basé en los siguientes relatos contemporáneos: Suzanne Daley, «Exploited in Life and Death, South African to Go Home», *New York Times*, 30 de enero de 2002, https://www.nytimes.com/2002/01/30/world/exploited-in-life-and-death-south-african-to-go-home.html; Obed Zilwa, «S. Africa Buries Remains of Sarah», *AP News*, 9 de agosto de 2002, https://apnews.com/article/b92223d9da4a13252640e2340899ef1a. Además, entrevisté a Nomusa Makhubu, profesora asociada de Historia del Arte y Cultura Visual en la Universidad de Ciudad del Cabo, sobre el legado de Baartman en Sudáfrica y el feminismo sudafricano.

FORMA

GRANDEZA

El efecto de una mujer con busto: Jessica Glasscock, *Nineteenth-Century Silhouette and Support*, Metropolitan Museum of Art, octubre de 2004, https://www.metmuseum.org/toah/hd/19sil/hd_19sil.htm.

La existencia de un objeto creado por el hombre: Jules David Prown, «Mind in Matter: An Introduction to Material Culture Theory and Method», *Winterthur Portfolio 17*, n° 1 (1982): 1-19.

Visité el archivo y museo Victoria & Albert en el verano de 2018. La información sobre el museo Victoria &Albert y gran parte de la información sobre moda histórica procede de sus archivos y colecciones históricas.

Sobre llevar muchas enaguas: Kat Eschner, *Although Less Deadly Than Crinolines, Bustles Were Still a Pain in the Behind*, Smithsonian, 21 de abril de 2017.

Puede encontrar información básica sobre el polisón en varias fuentes, como C. Willett y Phillis Cunnington, *The History of Underclothes* (Nueva York: Dover, 2013); Karen Bowman, *Corsets and Codpieces: A History of Outrageous Fashion, from Roman Times to the Modern Era* (Nueva York: Skyhorse Publishing, 2016); y Wendy Tomlinson, *All About the Bustle*, Grey Roots Museum & Archives, https://greyroots.com/story/all-about-bustle.

Sobre lo que se decía en el London Times: Mary Vivian Hughes, *A London Child of the Seventies* (Londres: Oxford University Press, 1934), 84.

Sobre las teorías materialistas: La información de este párrafo procede de una entrevista con Edwina Ehrman, conservadora del Victoria & Albert.

Acerca de la otra teoría: La información de este párrafo procede principalmente de un intercambio de correos electrónicos con la historiadora de la moda Heather McNaughton de Truly Victorian.

La forma acampanada de un miriñaque: Glasscock, «Nineteenth-Century Sil- houette and Support».

El día después de mi viaje a los archivos del polisón: La información del resto de esta parte procede de mis entrevistas con Edwina Ehrman en el Victoria & Albert.

La teoría sobre la ropa interior victoriana procede de Casey Finch, «Hooked and Buttoned Together, Victorian Underwear and Representations of the Female Body», *Victorian Studies 34*, no. 3 (1991): 337-63.

«A Short Chapter on Bustles», *Irish Penny Journal 1*, n° 18 (31 de octubre de 1840): 140-41.

La historia de Sara Baartman y la «Venus hotentote» en este capítulo procede principalmente de mis entrevistas con Janell Hobson; Holmes, *Hottentot Venus*; y Crais y Scully, *Sara Baartman and the Hottentot Venus*.

Emmanuel Théaulon de Lambert, Achille d'Artois y Nicolas Brazier, *The Hottentot Venus; or, The Hatred of Frenchwomen*, 19 de noviembre de 1814.

Greg Tate et al., *Everything but the Burden: What White People Are Taking from Black Culture* (Nueva York: Broadway Books, 2003).

Sobre la entrevista de 1991 con la crítica Lisa Jones: Lisa Jones, «Venus Envy», *Village Voice 36*, n° 28 (9 de julio de 1991): 36.

Sobre que la mayoría fueeran hombres: Eschner, «Although Less Deadly Than Crinolines».

Sobre que la mayoría fueran mujeres: Nancy L. Green, «Women and Immigrants in the Sweatshop: Categories of Labor Segmentation Revisited», *Comparative Studies in Society and History 38*, no. 3 (1996): 414.

La esclavitud en el Sur de Estados Unidos: Madelyn Shaw, «Slave Cloth and Clothing Slaves: Craftsmanship, Commerce, and Industry», *Journal of Early Southern Decorative Arts*, 42, 2021.

Sobre los mineros de Pensilvania: Arthur Cecil Bining, «The Iron Plantations of Early Pennsylvania», *Pennsylvania Magazine of History and Biography 57*, n° 2 (1933): 117-37.

PEQUEÑEZ

Toda la información sobre Gordon Conway y su madre, Tommie Conway, procede de la obra de Raye Virginia Allen Gordon Conway: *Fashioning a New Woman* (Austin: University of Texas Press, 1997). Además de ofrecer una excelente biografía de los Conway, también proporciona reproducciones de muchas de las ilustraciones de Gordon Conway, que se describen a lo largo de esta parte.

Sobre la estructura rígida y enjaulada del polisón: Glasscock, «Nineteenth- Century Silhouette and Support».

A menos que se indique lo contrario, la información sobre las *flappers de* este capítulo procede de Linda Simon, *Lost Girls:*

The Invention of the Flapper (Londres: Reaktion Books, 2017), y Joshua Zeitz, *Flapper: A Madcap Story of Sex, Style, Celebrity, and the Women Who Made America Modern* (Nueva York: Three Rivers Press, 2006).

Anne Hollander, *Seeing Through Clothes* (Berkeley: University of California Press, 1993), 155-56.

Kenneth A. Yellis, «Prosperity's Child: Some Thoughts on the Flapper», *American Quarterly 21*, n° 1 (1969): 46.

Bruce McComiskey y Cynthia Ryan, *City Comp: Identities, Spaces, Practices* (Albany, Nueva York: State University of New York Press, 2003).

Bernarr Macfadden, *The Power and Beauty of Superb Womanhood* (Nueva York: The Physical Culture Publications Co., 1901).

Puede encontrar información sobre Poiret y Chanel en *Lost Girls* de Linda Simon y *Flappers* de Joshua Zeitz, además de Harold Koda y Andrew Bolton, *Paul Poiret (1879-1944)*, The Costume Institute, septiembre de 2008, https://www.metmu seum.org/toah/hd/poir/hd_poir.htm, y Hollander, Seeing Through Clothes, 156.

La conocida cita de Poiret aparece en Zeitz, *Flapper*, 150.

Sobre el artículo «Flapper Jane»: Bruce Bliven, «Flapper Jane», *The New Republic*, 9 de septiembre de 1925, https://newrepu-blic.com/article/113130/bruce-bliven-entrevistas-flapper.

Emily Spivack, *The History of the Flapper, Part 3: The Rectangular Silhouette*, Smithsonian, 19 de febrero de 2013.

Hollander, *Seeing Through Clothes*, 155-56.

Sobre la mujer en movimiento, esta idea también procede de *Seeing Through Clothes*, de Anne Hollander.

Acerca de la típica historia de la sin culo, a la moda: La información de este párrafo procede de la obra de Valerie Steele *The Corset: A Cultural History* (New Haven: Yale University Press, 2007), y de su otro libro *Fashion and Eroticism: Ideals of Feminine Beauty from the Victorian Era Through the Jazz Age* (Oxford: Oxford University Press), 1985.

El estudio de 1912: «Dieting, Swaying, Hopping to Make Over the Hip Line», *Washington Post*, 4 de diciembre de 1910.

La información relativa al estudio de la percepción que tienen las mujeres de su cuerpo, así como de los hábitos populares de vigilancia corporal y de hacer dieta, procede de Simon, *Lost Girls*, 205-6.

Sobre la idea imaginada de Japón: Nancy Hass, «How Japonisme Forever Changed the Course of Western Design», *New York Times, 11 de febrero de 2021,* https://www.nytimes.com/2021/02/11/t-magazine/japonisme-paris-western-design.html.

El fenómeno del japonismo: Adam Geczy, *Fashion and Orientalism: Dress, Textiles and Culture from the 17th to the 21st Century* (Londres: Bloomsbury Academic, 2013), 134.

Harold Koda y Richard Martin, «Orientalism: Visions of the East in Western Dress», *The Costume Institute*, octubre de 2004, https://www.metmuseum.org/toah/hd/orie/hd_orie.htm.

El abrigo de noche que se menciona se puede encontrar en https://www.metmuseum.org/art/collection/search/156074.

El acto de Page de 1875, Public Law 43-141, *US Statutes at Large 18* (1875): 477–78.

La información y el análisis sobre Josephine Baker proceden de las siguientes fuentes: Mae Henderson y Charlene B.

Regester, eds., *The Josephine Baker Critical Reader: Selected Writings on the Entertainer and Activist* (Jefferson, NC: McFarland & Company, 2017) (me basé en gran medida en la introducción, escrita por Mae Henderson y Charlene B. Regester, y el capítulo de Michael Borshuk «An Intelligence of the Body: Disruptive Parody Through Dance in the Early Performances of Josephine Baker»); Marcel Sauvage, *Les memoires de Josephine Baker* (París: Editions Correa, 1949); Jean-Claude Baker y Chris Chase, *Josephine: The Hungry Heart* (Nueva York: Cooper Square Press, 2001), 7; Anne Anlin Cheng, *Second Skin: Josephine Baker and the Modern Surface* (Oxford, Reino Unido: Oxford University Press, 2013).

La cita de Baker procede de *Josephine Baker: The First Black Superstar*, dirigida por Suzanne Phillips, BBC Four, emitida el 9 de julio de 2009.

La información sobre el París negro de los años veinte procede de las siguientes fuentes: *Brent Hayes Edwards, The Practice of Dias- pora: Literature, Translation, and the Rise of Black Internationalism* (Cambridge, MA: Harvard University Press, 2003); Tyler Stovall, *Paris Noir: African Americans in the City of Light* (North Charleston, SC: CreateSpace, 2012); y una charla de Richard Long en abril de 2014 sobre el Renacimiento de Harlem y París, a la que accedí en YouTube en https://www.youtube.com/watch?v=cGJ9x_PK_pY&t=3307s.

Sobre las *flappers* en Nueva York: Simon, *Lost Girls*.

Las memorias de Baker fueron dictadas a su amigo Marcel Sauvage y están en francés. Trabajé con un traductor para leer la sección citada, así como las referencias a su actuación. Sauvage, *Memoires de Josephine Baker*.

Las citas del párrafo que describen la reacción a la actuación de Baker proceden de Baker y Chase, Josephine: *The Hungry Heart*, 7.

La famosa frase de Baker sobre esconder los traseros se cita a menudo en la traducción de Phyllis Rose y Jazz Cleopatra, *Josephine Baker in Her Time* (Nueva York: Vintage, 1991). Acudí a la fuente original, que son las memorias que escribió con Marcel Sauvage, e hice que un traductor la revisara de nuevo. La diferencia es leve pero significativa.

La referencia a la *Consagración de la Primavera* de Stravinsky: *Josephine Baker: First Black Superstar.*

Acerca de la muñeca de Josephine Baker: Richard Long, conferencia sobre el Renacimiento de Harlem y París.

NORMA

CREACIÓN

Supe por primera vez de Norma y Normman en una conversación con Kate O'Connor, una estudiante de doctorado de la Universidad de Michigan que estaba realizando un trabajo sobre la historia de la eugenesia en ese Estado. Desde entonces he consultado las siguientes fuentes sobre las estatuas: Peter Cryle y Elizabeth Stephens, *Normality: A Critical Genealogy* (Chicago: University of Chicago Press, 2018); Julian B. Carter, *The Heart of Whiteness: Normal Sexuality and Race in America, 1880-1940* (Durham, NC: Duke University Press, 2007); Dahlia S. Cambers, «*The Law of Averages 1: Norman and Norma*», *Cabinet Magazine 15* (2004); y Mary Coffey, «The Law of Averages 2: American Adonis», *Cabinet Magazine 15* (2004). Joe Tait, archivero del Museo de Historia Natural de Cleveland, me ayudó a desenterrar gran parte del material de fuentes primarias de este capítulo. También hablé con Mary Coffey sobre su ensayo «American Adonis», publicado en *Popular Eugenics: National Efficiency and American Mass Culture in the 1930s* (Atenas: Ohio University Press, 2006).

Las medidas de Normman y Norma (1943) se encuentran en los Archivos Dickinson-Belskie, Colección HealthSpace Cleveland, Archivos del Museo de Historia Natural de Cleveland, Cleveland, Ohio.

Rose Holz, «The 1939 Dickinson- Belskie Birth Series Sculptures: The Rise of Modern Visions of Pregnancy, the Roots of Modern Pro-Life Imagery, and Dr. Dick- inson's Religious Case for Abortion», *Papers in Women's and Gender Studies 9* (2017): 5, https://digitalcommons.unl.edu/cgi/viewcontent.cgi?article=1010&context=womenstudiespapers.

Al igual que en el segundo capítulo, toda la información referente a la eugenesia procede de las siguientes fuentes: mi entrevista con Alexandra Minna Stern, profesora de Historia, Cultura Estadounidense y Estudios Sobre la Mujer y el Género, y decana asociada de Humanidades en la Universidad de Michigan, sobre la historia de la eugenesia, y su libro *Eugenic Nation: FFaults and Frontiers of Better Breeding in Modern America* (Oakland: University of California Press, 2016). También hablé con Kate O'Connor, estudiante de doctorado en Cultura Estadounidense de la Universidad de Michigan, que estudia la historia y el legado de la esterilización eugenésica. Además, me basé en el libro de Adam Cohen, *Imbeciles*, en el de Lulu Miller, *Why Fish Don't Exist*, y en el de Nell Painter, *History of White People*.

La archivista Emily Marsh, de los archivos del USDA, escribió un artículo sobre O'Brien que está disponible en la página web de los archivos: Emily Marsh, «Apron Strings and Kitchen Sinks: The USDA Bureau of Home Economic», US Department of Agriculture, https://www.nal.usda.gov/exhibits/ipd/apronsandkitchens/about. Hablé con Marsh y me indicó varias fuentes primarias sobre el estudio y me ayudó a contextualizarlo en la historia más amplia de la economía doméstica. Para más información sobre la historia de la economía doméstica, consulte el archivo de economía doméstica de la Universidad de Cornell: https://digital.library.cornell.edu/collections/hearth/about.

Toda la información relativa a Ruth O'Brien procede de su libro *Women's Measurements for Garment and Pattern Construction* (Washington, DC: Departamento de Agricultura de EE.UU., 1941), 1-73. He utilizado principalmente los siguientes capítulos: «Foreword», «Measuring Procedures», y «The Schedule».

Harry L. Shapiro, «A Portrait of the American People», *Natural History 54* (1945): 248, https:// archive.org/details/naturalhistory54newy/page/248/mode/2up.

Recortes de periódico de Josephine Robertson, «Church Interests Itself in Norma», 19 de septiembre de 1945; «Norma's Husband Better Be Good», 15 de septiembre de 1945; «Norma's Gym Suit in '90s Covered All», 2 de septiembre de 1945; «Our 'Norma' Is Larger Than Her Grandma», 1945; «Norma Is Appealing Model in Opinion of City's Artists», 15 de septiembre de 1945. Archivos DickinsonBelskie, Álbum de recortes del concurso Norma de 1945, Colección HealthSpace Cleveland, Archivos del Museo de Historia Natural de Cleveland, Cleveland, Ohio.

Sobre la categoría de «normal»: Aunque los eugenistas a menudo invertían en teorías que situaban a los blancos por encima de los negros y los asiáticos en una jerarquía racial, su principal interés racial era vigilar la propia blancura. Como se ha descrito en el capítulo anterior, existían innumerables formas en que los científicos clasificaban y jerarquizaban a las personas de distintas partes del mundo a las que hoy llamaríamos *blancas*. En muchos de estos sistemas, los considerados «menos blancos» tenían más probabilidades de ser criminales o débiles mentales, por lo que la justificación eugenésica para sospechar de estos grupos formaba parte del proyecto más amplio de librar al mundo de la criminalidad y la discapacidad.

El formulario publicado por el periódico es de Robertson, «Norma Is Appealing Model».

Las mujeres que se medían en casa: Recortes de periódico de consejos sobre cómo medirse para el concurso *Norma*, 10 de septiembre de 1945, Archivos Dickinson-Belskie, álbum de recortes del concurso Norma de 1945, Colección HealthSpace Cleveland, Archivos del Museo de Historia Natural de Cleveland, Cleveland, Ohio.

Sobre el último día del concurso: Recorte de periódico de Josephine Robertson, «3,700 Send Measurements in Ohio

Search for Norma», 20 de septiembre de 1945, Archivos Dickinson-Belskie, Álbum de recortes del concurso Norma de 1945, Colección HealthSpace Cleveland, Archivos del Museo de Historia Natural de Cleveland, Cleveland, Ohio.

Acerca de las concursantes, al día siguiente y la mujer que más cerca quedó de Norma: Recorte de periódico de Josephine Robertson, «Theater Cashier, 23, Wins Title of 'Norma,' Besting 3,863 Items», 23 de septiembre de 1945, Álbum de recortes del concurso Norma de 1945, Colección HealthSpace Cleveland, Archivos del Museo de Historia Natural de Cleveland, Cleveland, Ohio. https://drive.google.com/file/d/1QVkZOQPvytkw8Y QufOhmQv0Bg7eM048R/view.

PROLIFERACIÓN

Anteriormente he investigado la historia de las tallas como parte de un artículo que escribí para la revista *Paris Review* sobre *Jumpsuit*, un proyecto artístico creado por la Rational Dress Society (Heather Radke, «The Jumpsuit That Will Replace All Clothes Forever», *Paris Review*, 21 de marzo de 2018, https://www.theparisreview.org/blog/2018/03/21/the-jumpsuit-that-will-replace-all-clothes-for ever/). Una de las cocreadoras de *Jumpsuit*, Abigail Glaum-Lathbury, también me ayudó a comprender la historia de la talla en una serie de entrevistas que realicé específicamente para este capítulo. Además, consulté a Julia Felsenthal, «A Size 2 Is a Size 2 Is a Size 8», *Slate*, 25 de enero de 2012, https://slate.com/culture/2012/01/clothing-sizes-getting-bigger-why-our-sizing-system-makes-no-sense.html; Laura Stampler, «The Bizarre History of Clothing Sizes», *Time*, 23 de octubre 2014, https://time.com/3532014/women-clothing-sizes-history/; y Gimlet Media, «When Did Pants Become a Thing?», podcast *Every Little Thing*, 8 de abril de 2019, https://gimletmedia.com/shows/every-little-thing/n8hw4d. También he consultado

Sarah-Grace Heller, *A Cultural History of Dress and Fashion in the Medieval Age* (Londres: Bloomsbury Academic, 2018).

Sobre el cambio verdaderamente monumental: Alli Farago, «The Textile Industry During the Industrial Revolution", *globalEDGE*, 18 de octubre de 2017, https:// globaledge. msu.edu/blog/post/54483/the-textile-industry-during-industrial-revolution

Ava Baron y Susan E. Klepp, «"If I Didn't Have My Sewing Machine...": Women and Sewing Machine Technology», *A Needle, a Bobbin, a Strike: Women Needleworkers in America*, eds. Joan M. Jensen y Sue Davidson (Filadelfia: Temple University Press, 2018), y *History of Sweatshops: 1880-1940*, Museo Nacional de Historia Americana, 9 de agosto de 2021, https://americanhistory.si.edu/sweatshops/history-1880-1940.

Grace Rogers Cooper, The Sewing Machine: *Its Invention and Development* (Washington, DC: Smithsonian Institution Press, 1976), 57-58.

Además de las entrevistas de Abigail, he consultado las siguientes fuentes para comprender mejor el funcionamiento del dimensionamiento contemporáneo: Suzanne Kapner, «It's Not You. Clothing Sizes Are Broken», *Wall Street Journal*, 16 de diciembre de 2019, https://www.wsj.com/articles/its-not-you-clothing-sizes-are-broken-11576501384; y Daniel Soyer, «Garment Sweatshops, Then and Now», *New Labor Forum* 4 (1999): 35-46.

Entrevisté a Natasha Wagner en septiembre de 2020 y todos los datos biográficos proceden de esa entrevista, al igual que la información sobre el proceso que se utiliza para los modelos de prueba. También he confirmado estos datos con Glaum-Lathbury. Natasha Wagner ha aparecido en varios medios especializados en moda, como *Vogue* (Olivia Fleming, «Meet the Model Whose Bottom Is Shaping a Nation», *Vogue*, 29 de junio de 2015, https://www.vogue.com/article/best-jeans-butt-model-natasha-wagner), *Refinery29* (Liza Darwing, «This Denim Model Literally Has the Best Butt in the Business», *Refinery29*, 30 de junio de 2015, https://www.refinery29.com/en-us/2015/06/90010/jeans-model-natasha-wagner), y *WNYC* (Jenna Flanagan, «Fashion Fit Models: Rarely Seen but Essential to the Runway», *WNYC*, 17 de febrero de 2011, https://www.wnyc.org/story/115002-behind-stage-fashion-week-fit-models/). Me he basado en estas fuentes, así como en una entrevista con Wagner, para esta sección.

RESISTENCIA

Asistí al *Iconic Drag Competition* en otoño de 2019 por recomendación de Vincent Cuccia y Alex Bartlett, de Planet Pepper.

Entrevisté a Cuccia y Bartlett en 2019, y las entrevistas que utilicé en esta sección se realizaron en su apartamento.

El análisis del género y el drag en estos párrafos procede de décadas de trabajo realizado por académicos como Judith Butler, José Esteban Muñoz y Jack Halberstam. Asistí a una clase con Halberstam en 2019 para ayudar a completar mis conocimientos sobre la performance *queer* y me he basado en lo que aprendí en esa clase tanto aquí como en otras secciones del libro.

«No se nace, sino que se llega a ser mujer»: Simone de Beauvoir, *The second sex*, trad. de. Constance Borde y Sheila MalovanyChevallier (Londres: Vintage Classics, 2011), 330.

Sobre el género como una construcción y una actuación, más que como un hecho estable: Judith Butler, *Gender Trouble: Feminism and the Subversion of Identity* (Oxfordshire: Routledge Classics, 2006).

EN FORMA

ACERO

La tira cómida: Jack Ohman, «Mixed Media», *Denver Post*, 18 de mayo de 1984.

Sobre la parodia en *Saturday Night Live:* Brenda Herrman, «Buns of Steel», *Chicago Tribune*, 23 de febrero de 1993.

La información biográfica sobre Greg Smithey procede principalmente de las entrevistas que realicé con él en agosto de 2020. Como ya he mencionado, algunas de las historias y hechos sobre su vida no fueron posibles de verificar, pero he hecho cuanto ha estado en mi mano por confirmar su historia en la medida de lo sido posible.

Sobre su afirmación de haber entrenado a Sarah Palin no he podido encontrar ninguna prueba al respecto ni en un sentido ni en otro.

El sitio web que Smithey mantiene actualmente es http://www.originalbunsofsteeldvd.com/. *The Original Buns of Steel* se puede comprar allí y también está disponible en YouTube.

La información sobre la historia del ejercicio antes de 1970 procede de mi entrevista con la profesora de la New School Natalia Petrzela en junio de 2020 y de Jonathan Black, *Making the American Body: The Remarkable Saga of the Men and Women Whose Feats, Feuds, and Passions Shaped Fitness History* (Lincoln: University of Nebraska Press, 2013), 39.

La idea de que el auge del neoliberalismo cambió la forma en que muchos estadounidenses pensaban sobre sus cuerpos es bastante habitual que aparezca en muchas historias del ejercicio y surgió en mi conversación con el Dr. Petrzela. Es algo complejo y difícil definir el neoliberalismo, pero aquí he hecho lo que he podido con la ayuda de la Enciclopedia Stanford de Filosofía y de la obra de David Harvey *A Brief History of Neoliberalism* (Oxford: Oxford University Press, 2005).

Acerca del médico de las Fuerzas Aéreas en 1968: Kenneth H. Cooper, *Aerobics* (Lanham, Maryland: M. Evans, 1968).

La información y el análisis de la historia del aerobic proceden principalmente de l libro de Cooper, *Aerobics* y también del de Black, *Making the American Body*; Elizabeth Kagan y Margaret Morse, «The Body Electronic: Aerobic Exercise on Video: Women's Search for Empowerment and Self-Transformation», *TDR 32*, no. 4 (1988): 164-80; Claire Elaine Rasmussen, «Fit to Be Tied», *The Autonomous Animal Self-Governance and the Modern Subject* (Minneapolis: University of Minnesota Press, 2011), 137-66; Jenny Ellison, «Not Jane Fonda: Aerobics for Fat Women Only», *The Fat Studies Reader*, eds. Esther Rothblum y Sondra Solovay (Nueva York: New York University Press, 2009), 312-19; y entrevistas con Natalia Petrzela.

La información biográfica sobre Jane Fonda está disponible en muchos lugares, incluidas sus propias memorias. Una de las mejores fuentes es el documental *Jane Fonda in Five Acts*, una película de 2018 dirigida por Susan Lacy y estrenada por HBO. La información sobre Jane Fonda y su trabajo como icono del aerobic también procede de las fuentes mencionadas anteriormente sobre la historia del aerobic.

Sobre la recaudación de fondos para la Campaign for Economic Democracy: Robert Lindsey, «Jane Fonda's Exercise Salons Aiding Her Husband's Candidacy», *New York Times*, 2 de mayo de 1982, 24.

El libro de ejercicios de Jane Fonda: Jane Fonda y Steve Schapiro, *Jane Fonda's Workout Book* (Londres, Inglaterra: Allen Lane/Penguin Press, 1981).

La cita «un escupitajo y una oración» procede de *Jane Fonda in Five Acts*.

Acerca de una sensación de Alaska: Linda Sievers, «Videos to Sweat by Offer Convenient Way to Work», *Anchorage Daily News*, 15 de enero de 1998.

La información biográfica sobre Tamilee Webb procede principalmente de una entrevista que le realicé en junio de 2020.

Acerca de la fantasía de hiperresponsabilidad: Kagan y Morse, «The Body Electronic», 167, 173-74.

ALEGRÍA

Las historias acerca de las vidas de Rosezella Canty-Letsome y Deb Burgard proceden de las entrevistas que les realicé como parte de mi investigación en mayo y marzo de 2020, respectivamente. Además, Jenny Ellison, conservadora de deporte y ocio en el Museo Canadiense de Historia, me habló del movimiento de fitness para gordas en la zona de la bahía en una entrevista que mantuve con ella. También consulté su erudición sobre el tema: «Not Jane Fonda», 312-19, y «Fat Activism and Physical Activity», *Routledge Handbook of Critical Obesity Studies*, eds. Michael Gard, Darren Powell y José Tenorio (Londres: Routledge, 2021), contribuyó a situar ese movimiento en un contexto más amplio.

Deb Burgard y Pat Lyons, *Great Shape: The First Exercise Guide for Large Women* (Nueva York: Arbor House, 1988).

Marilyn Schwartz, «The 'Plump and Proud' Crowd Is Having Its Day in a Big Way», *Houston Chronicle*, 27 de marzo de 1987, y Jane E. Brody, «HEALTH; Personal Health», *New York Times*, 8 de septiembre de 1988, sec. B, p. 12.

BOOTYLICIOUS

KATE

La aparición de Kate Moss en 1991: Calvin Klein, anuncio de Calvin Klein Jeans, 1991.

Las citas de Calvin Klein proceden de George Wayne, «Calvin Klein», *IRIS Covet Book*, 2017.

Illness as Metaphor de Susan Sontag ofrece una relación completa de las muchas formas en que la tuberculosis, y más tarde el cáncer, se vincularon a la moral y la estética. Para más información, véase Susan Sontag, *Illness as Metaphor* (Nueva York: Farrar, Straus and Giroux, 1978).

La cita del poeta Théophile Gautier y más información sobre la cultura del consumo y la enfermedad en la poesía pueden encontrarse en David M. Moran, «At the Deathbed of Consumptive Art», *Emerging Infectious Diseases 8*, no. 11 (2002): 1353–58, doi:10.3201/eid0811.020549.

Los titulares suscitados: Louise Lague, «How Thin Is Too Thin?», *People*, 20 de septiembre de 1993, https://people.com/archive/cover-story-how-thin-is-too-thin-vol-40-no-12/; Mark Henderson, «Heroin: A Model Way to Die», *Sunday Star-Times* (Nueva Zelanda), 15 de junio de 1997; John Leo, «The Perfect Embodiment of Degraded Pop Culture», *Seattle Times*, 7 de junio de 1994, https://archive.seattle times.com/archive/?date=19940607&slug=1914393.

La condena pública por parte de Bill Clinton: Christopher S. Wren, «Clinton Calls Fashion Ads' "Heroin Chic" Deplorable», *New York Times*, 22 de mayo de 1997, https://www.nytimes.com/1997/05/22/us/clinton-calls-fashion-ads-heroin-chic-deplorable.html.

Cuando Moss posó con Mark Wahlberg en un anuncio de ropa interior de Calvin Klein: *Herb Ritts, Kate Moss & Mark Wahlberg-Calvin Klein*, fotografía, 1992.

MIX

Para este capítulo he consultado las siguientes fuentes sobre la historia del hip-hop, las mujeres y el hip-hop, y el trasero en el hip-hop: Jeff Chang, *Can't Stop Won't Stop: A History of the Hip-Hop Generation* (Nueva York: St. Martin's Press, 2007); Margaret Hunter y Kathleen Soto, «Women of Color in Hip Hop: The Pornographic Gaze», *Race, Gender & Class 16*, nº 1-2 (2009): 170-91; Joan Morgan, «FlyGirls, Bitches, and Hoes: Notes of a Hip-Hop Feminist», *Social Text 45* (1995): 151-57; Evelyn McDonnell, «The Booty Myth», *Medium*, 10 de noviembre de 2014, https://medium.com/cuepoint/the-booty-myth-5d524c2ab49d; Janell Hobson, «The 'Batty' Politic: Toward an Aes- thetic of the Black Female Body», *Hypatia 18*, no. 4 (2003): 87-105; Julia S. Jordan-Zachery, «Inscribing and the Black (Female) Body Politic», *Shadow Bodies* (New Brunswick, NJ: Rutgers University Press, 2017), 30-51; Bettina L. Love, «Body Image, Relationships, Desirability, and Ass», *Counterpoints 399* (2012): 78-87; Tricia Rose, «Black Texts/Black Contexts», *Poetry and Cultural Studies: A Reader* (Champaign: University of Illinois Press, 2009, 2009), 194.

«Oh-Dios-mío, Becky, mira qué culo»: Sir Mix-A-Lot, *Baby Got Back*, 1992, vídeo musical, 4:13.

Todas las citas de Anthony Ray (Sir Mix-A-Lot), Patti Galluzzi, Amy Dorsey-Rivas y Adam Bernstein pueden encontrarse en una entrevista de *Vulture* de 2013 con Anthony Ray y otros: Rob Kemp, «And I Cannot Lie': The Oral His- tory of Sir Mix-a-Lot's' *Baby Got Back*», *Vulture*, 19 de diciembre de 2013, https://www.vulture.com/2013/12/sir-mix-a-lot-baby-got-back-video-oral-history.html.

La investigación sobre la reacción contra *Baby Got Back* del PMRC y la AMP recurre a Kory Grow, «PMRC's 'Filthy 15': Where Are They Now?», *Rolling Stone*, 17 de septiembre de 2015, https://www.rollingstone.com/music/music-lists/pmrcs-filthy-15-where-are-they-now-60601/; Gavin M. Ratcliffe,«Parental Advisory, Explicit Content: Music Censorship and the American Culture Wars», (trabajo de fin de carrera, Oberlin College, 2016); yChristopher Swan, «MTV: Advertisers Carry the Clout. Under Fire for Snarl-and-Seduction Imagery, Producers Leaning Toward Less Threat, but More Flesh», *Christian Science Monitor*, 8 de mayo de 1985, https://www.csmonitor.com/1985/0508/lmtv2-f.html.

Todas las citas de Kyra Gaunt proceden de mi entrevista telefónica con Kyra Gaunt (profesora adjunta de música y teatro, Universidad de Albany), 6 de agosto de 2020. Para mi investigación para este capítulo y el siguiente, también me basé en la erudición de Gaunt, en particular en Kyra D. Gaunt, «YouTube, Twerking & You: Context Collapse and the Handheld Co-presence of Black Girls and Miley Cyrus», *Journal of Popular Music Studies 27*, no. 3 (2015): 244-73.

Sobre los políticos de la década de 1990: Stephanie Cornish, «Welfare Reform Garnered for Black Women a Hard Time and a Bad Name», *AFR: The Black Media Authority*, 18 de marzo de 2015, https://www.afro.com/welfare-reform-garnered-for-black-women-a-hard-time-and-a-bad-name/. Las estadísticas de empleo y brecha salarial se encontraron en Valerie Wilson y William M. Rodgers III, «Black-White Wage Gaps Expand with Rising Wage Inequality», *Economic Policy Institute*, 20 de septiembre de 2016, https://www.epi.org/publication/black-white-wage-gaps-expandand-with-rising-wage-inequality/, y Callie M. Rennison y Sarah Welchans, «Bureau of Justice Statistics Special Report: Intimate Partner Violence», *US Department of Justice*, última actualización: 31 de enero de 2002, https://bjs.ojp.gov/content/pub/pdf/ipv.pdf.

Christopher Smith, *Dacing Revolution: Bodies, Space, and Sound in American Cultural History* (Champaign: University of Illinois Press, 2019), 148.

En el capítulo de Dancing Revolution titulado «Street Dance and Freedom», Smith profundiza en ello y describe el vídeo *Baby Got Back* como «racialmente potenciador [...] bailar juntos, bailar una comunidad hasta su existencia —aunque sólo sea, como dijo Christopher Small, "lo que dure la actuación"— es en sí mismo participar en la invención y reinvención de la liberación humana».

Baby Got Back fue número uno en el *Billboard Hot 100:* «The Hot 100, *Billboard,* 1 de agosto de 1992, https://www.billboard.com/charts/hot-100/1992-08-01/. Las estadísticas de Billboard se citan en Stephen J. Horowitz, «Sir Mix-A-Lot on "Baby Got Back", the Song of the Summer 25 Years Ago», *Billboard,* 25 de mayo de 2017, https://www.billboard.com/articles/news/magazine-feature/7809400/sir-mix-a-lot-on-baby-got-back/, y Michael Ellis, «Top 100 Singles Spotlight»,*Billboard,* 11 de julio de 1992.

Permanecería en las listas durante siete meses, desde la semana del 4 de julio de 1992 hasta la semana del 1 de agosto de 1992, antes de perder su puesto en favor de *This Used to Be My Playground* de Madonna.

Baby Got Back sólo sería superada como una de las canciones más vendidas de todos los tiempos por *I Will Always Love You* de Houston. Estas estadísticas pueden consultarse en Gary Trust, «Ask Billboard: Is *I Will Always Love You* the Most Enduring Hit of the Rock Era?», *Billboard,* 4 de octubre de 2016, https://www.billboard.com/articles/columns/chart-beat/7533218/ask-billboard-is-i-will-always-love-you-the-most-enduring-hit-of.

La cifra de cien millones de dólares procede de una entrevista realizada a Sir Mix-A-Lot, entrevista realizada por DJ Vlad, VladTV.com, https://www.vladtv.com/article/261264/sir-mix-a-lot-explains-how-publishing-beats-out-royalties-flashback.

Según la lista Billboard de noviembre de 1992, *Rump Shaker* alcanzó el primer puesto: «Hot Rap Songs», *Billboard*, https://www.billboard.com./charts/rap-song/1992-11-28.

Sobre la frustración por el poder de Whitney Houston: «Whitney Houston *I Will Always Love You* n° 1 en 1992"» Whitney Houston.com, 9 de diciembre de 2016, https://www.whitneyhouston.com/news/whitney-houston-i-will-always-love-you-1992/.

Wreckx-n-Effect Ft. Teddy Riley, *Rump Shaker*, vídeo musical, publicado originalmente por Future Entertainment MCA, agosto de 1992, 3:43. Encontrado en línea en: https:// youtu.be/zdLvauICvPM.

Citas de una entrevista de 1992 con Teddy Riley: Dennis Hunt, «Teddy Riley and Wreckx-n-Effect: Shakin' their Moneymakers», *Los Angeles Times*, 29 de noviembre de 1992, https:// www.latimes.com/archives/la-xpm-1992-11-29-ca-2538-story.html.

2 Live Crew, *As Nasty as They Wanna Be*, 1988, Luke/Atlantic Records 91651, 1989, disco compacto.

2 Live Crew, *Face Down Ass Up*, pista 3 en Live in Concert, Effect/Luke Records, 1990, álbum en directo.

Sobre la intención paródica de mano dura de 2 Live Crew: Henry L. Gates, «2 Live Crew, Decoded», *New York Times*, 19 de junio de 1990, https://www.nytimes.com/1990/06/19/opinion/2-live-crew-decoded.html.

McGrath, Tom, *MTV: The Making of a Revolution* (Filadelfia: Running Press, 1996).

Jacob Hoye, David P. Levin y Stuart Cohn, *MTV Uncensored* (Nueva York: Pocket Books, 2001), 98.

JENNIFER

Utilicé las siguientes fuentes al realizar mi investigación sobre Jennifer López: Wendy A. Burns-Ardolino, «Jiggle in My Walk», *The Fat Studies Reader* (Nueva York: New York University Press, 2009), 271-79; Mary Beltrán, «The Hollywood Latina Body as Site of Social Struggle: Media Constructions of Stardom and Jennifer Lopez's 'Cross-over Butt'», *Quarterly Review of Film and vídeo 19*, n° 1 (2002): 71-86; Magdalena Barrera, «Hottentot 2000: Jennifer López and her butt», *Sexualities in History: A Reader* (Nueva York: Routledge, 2002), 411-17; Priscilla Peña Ovalle, «Jennifer Lopez, Racial Mobility, and the New Urban/Latina Commodity», *Dance and the Hollywood Latina* (New Brunswick, NJ: Rutgers University Press, 2010), 126-44; Elena Romero, «The Butt Remix: Beauty, Pop Culture, Hip Hop, and the Commodification of the Black Booty», *QED: A Journal in GLBTQ Worldmaking 4*, no. 3 (2017): 190-94.

Frances Negrón-Muntaner, «Jennifer's Butt», *Aztlán: A Journal of Chicano Studies 22*, n° 2 (1997): 181-94.

Mary C. Beltrán, *Latina/o Stars in U.S. Eyes: The Making and Meanings of Film and TV Stardom* (Champaign, Illinois: University of Illinois Press, 2009), 138.

Las entrevistas con Jennifer López fueron descritas en Beltrán, *Latina/o Stars in US Eyes: The Making and Meanings of Film and TV Stardom*, 138-45; Beltrán, «The Hollywood Latina Body»; y Joel Stein, «Interview with Jennifer Lopez»,

Time, 5 de octubre de 1998, http://content.time.com/time/subscriber/article/0,33009,989247,00.html.

Acerca del famoso vestido del año 2000, verde con estampado de jungla: Rachel Tashjian, «How Jennifer Lopez's Versace Dress Created Google Images», *GQ*, 20 de septiembre de 2019, https://www.gq.com/story/jennifer-lopez-versace-google-images.

Jennifer Lopez, *Jenny from the Block*, vídeo musical, 2002, 4:04, https://youtu.be/dly6p4Fu5TE.

Las diversas canciones y artículos de los años ochenta referidos pueden encontrarse en: Peter Sheridan, «Jennifer Lopez, Bum Selfies and Butt Facials-Are Bottoms the New Boobs?» *Daily Express* (Reino Unido), 23 de septiembre de 2014; Jessica Mehalic, «Bootylicious: Guys Talk Tail», *Cosmopolitan*, (noviembre de 2001), 144-47.

La abundante cosecha de canciones pop: Sisqó, *Thong Song*", 1999, pista 8 en *Unleash the Dragon*, Def Soul, 15 de febrero de 2000, disco compacto; Black Eyed Peas, *My Humps*, 2004, pista 5 en *Monkey Business*, A&M, 27 de septiembre de 2005, disco compacto.

Belinda Luscombe, «When the Fantasy is a Size 16: Retailers Introduce Voluptuous Mannequins», *Time*, 8 de noviembre de 2013, https://healthland.time.com/2013/11/08/when-the-fantasy-is-a-size-16-retailers-introduce-voluptuous-mannequins/; Reuters, «Big-Bottomed Mannequins Shake Their Booty», *Today*, 11 de noviembre de 2004, https://www.today.com/popculture/big Big-Bottomed Mannequins Shake Their Booty

Las estadísticas de grupos étnicos proceden de los datos de los censos de 2000 y 1990 (disponibles en línea en la Oficina del Censo de EE UU). Dado que el censo publica la información demográfica en informes individuales, se utilizaron varios informes para rastrear las estadísticas del crecimiento de los distintos grupos raciales y étnicos en Estados Unidos entre 1990 y 2000.

Los datos sobre el crecimiento previsto de la población hispana se encuentran en Maria T. Mora, «The Increasing Importance of Hispanics to the US Workforce», *Monthly Labor Review*, US Bureau of Labor Statistics, septiembre de 2015.

Robert E. Weems, *The Revolution Will Be Marketed: American Corporations and Black Consumers During the 1960s* (Nueva York: New York University Press, 1998).

Sobre los éxitos de taquilla: *House Party*, dirigida por Reginald Hudlin, estrenada en 1990 por New Line Cinema; *Los chicos del barrio*, dirigida por John Singleton, estrenada en 1991 por Columbia Pictures; *esperando un respiro*, dirigida por Forest Whitaker, estrenada en 1995 por 20th Century Fox.

«La población negra es más joven y aumenta más deprisa»: Karen G. Bates, «They've Gotta Have Us», *New York Times*, 14 de julio de 1991, https://www.nytimes.com/1991/07/14/magazine/theyve-gotta-have-us.html.

Acerca de la proliferación de personajes negros en televisión en la década de 1990: Riva Tukachinsky, Dana Mastro y Moran Yarchi, «Documenting Portrayals of Race/Ethnicity on Primetime Television over a 20-Year Span and Their Association with National-Level Racial/Ethnic Attitudes», *Journal of Social Issues 71*, n° 1 (marzo de 2015): 12-21.

Sobre las dificultades de Hollywood para dirigirse al público latino: Henry Puente, «US Latino Films (1990–1995): A Three-Tiered Market- place», *Bilingual Review/La Revista Bilingüe 31*, n° 1 (2012): 51-70.

Puede encontrarse información sobre la respuesta empresarial a la demografía latina en la década de 1990 y principios de la de 2000 en William M. O'Barr, «Multiculturalism in the Marketplace: Targeting Latinas, African-American Women, and Gay Consumers», *Advertising & Society Review* 7, no. 4 (2006); Eric J. Bailey, *The New Face of America: How the Emerging Multiracial, Multiethnic Majority Is Changing the United States* (Westport, CT: Praeger, 2013); y Silvia Betti, «The Image of Hispanics in Advertising in the United States», *Informes del Observatorio/Observatorio's Reports*, 2015, http://cervantesobservatorio.fas.harvard.edu/sites/default/files/009_reports_hispanic_advertising_0.pdf.

Sobre el público blanco que consumía música, moda y cultura hip-hop, la estadística del 70 por ciento procede de Tricia Rose, *The Hip Hop Wars: What We Talk About When We Talk About Hip Hop-and Why It Matters* (Nueva York: Basic Civitas Books, 2008). Sin embargo, otras fuentes estiman que el porcentaje está más cerca del 60 por ciento o oscila entre el 70 y el 80 por ciento. Véase Christina Montford, «When It Comes to Rap Music, Are White Boys Really Doing All the Buying?», *Atlanta Black Star*, 6 de noviembre de 2014, https://atlantablackstar.com/2014/11/06/really-listening/, and Ciela Bialik, «Is the Conventional Wisdom Correct in Measuring Hip-Hop Audience?», *Wall Street Journal*, May 5, 2005, https://www.wsj.com/articles/SB111521814339424546.

Sobre la narrativa blanca de la cultura pop: Renée Graham, «Not as Simple as Black and White», *Boston Globe*, 2 de abril de 2002, D9.

«Esta es la música de un pueblo que ha sobrevivido»: «For Centuries, Black Music, Forged in Bondage, Has Been the Sound of Complete Artistic Freedom. No Wonder Everybody Is Always Stealing It», *New York Times*, 14 de agosto de 2009, https://www.nytimes.com/interactive/2019/08/14/magazine/music-black-culture-appropriation.html.

Consulté las siguientes fuentes al escribir sobre la teoría y la historia de la apropiación cultural de la cultura negra: Toni Morrison, *Playing in the Dark: Whiteness and the Literary Imagination* (Nueva York: Vintage, 2020); Bakari Kitwana, *Why White Kids Love Hip-Hop: Wankstas, Wiggers, Wannabes, and the New Reality of Race in America* (Nueva York: Civitas Books, 2005); Bakari Kitwana (autora, periodista y analista política) en entrevista telefónica con la autora, 7 de agosto de 2020; Tate, *Everything but the Burden*; Lauren Michele Jackson, *White Negroes: When Cornrows Were in Vogue and Other Thoughts on Cultural Appropriation* (Boston: Beacon Press, 2019). Todas las citas del libro de Lott se encuentran en *Love & Theft: Blackface Minstrelsy and the American Working Class* (Oxford: Oxford University Press, 2013), 2-103.

En lo referente a la blancura como identidad, por supuesto, no estoy hablando de la clase de identidad blanca que propugnan los nacionalistas blancos y quienes participan en los movimientos del orgullo blanco. Para esas personas, no hay vergüenza alguna en la blancura. En cambio, estoy hablando de personas blancas que se identifican como tales y que, en cierto sentido, intentan lidiar con la historia de esa identidad.

Los espectáculos de juglares no eran principalmente representaciones de la cultura negra, sino representaciones paródicas que hacían los blancos de lo que consideraban la música y la danza de los negros. El ensayo de Wesley Morris «For Centuries, Black Music, Forged in Bondage, Has Been the Sound of Complete Artistic Freedom. No Wonder Everybody Is Always Stealing It», proporciona una excelente explicación de los giros de apropiación que formaban parte de estos espectáculos.

La cita sobre la afroamericanización de la juventud blanca procede concretamente del libro de Cornel West, *Race Matters* (Boston: Beacon Press, 1993).

Todas las citas de Janell Hobson son de mi serie de entrevistas telefónicas con Janell Hobson (profesora asociada de Estudios sobre la Mujer, el Género y la Sexualidad en la Universidad de Albany), el 8 de abril de 2020 y el 13 de abril de 2020.

Negrón-Muntaner, en «Jennifer's Butt», nos ofrece un relato crucial de cómo el trasero de López funcionaba simbólicamente, en particular dentro de la comunidad latina, justo antes del estreno de *Un romance muy peligroso*.

Teresa Wiltz, «Butt Seriously, What's Behind Heinie Hysteria?», *South Florida Sun-Sentinel*, 19 de octubre de 1998, https://www.sun-sentinel.com/news/fl-xpm-1998-10-19-9810160702-story.html.

KIM

El artículo original de Newsweek que cita a Beyoncé es de Allison Samuels, «What Beyonce Wants», *Newsweek*, 28 de julio de 2002, https://www.newsweek.com/what-beyonce-wants-147419.

Sobre el número uno en el *Billboard Hot 100:* «The Hot 100», *Billboard*, 11 de agosto de 2001, https://www.billboard.com/artist/destinys-child/chart-history/asi/.

Sobre la denominada de diversión para todos los públicos: «Destiny's Child: Pop Music Pied Pipers», *Center for Parent/Youth Understanding*, 2001, https:// web.archive.org/ web/20101116200806/http://www.cpyu.org/Page_p. aspx?id=76738.

Todas las citas e imágenes de *Bootylicious* pueden encontrarse en Destiny's Child, Destiny's Child *Bootylicious* (Vídeo musical oficial) ft. Missy «Misdemeanor» Elliott", vídeo musical, 4:16, 25 de octubre de 2009, https://youtu.be/q-qtzh gweLs.

Entre los estudiosos que han participaron del debate recogido en ese apartado se encuentran Dayna Chatman, «Pregnancy, Then It's 'Back to Business': Beyoncé, Black Femininity, and the Politics of a Post-Feminist Gender Regime», *Feminist Media Studies 15*, n° 6 (2015): 926-41, y Ann Power, «In Tune with the New Feminism», *New York Times*, 29 de abril de 2001.

«Beyoncé's Lemonade is Capitalist Money-Making at Its Best», *Guardian*, 11 de mayo de 2016, https:// www.theguardian.com/ music/2016/may/11/capitalism-of-beyonce-lemonade-album

El término *bootylicious* apareció por primera vez en una canción en 1992: Dr. Dre y Snoop Dog, *Fuck Wit Dre Day (and Everybody's Celebratin'*, 1992, pista 2 del disco compacto *The Chronic*, Death Row/Interscope, 20 de mayo de 1993.

La mencionada entrevista de Oprah a Beyoncé: T*he Oprah Winfrey Show*, Harpo Studios, 2004.

Sobre el añadido del término a *The Oxford English Dictionary: The Oxford English Dictionary*, 2ª ed. (Oxford: Oxford University Press, 2004), s.v. *bootylicious*.

Sobre las medidas tomadas respecto a la extrema delgadez de las modelos: «Danish Fashion Ethical Charter» Danish Ethical Fashion Charter, http:// danishfashionethical-charter.com/#:~:text=La%20Danish%20 Fashion%20 Ethical%20Charter,is%20a%20part%20of%20creating, y Jerome Socolovsky, «Spain Bans Overly Skinny Models from Fashion Shows», *NPR*, *https*://www.npr.org/templates/story/story.php?storyId=6103615.

Los armenios fueron declarados legalmente blancos en el caso US v. Cartozian del Tribunal Supremo de 1925, uno de una serie de casos que intentaban determinar legalmente la blancura de diferentes grupos étnicos asiáticos porque, en aquella época, sólo los blancos podían inmigrar legalmente a Estados Unidos. La decisión del caso Cartozian determinó que los armenios eran blancos basándose en la dudosa ciencia racial del siglo XIX, su reticencia histórica a «mezclarse con los turcos» y su conexión con el pueblo caucásico de Rusia. Pero como la raza no es sólo una distinción legal sino también cultural, muchos armenios siguen sin considerarse blancos y a menudo sufren discriminación y estereotipos específicos por ser armenios.

Sobre el uso por parte de Kim Kardashian de su identidad mestiza, por ejemplo, hizo referencia a su ascendencia armenia en un episodio de 2011 de H8R cuando fue confrontada sobre su origen y apropiación cultural. Véase «Kim Kardashian», *H8R*, CW Network, 28 de septiembre de 2011, 12:55.

El vídeo casero lanzado por Vivid Entertainment: *Kim Kardashian, Superstar*, vídeo creado por Kim Kardashian y Ray J, Vivid Entertainment, 21 de marzo de 2007, DVD.

La primera escena de Kim del primer episodio de *Keeping Up with the Kardashians*, «I'm Watching You», E! Network, 14 de octubre de 2007.

Sobre el reportaje fotográfico de Kim en Playboy: «Hollywood's Next Sex Star: Kim Kardashian Takes It All Off», *Playboy*, diciembre de 2007, https:// images-na.ssl-images-amazon. com/images/I/81JxbKAUkkL._AC_SY606_.jpg.

Acerca de la renovación del show para una segunda temporada: Kimberly Nordyke, «'Kardashians' Earns Its Keep», *Hollywood Reporter*, 13 de noviembre de 2007, https://www.hollywoodre-porter.com/tv/tv-news/kardashians-earns-keep-154906/.

Acerca de ser la persona más googleada en 2008: «Kim Kardashian Most Googled Celeb of 2008», *Hindustan Times*, 2 de enero de 2009, https://www.hindustantimes.com/enter-

tainment/kim-kardashian-most-googled-celeb-of-2008/
story-CYvTJUGdwIv459GktIV9WP.html.

La revista *OK!* tranquilizó a sus lectores: «Dancing With the
Stars Kim Kardashian: How I Stay Thin... ¡But Keep My Sexy
Curves», *OK! Magazine,* 24 de septiembre de 2008, https://
okmagazine.com/news/cover-story-kims-fitness-plan/.

Cosmopolitan describió a Kardashian como empresaria:
Shawna Malcolm, «Up in Kim Kardashian's Business»,
Cosmopolitan, noviembre de 2009.

Sobre la radiografía del trasero: «The Former Mrs. Jenner!»,
Keeping Up with the Kardashians, E! Network, 26 de junio de
2011.

«Fashion Police», *Us Weekly,* 11 de agosto de 2008.

Las declaraciones de Paris Hilton proceden de la entrevista
realizada por Chet Buchanan, *Chet Buchanan and the Morning
Zoo Show,* 98.5 KLUC, 14 de abril de 2008.

Kardashian habló con *News of the World:* Polly Graham, «Body
& Soul», *News of the World,* 4 de octubre de 2009.

JessicaBennett, «TheBacklashAgainstMagazineAirbrushing»,
Newsweek, 1 de mayo de 2008, https://www.newsweek.com/
respaldo-contra-la-magazine-airbrushing-89805.

Sobre los insultos a Tyra Banks en 2006: Shelley Fralic, «A
Model of Success Takes on 'Pin-Thin' Culture», *Vancouver
Sun,* 3 de febrero de 2007.

La aparición de Banks en la portada de la revista *People:*
People staff, «Tyra Banks Speaks Out About Her Weight»,
People, 24 de enero de 2007, https://people.com/health/
cover-story-tyra-banks-speaks-out-about-her-weight/.

Perfil de *Cosmopolitan* de 2009 sobre Kardashian: Malcolm, «En los negocios de Kim Kardashian».

Tráiler de dos minutos de su vídeo de entrenamiento de 2009: *Kim Kardashian 'Fit in Your Jeans by Friday' 3 DVD Workout Series*, publicado por Kim Kardashian, *Fit in Your Jeans by Friday*, YouTube, 27 de marzo de 2014 (publicado originalmente en 2009), 2:55, https://youtu.be/0hP_4RUQNic.

La cuenta de Instagram de Kim Kardashian es la sexta con más seguidores: «Cuentas de Instagram con más seguidores en todo el mundo en julio de 2021», *Statista*, consultado el 17 de septiembre de 2021, https://www.statista.com/statistics/421169/most-followers-instagram/; «Top Instagram Users: Most Followers», *Social Tracker*, https://www.socialtracker.io/toplists/top-50-instagram-users-by-followers/.

Las directrices comunitarias de Instagram prohibían los desnudos: Andrew Griffin, «Instagram Updates Posting Guidelines: Butts Are Out, Breastfeeding Is In», *Independent,* 17 de abril de 2015, https://www.independent.co.uk/lifestyle/gadgets-and-tech/news/instagram-updates-posting-guidelines-butts-are-out-breastfeeding-is-in-10183882.html.

Sobre el nuevo máximo alcanzado por Kardashian en noviembre de 2014: «Break the Internet: Kim Kardashian», *Paper*, invierno de 2014. «How Kim Kardashian Broke the Internet with Her Butt», Guardian, 17 de diciembre de 2014, https://www.theguardian.com/lifeandstyle/2014/dec/17/kim-kardashian-butt-break-the-internet-paper-magazine.

Cady Lang, «Keeping Up with the Kardashians Is Ending, but Their Exploitation of Black Women's Aesthetics Continues», *Time*, 10 de junio de 2021, https://time.com/6072750/kardashians-blackfishing-appropriation/.

Acerca de las palabras de la crítica Allison P. Davis: Allison P. Davis, «The End of Kim Kardashian and Kanye West's Wild Ride», *Vulture*, 26 de abril de 2021, https://www.vulture.com/article/kim-kardashian-kanye-west-divorce.html.

MOVIMIENTO

TWERK

Big Freedia, «How to Bounce Like the Queen of New Orleans!», *Big Freedia's Bounce Etiquette*, vídeo, 6 de junio de 2018, 4:08, https://www.youtube.com/watch?v=wi-eGzxTIjA.

Puede encontrar más información sobre los *twerkshops* y el programa de televisión de Big Freedia (*Big Freedia: Queen of Bounce*) en Christin Marie Taylor, «'Release Your Wiggle': Big Freedia's Queer Bounce», *Southern Cultures 24*, n° 2 (2018): 60-77. Según Taylor, Big Freedia: Queen of Bounce fue elegida en 2013 por Fuse TV.

Parte de la información sobre la historia del *bounce* proviene de una entrevista a Big Freedia: Zoe Christmas, «Interview-Big Freedia», *Snipe*, 7 de octubre de 2013, https://www.thesnipe-news.com/music/interviews/big-freedia/.

Neal Conan, «Joy Harjo's 'Crazy Brave' Path to Finding Her Voice», *WBFO*, 9 de julio de 2012, https:// news.wbfo.org/post/joy-harjos-crazy-brave-path-finding-her-voice.

El *Code Noir* completo está disponible en «(1724) Louisiana's Code Noir», *BlackPast*, 2007, https://www.blackpast.org/african-american-history/louisianas-code-noir-1724/.

Sobre la historia de Congo Square: Nick Douglas, «Black History: Congo Square, New Orleans-The Heart of American Music», *Afropunk*, 26 de febrero de 2018, https://afropunk.com/2018/02/black-history-congo-square-new-orleans-heart-american-music/.

En los siglos posteriores al apogeo de la Plaza del Congo, la *mapouka* y sus sucedáneos se interpretaron cada vez más como danzas principalmente sexuales, y sus aspectos espirituales quedaron eclipsados por la angustia en torno a las exhibiciones de sexualidad. A finales del siglo XX, la danza estuvo brevemente prohibida en Costa de Marfil porque se consideraba lasciva en el país, devotamente religioso. Todavía está restringida en Togo, Nigeria, Burkina Faso y Camerún.

Encontré información sobre los bailes de Congo Square en Makau Kitata, «Sexualising the Performance, Objectifying the Performer: The Twerk Dance in Kenya», *Agenda 34*, no. 3 (2020): 11-21; Maureen Monahan, «What Is the Origin of Twerking?», *Mental Floss*, 28 de agosto de 2013, https://www.mentalfloss.com/article/51365/what-origin-twerking; Gary A. Donaldson, «A Window on Slave Culture: Dances at Congo Square in New Orleans, 1800-1862», *Journal of Negro History 69*, n° 2 (1984): 63-72; y Taylor, «'Release Your Wiggle'»; Elizabeth Pérez, «The Ontology of Twerk: From 'Sexy' Black Movement Style to Afro-Diasporic Sacred Dance», *African and Black Diaspora: An International Journal 9*, n° 1 (2016): 16-31.

Kim Marie Vaz, *The «Baby Dolls»: Breaking the Race and Gender Barriers of the New Orleans Mardi Gras Tradition* (Baton Rouge, LA: LSU Press, 2013).

Acerca de ser una posible inspiración para Josephine Baker: Taylor, «Release Your Wiggle», 65.

La entrevista con Merline Kimble, nieta de una *Baby Doll*, puede encontrarse en «Interview: Merline Kimble of the Gold Digger Baby Dolls», entrevista con Action Jackson, *WWOZ*, 12 de agosto de 2018, https://www.wwoz.org/blog/418476.

La rebelión contra «lo que se ponía a las mujeres» fue lo que animó a Kimble a iniciar su nueva iteración, y una de las razones por las que anima a los niños a participar en las actuaciones de las *Baby Dolls*. Aunque hay un elemento de sexualidad, interpretar que las *Baby Dolls* son sólo sexys es malinterpretar el papel que el baile del trasero y las segundas líneas desempeñan en la cultura de Nueva Orleans. Las Baby Dolls se disfrazan, bailan y presumen de trasero como una forma de celebrar y conectar con las mujeres del pasado de Nueva Orleans.

Toda la investigación sobre el *dancehall* se realizó utilizando las siguientes fuentes: Thomas Vendryes, «Versions, Dubs and Riddims: Dub and the Transient Dynamics of Jamaican Music», *Dancecult: Journal of Electronic Dance Music Culture* 7, n° 2 (2015); Taliesin Gilkes-Bower, «Welcome to Kingston, the World's Dancehall Mecca», *Outline*, 28 de junio de 2018, https://theoutline.com/post/5125/jamaica-kingston-dance-hall-photo-essay?zd=1&zi=jnrp5xln; Sharine Taylor, «The Essential Guide to Dancehall», *Red Bull Music Academy*, 10 de julio de 2019, https://daily.redbullmusicacademy.com/2019/07/essential-guide-to-dancehall.

Sobre la influencia en músicos y bailarines locales: Rebecca Trejo, «A Brief History of New Orleans' Bounce Music Style», *Culture Trip*, 22 de julio de 2021, https://theculturetrip.com/north-america/usa/louisiana/new-orleans/articles/history-of-bounce-music/.

Acerca del uso coloquial del término *twerk*: Pérez, «The Ontology of Twerk», 18. El vídeo musical original de *Do the Jubilee All* también puede encontrarse en YouTube: DJ Jubilee, *Do the Jubilee All*, vídeo, 4:21, 29 de febrero de 2012, https://www.youtube.com/watch?v=oSCz5RP 2gfY.

Sobre el éxito del *twerk* después de *Jubilee*, el twerk empezó a despuntar: Taylor, «Release Your Wiggle», 66.

Encontrará información sobre la escena *bounce* de Nueva Orleans en Kyra D. Gaunt, »YouTube, Twerking, and You», 256, y Christina Schoux Casey y Maeve Eberhardt, «'She Don't

Need No Help': Deconsolidating Gender, Sex and Sexuality in New Orleans Bounce Music», *Gender & Language 12*, no. 3 (2018).

La comunidad *queer*, en particular: Gaunt, «YouTube, Twerking, and You», 256; Casey y Eberhardt, «'She Don't Need No Help'», 318-45; Brett Berk, «New Orleans Sissy Bounce: Rap Goes Drag», *Vanity Fair*, 11 de marzo de 2010, https://www.vanityfair.com/culture/2010/03/katey-red-starts-a-band.

Jason Newman, «Big Freedia Reflects on Miley Cyrus, Coming Out in New Memoir», *Rolling Stone*, 1 de julio de 2015, https://www.rollingstone.com/music/music-news/big-freedia-reflects-on-miley-cyrus-coming-out-in -new-memoir-179654/.

Sobre la diáspora masiva resultante: Gaunt, «YouTube, Twerking, and You», 248.

Un grupo de bailarinas de Atlanta llamado *Twerk Team*: La información sobre Twerk Team procede de mi conversación con Kyra Gaunt.

MILEY

Hannah Montana se estrenó en Disney Channel: *Hannah Montana*, Disney Channel, cuatro temporadas, 2006-2011.

Tracy Clayton, «Miley Cyrus Wants Something That Feels 'Black,'», *The Root*, 13 de junio de 2013, https://www.theroot.com/miley-cyrus-wants-something-that-feels-black-1790884859.

Sobre la controvertida actuación de Cyrus, incluso meses y años después, las fuentes de noticias siguieron informando y analizando los *VMA* de 2013. Véase Katy Kroll, «Twerk It Out: Miley and Robin's VMA Performance, One Year Later», *Rolling Stone*, 22 de agosto de 2014, https://www.rollingstone.

com/culture/culture-news/twerk-it-out-miley-and-robins-vma-performance-one-year-later-65286/.

Todas las descripciones de los *VMA* de 2013 proceden de grabaciones en línea de la actuación de Miley Cyrus, por ejemplo, *Miley Cyrus VMA 2013 with Robin Thicke SHOCKED*, vídeo de YouTube publicado por Juan Manuel Cruz, 6:52, 27 de agosto de 2013, https://youtu.be/LfcvmABhmxs.

Sobre el posible plagio de *Got to Give It Up* de Marvin Gaye, la familia de Gaye ganó el pleito y Thicke y Pharrell tuvieron que pagarles 5,3 millones de dólares.

Todas las citas y descripciones del documental de Miley Cyrus de 2013 pueden encontrarse en *Miley: The Movement*, dirigido por Paul Bozymowski, RadicalMedia, 2013.

Tras los *VMA*, surgieron multitud de críticas contra Cyrus, entre ellas: Kelly Clarkson (@kelly clarkson), «2 palabras... #pitchystrippers», Twitter, 26 de agosto de 2014; Patrick Kevin Day, «Miley Cyrus's VMA Performance: Media React in Shock», Los Angeles Times, 26 de agosto de 2013, https://www.latimes.com/entertainment/tv/showtracker/la-et-st-miley-cyrus-vma-perforce-media-react-in-shock-20130826-s-tory.html; «Sherri Shepherd: Miley Cyrus 'Going to Hell in a Twerking Handbasket' *(vídeo)*», *Huffington Post*, 27 de agosto de 2013, https://www.huff post.com/entry/sherri-shepherd-miley-cyrus-going-to-hell-video_n_3820742; Jane Timm, «Brzezinski: Miley Cyrus VMA Performance 'Really, Really Disturbing,'» *MSNBC*, 26 de agosto de 2013, https:// www. msnbc.com/morning-joe/brzezinski-miley-cyrus-vma-perfor mance-msna154221; Alexander Abad-Santos, «Creator of the Foam Finger Is Deeply Upset with Miley Cyrus», *Atlantic*, 29 de agosto de 2013, https://www.theatlantic.com/culture/ archive/2013/08/creator-foam-finger-deeply-upset-miley-cyrus/311615/; Jessica Derschowitz, «Miley Cyrus' VMA performance Blasted by Parents Television Council», CBS

News, 27 de agosto de 2013, https://www.cbsnews.com./
news/miley-cyrus-vma-performance-blasted-by-parents-tele-
vision-council/.

Las declaraciones de Brooke Shields, que había interpretado a la madre en *Hannah Montana*: Randee Dawn, «Brooke
Shields on 'Hannah Montana' Co-star Miley Cyrus: 'It's a Bit
Desperate'», *Today*, 26 de agosto de 2013, https://www.today.
com/popculture/brooke-shields-hannah-montana-co-star-
miley-cyrus-its-bit-8C10995696.

John Norris, «Miley Cyrus Breaks Silence on Rootsy New
Music, Fiance Liam Hemsworth & America: 'Unity Is What
We Need'», *Billboard*, 5 de mayo de 2017, https://www.bill-
board.com/articles/news/magazine-feature/7783997/
miley-cyrus-cover-story-new-music-malibu.

Kristin T. Studeman, «Starting from the Bottom: Experts
Weigh in on the Cultural Obsession with the Butt», *Vogue*,
27 de agosto de 2014, https://www.vogue.com/article/butts-
vma-doctors-weigh-in; Marisa Meltzer, «For Posterior's Sake»,
New York Times, 17 de septiembre de 2014, https:// www.
nytimes.com/2014/09/18/fashion/more-women-seeking-
cur vaceous-posteriors.html.

Acerca de las palabras de Allison P. Davis: Allison P. Davis,
«Vogue Has Just Discovered Big Butts», *The Cut*, 10 de
septiembre de 2014, https://www.thecut.com/2014/09/
vogue-has-just-discovered-big-butts.html.

EL AÑO DEL CULO

Las estadísticas sobre las intervenciones quirúrjicas de
aumento de glúteos: «2013 Cosmetic Plastic Surgery Statistics«,
American Society of Plastic Surgeons, 2013, https://www.plas-

ticsurgery.org/documents/News/Statistics/2013/cosmetic-procedure-trends-2013.pdf. Consulte «Buttock augmentation with fat graftin» para ver las estadísticas de 2012.

Una versión del BBL fue desarrollada en la década de 1960 por Ivo Pitanguy, un cirujano que fundó el primer centro de formación en cirugía plástica del mundo en Brasil y al que a menudo se le llama el «pionero» del lifting de glúteos brasileño. Sin embargo, esta primera versión del BBL era diferente de lo que es la cirugía hoy en día. Cuando lo probó por primera vez, era más un lifting de glúteos que un aumento, ya que eliminaba el exceso de piel para corregir la flacidez. En el procedimiento conocido hoy como lifting brasileño de glúteos, un médico vuelve a inyectar en el trasero la grasa que se extrajo de otra parte del cuerpo.

Sobre las estadísticas de 2014 la cifra alcanzó los 11.505: «2014 Cosmetic Plastic Surgery Statistics», American Society of Plastic Surgeons, 2014, https://www.plasticsurgery.org/documents/News/Statistics/2014/plastic-surgery-statistics-full-report-2014.pdf. Para consultar las estadísticas de 2014, véase «Buttock augmentation with fat grafting», p. 7.

Acerco del aspecto más naturla de la BBL:«Plastic Surgery Societies Issue Urgent Warning About the Risks Associated with Brazilian Butt Lifts», American Society of Plastic Surgeons, 6 de agosto de 2018, https://www.plasticsurgery.org/news/press-releases/plastic-surgerysocieties-issue-urgent-warning-about-the-risks-associated-with-brazilian-butt-lifts.

«Buttock augmentation with fat grafting», en las páginas 2 y 7 de los informes de 2019 y 2018, respectivamente: en 2019 se notificaron 28.076 aumentos de glúteos, frente a los 24.099 de 2018. «2019 National Plastic Surgery Statistics», American Society of Plastic Surgeons, 2019, https://www.plasticsurgery.org/documents/News/Statistics/2019/plastic-surgery-statistics-report-2019.pdf; «2018 Plastic Surgery Statistics Report», American Society of Plastic Surgeons, 2018, https:// surgery-statistics-full-report-2018.pdf.

Sobre Jen Selter de Long Island: Ally Jones, «Instagram's Butt-lebrity: The Bar for Fame Hits Rock Bottom», *Atlantic*, 3 de enero de 2014, https://www.theatlantic.com/culture/archive/2014/01/instagrams-butt-lebrity-bar-fame-hits-rock-bottom/356677/.

La imagen promocional de la primera temporada de *KUWTK!: Keeping Up with the Kardashians*, anuncio, E! Network, 2007.

«Cualquiera que trabaje duro podría estar donde estoy yo»: Claire Howorth, «The Posterior Economics of Motivation Mogul Jen Selter», *Elle*, 13 de diciembre de 2013, https://www.elle.com/beauty/health-fitness/news/a14992/jen-selter-interview/. La estadística de los cinco mil seguidores también puede encontrarse en Hilary Sheinbaum, «On Instagram, 'Fitness Inspiration' Is Often an Eyeful», *USA Today*, 4 de enero de 2014, https:// www.usatoday.com/story/news/nation/2014/01/04/fitness-inspiration-instagram/4295599/.

Jennifer Lopez, Iggy Azalea, *Booty*, 2014, pista 10 en A.K.A., Nuyorican/Capitol, 24 de agosto de 2014.

Beyoncé, la mujer que había presentado: Beyoncé, Beyoncé, Parkwood/Columbia, 13 de diciembre de 2013.

Meghan Trainor, *All About That Bass*, vídeo, 11 de junio de 2014, 3:10, https://www.you tube.com/watch?v=7PCkvCPvDXk.

Nicki Minaj, *Anaconda*, vídeo, 19 de agosto de 2014, 4:49, https://youtu.be/LDZX4ooRsWs.

Latey Red empezó a grabar un álbum en 1998: Encontrará más información sobre la carrera musical de Katey Red y su primer vídeo musical en Gaunt, «YouTube, Twerking, and You», 257.

Si una chica blanca hace algo que parece de negros: *The Ellen DeGeneres Show*, «*Julie Bowen, Nicki Minaj*», temporada 11, episodio 15, dirigido por Liz Patrick, emitido el 27 de septiembre de 2013, en la NBC.

RECLAMACIÓN

Kelechi Okafor, una de las instructoras de *twerk* más populares: Todas las citas de Kelechi Okafor proceden de mi entrevista telefónica con Okafor (actriz, directora, oradora pública e instructora de *twerk*), 27 de noviembre de 2020.